辽宁人民出版社

送烈士回家

SONG LIE SHI HUI JIA

鲁顺民 著

© 鲁顺民　2014

图书在版编目(CIP)数据

送烈士回家／鲁顺民著．—沈阳：辽宁人民出版社，2014.8
　ISBN 978-7-205-08040-2

　Ⅰ．①送… Ⅱ．①鲁… Ⅲ．①报告文学－中国－当代 Ⅳ．①I25

中国版本图书馆CIP数据核字（2014）第159177号

出版发行：辽宁人民出版社
　地址：沈阳市和平区十一纬路25号　邮编：110003
　电话：024-23284321（邮　购）024-23284324（发行部）
　传真：024-23284191（发行部）024-23284304（办公室）
　http://www.lnpph.com.cn

印　　刷：	辽宁泰阳广告彩色印刷有限公司
幅面尺寸：	170mm×240 mm
印　　张：	17.25
字　　数：	270千字
出版时间：	2014年8月第1版
印刷时间：	2014年8月第1次印刷
责任编辑：	马　辉　阎伟萍
封面设计：	谭慧丽
版式设计：	王珏菲
责任校对：	郑　佳
书　　号：	ISBN 978-7-205-08040-2
定　　价：	29.80元

序

当今社会，感动人的故事并不少见，但大体上都是救死扶伤、帮助弱势群体或者个人为了某个目标奋斗。读了鲁顺民的报告文学《送烈士回家》之后，让我们的感动是那样与众不同，那样富有冲击力。作品所讲述的故事并不宏大，也就是一个老兵要把无意中得到的84位阵亡烈士通知书送给烈士亲人的历程。可是，我们掩卷思考，却体会到这个故事中蕴含着许多政治、历史、文化的深刻道理，阐释着一种对人性尊重的精神，启示后代子孙不要忘记无数先烈所付出的生命。

新中国成立即将65周年。65年，对于漫长的中国历史而言，可能只是一个短暂的时期。然而，人们却永远不应当忘记那些为了共和国诞生而抛头颅洒热血的先烈们。我们从多年的革命史教育中，知道了有成千上万的战士远离故乡，转战千里，牺牲后只能就地安葬，亲人根本就不清楚他们的下落。理性地看，一个人参加战争，牺牲自然是无法避免的；牺牲后能够魂归故里，或者能够给亲人一个真实准确的讯息，是最好的结局。可是，这样的结局却不可能是所有烈士都可以得到的，由于种种原因，还有许多亲人永远也不清楚烈士是在哪里牺牲的。这对于一个家庭来说，是终身的痛心事。如果有可能让那些不知下落烈士的亲人得到一个准确讯息，或许能够缓解一点痛心吧。事实上，社会上确实有人在做这样的事，山西的退伍老兵王艾甫就是其中之一。他为了把84位当年为解放太原而牺牲的烈士的阵亡通知书送给亲人，不图名，不求回报，付出了许多艰辛努力。正如军旅老作家魏巍先生评价的："王艾甫用一己良知报烈士以人间大义，烈

送烈士回家

士亲人用深深感恩报王艾甫以无限敬重。他们无亲无故，却把感情血肉紧紧联系在了一起；他们共怀朴素大爱，却使中华美德在物质之上得到了再现与闪光。"

　　王艾甫的行为是最好的文学创作素材，如果我们的作家没有去表现，那就说明是一种失职。让我们欣慰的是，报告文学作家鲁顺民担当起了这个责任，他为我们奉献的《送烈士回家》，使王艾甫的寻亲故事，以文学作品的形式真实、全面、艺术地呈现在广大读者面前，他用传神的笔，刻画出了一个追寻历史真实、呼唤人的崇高精神的普通老兵形象，揭示了这一事件背后的宏大主题：为那些为了民族独立、人民解放而贡献生命的烈士们招魂，为那些为我们今天的幸福而前仆后继的先烈们招魂，为那些正值二十年华就把鲜血浇灌在共和国基座上的战士们招魂。这个主题正应该是生活在今天的我们时刻不能忘怀的，在一个崇尚物质而精神有些空泛的时代，每一个共和国的子孙，都应当自觉和经常地接受这种灵魂的洗礼，为先烈们招魂。

　　为了很好地突出主题，鲁顺民在写作风格上选择了一种温和而苍凉的笔调，勾画出那几十位烈士家庭的失散之痛；挖掘出王艾甫做送通知书这件事内心世界的波澜；同时，他特别注重描述那些感人的细节，让我们这些读者不能不与他笔下的人物产生共鸣；他使用的语言清晰流畅，张弛有道，富有强烈的感染力和时代性，为作品的成功，起到了至关重要的作用。

中国民主同盟中央委员会副主席
全国人大常委会常委　　张　平
中国作家协会副主席

2014年8月

目录

引　子　左权夜话 1

第一章　一个老兵和另外一群老兵的缘分 6
　　　与烈士不期而遇 6
　　　一辈子的心病 12
　　　求证真伪 16
　　　苍凉之旅 21
　　　太原战役纪实　围困太原 27

第二章　转机 33
　　　有一位贵人来相助 33
　　　送第一位烈士回家 39
　　　"大蛮"：亲人记忆中的李漠元烈士 49
　　　太原战役纪实　太原战役提前打响 56

第三章　曲曲折折汾河川 63
　　　任德远还是任伐远？ 63
　　　意外的收获 66
　　　是刘成仁还是武治安？ 72
　　　太原战役纪实　激战牛驼寨 75

第四章　大学生万里寻亲 81
　　　启程，为了庄重的托付 81
　　　李光耀？李光耀死了十几年啦！ 84
　　　青春与历史的对话 88
　　　陈秀英，第一位烈士的直系亲属 96
　　　太原战役纪实　拿下小窑头 100

第五章　接力，告慰烈士英魂 103
　　　心结 103

· 1 ·

　　　　躺在英烈谱中的烈士——萧启华 …………………… 107
　　　　同样的感受，同样的感动——一份《寻亲日记》……… 112
　　　　太原战役纪实　苦战淖马 ………………………………… 116

第六章　魂兮归来 ……………………………………………… 121
　　　　保存了60年的讨饭篮 ……………………………………… 121
　　　　"编外"烈士 ………………………………………………… 130
　　　　"感谢党，感谢政府" ……………………………………… 143
　　　　太原战役纪实　血染山头 ………………………………… 156

第七章　燕赵悲歌 ……………………………………………… 163
　　　　涌动在河北大地上的寻亲潮 ……………………………… 163
　　　　一位烈士，两处坟茔 ……………………………………… 169
　　　　战友啊战友，亲爱的兄弟 ………………………………… 176
　　　　烈士啊，我心中永远的爱人 ……………………………… 182
　　　　太原战役纪实　绝地孤松 ………………………………… 190

第八章　送归荣誉，找回记忆 ………………………………… 194
　　　　荣誉高于一切 ……………………………………………… 194
　　　　这一个收藏协会 …………………………………………… 202
　　　　太原战役纪实　并州城下三军会师 ……………………… 208

第九章　寻亲2008 ……………………………………………… 215
　　　　吹响集结号 ………………………………………………… 215
　　　　另一个原型带来的震撼 …………………………………… 220
　　　　寻亲老人身后边的志愿者 ………………………………… 228
　　　　兄弟般的牵挂 ……………………………………………… 237
　　　　太原战役纪实　解放华北的最后一战 …………………… 245

尾　声　无法停驻的脚步 ……………………………………… 250

附　录　太原战役未发出去的阵亡人员通知单（84份）…… 256
　　　　已经找到亲属的烈士名单 ………………………………… 264

引子

左权夜话

上网查阅与王艾甫相关的资料，着实吓了一跳，关于王艾甫为烈士寻亲的相关文章和网民评论竟然是一个海量数字，达到1000多万。的确，由山西老人王艾甫引发的在全国8个省份寻访当年太原战役牺牲的烈士亲人，是两年里新闻界的一个重大事件。

这些信息不由分说形成了一种诱惑和期待。

2007年新年刚过，电话打过去，接电话的小女孩告诉我说，王老师到河北去见一位当年太原战役"处烈队"的老战士，一个星期之后才能回来。

一个星期之后，再打电话过去，他仍然没有回来。直到2007年1月中旬，他才从外地回到太原。我直奔主题，说明采访与写作计划。

他倒没有推托什么，只是说，噢，你来吧，好像我要到他那里取一样什么东西似的。但是他要将采访的地点安排在山西省左权县，原因没有深说，只是说在太原根本无暇深谈。我们约定，在1月20日那天一起乘车回他的老家——山西省左权县。

送烈士回家

王艾甫为村里创办的阅览室，孩子们正在聚精会神地阅读。

看日历，那天正是大寒。

然而，临到行前，又有些杂七杂八的事情要处理，竟然与他错开了。他先我一天回，我第二天才到。从太原到左权县，也就150公里的样子，走高速的话，在山西省榆社县出口下高速，再南行40多公里就是左权县。

提及左权，人们自然会和朱德、刘伯承、邓小平、彭德怀、陈赓等等抗日将领的名字联系在一起。抗战时期，声震中外的麻田伏击战、寒王伏击战、狼牙山战斗、百团大战这些著名战役就发生在山西省辽县，也就是今天的左权县。1942年5月25日，年仅37岁的八路军副总参谋长左权将军在麻田阵亡。他是牺牲在抗日战场上的八路军最高级别的将领。左权将军牺牲后，辽县万名军民签名要求将辽县易名为左权县，经晋冀鲁豫边区政府批准，1942年10月改辽县为左权县。

村民们赶来看扎制好的花灯。

很快,到达左权县城。按事先约定,在县城的西关村找到了我要写的主人公。

王艾甫先生的相貌并没有太出乎意料,是一位极其和善的老人。见面寒暄时,因电话里都听到过对方的声音,所以声音仿佛已经把信

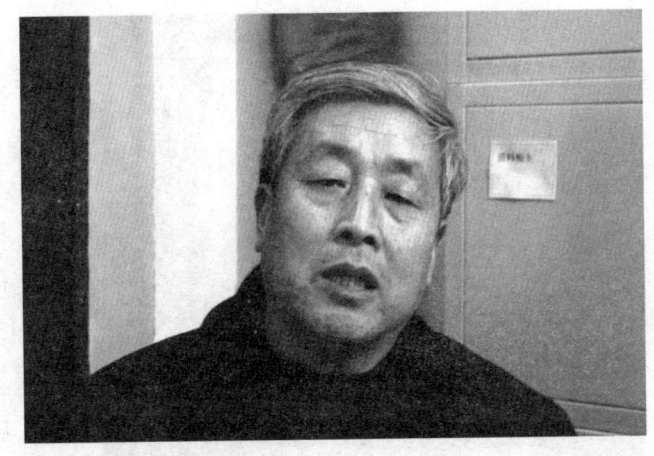

王艾甫接受作者采访。

息全部传递给了对方,都在心里头说"原来是你啊",就都笑了。

我心里想,这是一个好老汉。

老汉,是山西人对老男人的一种亲切称呼,语气里有一种亲密的、全无隔膜的意味。

如果走在街上,和他擦肩而过,任是谁都无法将他和眼下在全国弄出那么大动静的新闻人物联系起来。

此刻,王艾甫这位1938年出生,年近古稀的老人正兴头十足地忙着一桩和采访内容毫不相干的事。

他正指挥着村里一干人马扎制正月闹红火的各色花灯。

原来,经营文物市场多年的王艾甫早就留心于传统的手工艺品,年前回到故乡,忙的正是这件事情。他和两个弟弟投资3万元,在村里筹办一家工艺美术厂,开发旅游和民间手工艺品。扎制花灯,是这个筹备中的厂子开发的第一个项目。

说起这个厂子,老王显得很兴奋,他说,现在正在抓紧制作,要赶在腊月二十前全部完工。腊月二十那一天,他的两千盏花灯要挂满整个西关村,搞一个大型灯展,为正月产品销售作宣传。他约我来左权采访,原来如此。

王艾甫忙前忙后,一个下午根本无暇顾及与我深谈。不过,这么多年来在乡间游走,农村腊月忙碌热闹的场景着实让我这个不速之客觉得特别惬意,农民们每一张脸都让我心头感到亲切和温暖。那一张张脸,饱经沧桑的皱纹,平静柔和的面庞,质朴淳厚的笑意,是从容的、清爽的、温暖的。岁

送烈士回家

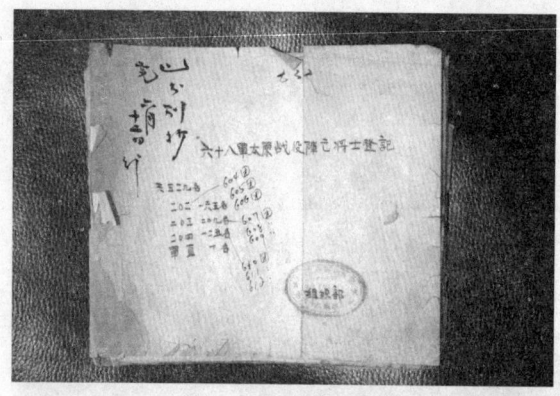

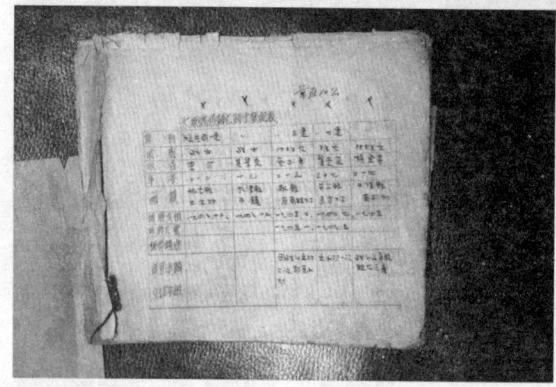

太原战役阵亡将士登记册。

月在这样的场景中缓步流走，历史如此从容如此真切地次第呈现，历史其实倒可以解释为一种心情的。

晚上，王艾甫招呼前来调试花灯的师傅和加班的十多号妇女吃完晚餐后，开始作关于为烈士寻亲的正式访谈。

让我猝不及防，说起这个话题，王艾甫突然沉默良久，将一声苍凉的叹息直直送进我手中的录音笔里，我吃惊地看到，老人仰头望着天花板，眼里噙着泪水，白发皤然。

王艾甫见我定定地看他，他摇头，坐好。

为什么一提到为烈士寻亲的话题，慈祥的老人突然间

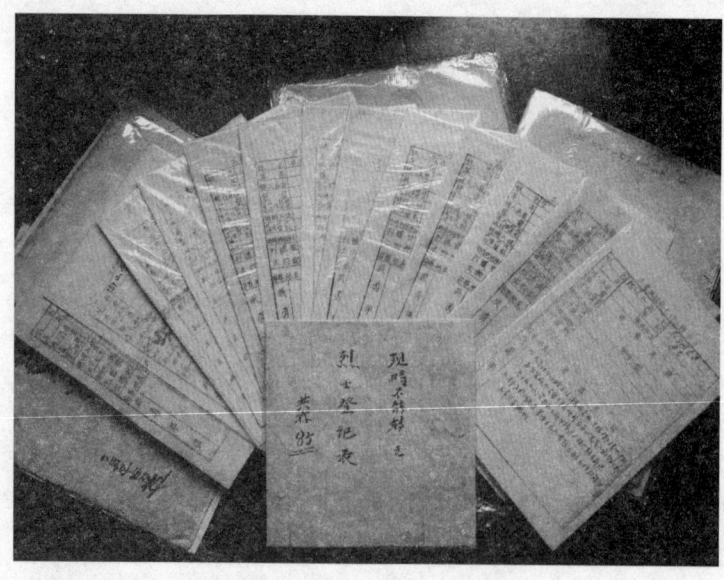

84份未发出的阵亡通知书。

变得如此激动，甚至有些激愤？他说，"别人看到的是我王艾甫因此而获得的荣誉，看到的是烈士亲人的感激，看到的是来自社会的反响。其实，就是把谁推到这个地步，也没有办法不做下去，可有人说这是作秀，有人说是为名为利，有的人甚至说我这是给政府找麻烦……"老人无奈地笑起来。

王艾甫这番话显然是有感而发。

王艾甫坐在那里，几次说，任是把谁放在这个位置上也没有办法撒手不管，这是责任？是义务？是，也不是，更准确地讲，是人的良知，是人的最起码的人性。

为了准备采访，王艾甫事先将材料带到了左权，这些材料就是各种媒体沸沸扬扬说的那84份未发出的阵亡通知书和四册太原战役阵亡将士登记册。

虽然事先已经阅读过相关材料，但老人将这些泛黄的纸页摊在我面前的时候，那些东西仍然像炽红的火炭一样，烫得人心头一颤。

四大册，都是密密麻麻的名字，一个名字就是一个已经逝去57年的年轻生命啊。800多位解放军战士，一张张年轻的面孔，英姿勃发，威武雄壮，军歌嘹亮，穿越57年的时光，从硝烟炮声中清清楚楚地列队而来，又清清楚楚地列队而过。他们冲锋陷阵血洒疆场的身影在57年之后忽然是那么清晰，那么悲壮。他们的名字还带着泥土芳香，他们年轻的身躯此刻正长眠于大地，贾老巴、段平、丁玉江、李同九、王小二、严清林、付力法、李小卯……孙耀、王银贵、尹占山、郝天才、刘洪江……翻动着这些纸页，隐隐约约还能听到硝烟散尽之后，他们的战友记录他们名字时，笔尖划过纸页的那种滞涩与悲伤，还可以聆听和体会到记录他们名字的战友低低的抽泣与油然而生的敬仰。

面对着一个个方块汉字组成的方阵，我的泪水不禁夺眶而出。

阵亡登记册上，共有866名烈士的名字。凭着这一份阵亡登记册与84份未发出的阵亡通知书，从2005年开始寻找到第一位烈士——湖北籍烈士郝载虎的亲人开始，在社会各界的参与和帮助下，前后共为60多位烈士找到了自己的亲人。

我们老少两个，在那一座叫做"圣母泰山庙"的古庙里，开始了彻夜长谈。

夜里的太行大山仿佛在垂首沉吟，冬天凝冷的空气挽留住漳河水匆匆前行的脚步，山与河从四面八方聚拢在村庄的边缘，静静倾听。

第一章

一个老兵和另外一群老兵的缘分

与烈士不期而遇

一切都源于1996年的那个春天。

太原市工人文化宫,又叫做南宫,是太原市规模最大的文物旧货市场,每到周六、周日,这里人声鼎沸,热闹非凡。王艾甫在部队当兵的时候就有收藏的爱好,几十年下来,他已经是太原市乃至山西省有名的收藏家,在山西省收藏界无人不晓,每到周末都要到南宫来淘拣自己的收藏品,这已经成为一种习惯,或者说,对他而言,这就是一种生活方式。

用王艾甫自己的话来说,他的收藏原则是"人弃我取",他戏称自己是一个名副其实"捡破烂"的。几十年来,王艾甫把自己的收藏归类整理,形成了钱币、抗战文物、图书、火花、烟标、节目单、门票、"文革"品、票证、邮票、电影招贴、扑克牌等12个大的主题收藏,其中以钱币收藏和抗战文物最为突出。

2003年7月,王艾甫向收藏界展示出自己历时一年半制

第一章　一个老兵和另外一群老兵的缘分

王艾甫陪同中共左权县委宣传部长李左红参观中国钱币史陈列室。

成的一件作品——用古钱币编织而成的一把巨型祈福剑，作为太原市建城2500年献礼。这把剑选用万枚唐"开元通宝"古钱币，剑身长4.12米，寓四季12个月"天天平安"之意。剑宽250毫米，重250公斤，寓意太原建城2500年。这把剑甫一问世，当然引起新闻界的注意，《太原晚报》、《生活晨报》、《太原日报》分别在显著位置作了相关报道。

而抗战文物收藏一直是王艾甫引为自豪的长项，到目前为止，他收藏的有关八路军一二〇师和八路军总部在太行根据地的文物已逾千件。工作之余，王艾甫的身影不断出现在太原、临汾、晋城、长治等地的旧货市场和数不清的村庄院落。他从收藏历史纪念馆、纪念碑和烈士陵园照片开始，一件一件收集能记录战争岁月的文献和实物。抗战时期的书本、账本、报刊、传单、旧军装、地雷壳，甚至当年用过的纺车、独轮车和八路军驻地老百姓家中的门板都成了他的藏品。

关于收藏，王艾甫有着许多的故事。20世纪80年代中期，王艾甫在旧货市场发现一批200多套1937年前太原国民师范的书籍和宣传品，如获至宝，花1000多元悉数买下。这些东西后被证实为国家一级文物。1990年，太原国民师范旧址成立纪念馆，他当即将这些东西无偿捐献。

谈起收藏，王艾甫脸上会漾起难以掩饰的自足和自信，在左权古庙里的第二个下午，我们谈论收藏的时间甚至要超过正题，这老汉兴致高得不得

送烈士回家

王艾甫与藏友交流藏品。

了。其实,对收藏我是一个彻头彻尾的门外汉,仗着读过几本书,跟他谈史树青、王世襄、朱家溍、马未都,没想到王艾甫好像好长时间没有碰到知音一样,如数家珍,娓娓道来,搞得我很不好意思。

2005年,王艾甫会同一帮朋友成立了太原收藏协会,被公推为会长。由此可见,他在收藏界的资格之老了。

但是,在1996年春天的那个星期六,他出现了一个收藏家不应有的"闪失",而这一瞬间的抉择彻底改写了他晚年平静的生活。他不无感慨地说,这也许就是天意,否则解释不通的。

那是一个清明节后的星期六,北方早春的天气略带寒意,街道两侧那些垂柳刚刚吐出嫩芽,枝条在寒冷的早春天气里舒展开来,太原南宫文物市场因这清寒天气的衬托反倒显得人气很旺。对于倒卖文物的贩子和收藏爱好者来说,周六这一天显得格外重要,因为一周一开市,从各地赶来的文物贩子总会带一些"新货"过来,有经验的收藏爱好者往往一大早就赶来了,甚至更早,几乎与最早赶到这里设点摆摊的小贩们同步。买卖双方在惊鸿一瞥之间就都开始揣摩对方心思,言语之间暗藏机锋。许多价值连城的宝物,就是在这清晨里"捡漏儿"捡得的。这个清晨,也是对收藏爱好者的学识、经验、眼光的一个考验。

当时还在山西省检察院上班的王艾甫当然也不例外,每一个周六,其实就是他的小节日,像一个老农周期性的劳作,是乐趣,是享受,当然也是收获。他一大早就赶过来,沿着长长的市场走过去,每一次或大或小总有所得,甚至会突然收获一个惊喜。

他的脸在文物市场上简直太熟了,那一张和善的脸就是他的名片,小贩们大多认得这老汉,不认得也知道他的名头,只要是他看准的东西,开口一个

第一章　一个老兵和另外一群老兵的缘分

价,打死不松口,这倒不是他们成心刁难老汉,而是佩服老汉的一双眼睛,但凡入得他老人家法眼的物件,那一定是宝贝,是真货,哪还能松口?

多年以来,他与这些小贩们巧妙周旋、斗智斗勇、砍价杀价,不伤和气又各取所需,他在这些小贩中间还是有很高威望的。要说收藏的乐趣,这也是乐趣之一,甚至是一份少不得的乐趣。

但是那一天,出现的偶然,几乎就是天意,当他在翻拣一个小贩装满废纸旧书的麻包的时候,几乎是顺手一摸,一样东西就拿在手里,是一个泛黄的册子,看到册子他呆住了。

太原收藏协会主办的文庙收藏品展示会。

"太原战役"、"阵亡"几个字在他眼前晃了晃,他以为是自己眼花了,停下手定睛看时,刚才并没有看错,上面清楚地写着"六十八军太原战役阵亡将士登记"几个字。

这怎么可能?开什么玩笑?

这样的东西怎么会出现在这里?

这是什么东西啊,怎么会和废纸放在一起,流落到收破烂的小贩手里?

……

一个个疑问在王艾甫的脑子里飞快地来回打转,与其说是疑惑,是不解,还不如说是一种排斥、抵触或拒绝。

然而,拿在他手里的,恰恰就是这样一件在感情上在理念上无论如何都不能接受的东西。他不知道这些东西应该放在哪里,但他知道这些东西应该

送烈士回家

在它应该在的地方,至少,不应该出现在市声如潮、锱铢必较的旧货市场上的小摊贩这里。

王艾甫曾经是一位军人,有过不短的20年军龄。他怎能不明白这东西是一件什么东西,怎么能不知道这东西的含义?

十多年之后,王艾甫都无法忘记那一刻特别复杂的心情,不解,疑惑,吃惊,还有一种难以言说的愤怒。这时候,他的脑子里一片空白,这时候,那份登记册像粘在他手上一样,像一个失散多年的孩子那样拉着他的手怎么也分不开了。

接着,又有一本从废纸堆里被找了出来,他干脆让小贩把麻包全部倒出来,小贩很是配合,把麻包掀了个底朝天,王艾甫在一片狼藉的书报纸张中来回翻拣,将自己搞得灰头土脸。这一切,小贩把这一切都看在了眼里,表面上他忙别的生意,其实一直在注意着老汉的一举一动,特别是老汉脸上的表情变化。

老汉已经犯了收买收藏品的一个大忌,把一切都明明白白地写在脸上了。

又是一本。王艾甫小心地跟刚才找到的登记册归置在一起。

再找。

又是一本。

一共找到四大册,还有一个小本,是《烈士大功功臣及干部生平事迹登记》,显然,这一个小册子与四大册登记表相配套,当属同一文档。

从早晨入市,一直快到中午,王艾甫再也翻拣不出其他相关的文件或物品。他蹲在小贩的货摊前,能感到自己的手在微微颤抖,他根本没有意识到自己是在淘拣收藏品,而是干一件与收藏毫不相干的事情,手里这些登记册衍生出来的疑惑和不解完全左右了他,当然,也根本没有意识到他已经犯了一个错误。

"多少钱?"他问小贩。

"诚心要?你若诚心要,不多要你的。"小贩对老汉显得有仁有义。

"不多要是多少?总得有个价呀!"

"照顾你,3000。"

"不多要,照顾还3000块,多要你要多少?"王艾甫没提防他这样狮子大开口,但很快意识到自己刚才的失态,后悔已晚。

"就这个价,你要就要,不要就放下。"说着话,小贩的手已经伸过来。王艾甫赶紧将这些东西往怀里一搂，别说是要取回去，看那意思，就是摸都不想让他摸一下。王艾甫说，我当时根本不想再让他沾一下手，怕他脏了这东西。

同类型的战争文物，若放在平时，整麻袋拆开往往一元三本论堆卖的，至多五元十元一册，泼开胆子，口紧一些，撑死也就百八十块的事儿。

可是，没商量，3000元，棱角不倒。不想要你就放下。看那意思你是放不下的。

果然，王艾甫没有再还口。

3000元，对1996年的山西太原工薪阶层而言，那是一笔不小的数目。时任山西省检察院招待所所长的王艾甫，行政级别主任科员，专业职称助理检察官，月工资满打满算340元，3000元就差不多是一年工资收入的四分之三，王艾甫搞收藏那么些年，把余钱都投放在收购藏品上面了，一下子真拿不出那么多来。

但是，没有任何犹豫与考虑，他铁了心要将这批东西尽收囊中。他那天口袋里只有700元，只好跑到附近的铺子里找朋友们去借，没费什么周折，钱总算是凑齐了。大家看到他兴致勃勃在怀里揣的那一摞子东西时，都想看看他一家伙花3000元收来的是些什么宝贝？王艾甫平常从来不这样为一件东西心急火燎。

一堆"死人"名单！

一堆"死人"名单！值3000块！

像这样的东西，卖又卖不上价，根本谈不上什么升值空间，而且，放在家里是不吉利的。

王艾甫用3000元钱买了一堆死人名单的消息迅速传遍了整个旧货市场，都说他真是发神经！

管他别人怎样议论纷纷，王艾甫什么也不想，急匆匆地赶回家，随即整理这些东西，直到这时候，那84份未发出的《太原战役阵亡通知书》才从一个登记册里轻轻地滑落下来。

他一张张分拣出来，待他细看清楚这是些什么货色时，冷不防像有一粒子弹迎面飞过来，他被准确击中，他彻底震惊了。

上面列有阵亡将士姓名、年龄、籍贯、牺牲的时间和地点，这些烈士

送烈士回家

主要分布在四川、湖北、湖南、山西等省,还有一名来自当时的"香港县",另外还有29人籍贯不详,他们大多来自农村,年龄在20岁上下,有的还注有部队对其作战表现的简短总结。

通知书上赫然注明"未发出"三个字。

这84张发脆泛黄的纸页,王艾甫捧在手上,一张张像是灌了铅,每一张上面像是附着一段结结实实的生命,这哪里是一张张纸啊,这就是烈士的生命,沉得任何人都难以担当。

王艾甫不由得发出一声浩叹!这怎么可能呢?

这是天意,这是缘分。

谁让我们曾经拥有同样的荣誉,谁让我们曾经拥有同样的身份,我们都是军人哪!

阵亡通知书还没有发出去,就意味着死讯还没有抵达亲人那里,就意味着这84条曾经活生生的生命仍然牵动着84个家庭,就意味着84个家庭仍然处于离散状态。1949年4月,到1996年4月,整整47年,84位烈士的亲人对烈士的牵挂永远定格在47年前。在亲人那里,他们仍然是一个个英武的生命,84个烈士的灵魂在他乡飘荡,他们还记得那弥漫的硝烟,他们还能听到隆隆的炮声,还在殊死搏斗,还在奋勇向前,他们可能还匍匐在荒弃已久的战场某一角落,等待着冲锋号再次吹响,他们可还能唱响昂扬激越的军歌吗?他们还可能眼瞅周围有什么花儿草儿,折一枝插在枪管上哼一支家乡的小曲吗?但是,可以肯定,47年来,他们一定在寻找着归家的路途,他们一定眼望家乡和亲人的方向,望眼欲穿。

这一夜,王艾甫彻夜未眠,眼里泪光闪闪。

他无论如何都不能接受,甚至,他都怀疑白天他收回来的这批东西是别人作伪的文件,而且他宁愿相信这东西是别人为赚几个小钱而昧了良心作伪的一批东西。

一辈子的心病

四大册阵亡将士登记表,84份未发出的阵亡将士通知书,是真,还是假?王艾甫搞了多年抗战文物的收藏,对过去那个时代可能达到的物质条件有

第一章　一个老兵和另外一群老兵的缘分

一个基本判断，这些东西的真假，凭他多年的收藏经验与对文物的敏感和直觉，这并不是一个问题。

但是，还是有问题。问题在哪里呢？

或许是出于一个收藏人的那份执著，他一定要弄清楚每一件藏品的具体年代、产生的背景，甚至与之相关联的人和事。这也是收藏的魅力和迷人之处。但在此时，又似乎不完全如此。王艾甫把四大册阵亡将士登记表和84份阵亡通知书一一塑封整理好，每一封未发出的阵亡通知书被装进塑封袋里，他的心就紧一下，就沉一下，就像盐粒均匀地撒进新伤，就不由得抚弄再三，渐渐地，这种沉甸甸的感觉积攒成一份歉疚，一份伤痛，勾起了他一桩心病。

王艾甫从军时的照片。

1957年，19岁的王艾甫应征入伍。王艾甫弟兄6个，他排行第四，家里6个儿子，5个当兵。在新中国成立初期蓬勃向上的社会氛围中，左权县西关村磨豆腐的老王家送5个儿子参军，在当地一直传为美谈。那个时候，在左权县这样一块血染过的红色土地上，爷送儿郎进军营根本没有任何杂念，除了光荣还是光荣。老根据地淳厚善良的老百姓，一如支持八路军抗战那样对自己的军队保持着一种朴素的敬爱，这种敬爱是由衷的，是真诚的，是心甘情愿的，没有任何讨价还价的余地。军属、军人在乡村社会里是很高尚的身份，每逢节假日，从小学生到邻里乡亲们，第一个想到的就是军属和军人家庭，收割的时候有人帮着

当年在军营的王艾甫。

送烈士回家

王艾甫。

收割,家里没水有人担水。从抗战到以后漫长的岁月里,老根据地的老百姓用这样的一种非常实际的方式传递着自己从心底里唱出的农家军歌。

王艾甫也是抱着这样朴素的情感,在部队这座大熔炉里度过了自己美好的青春岁月,同时,残酷的战争环境也让王艾甫对军人的含义有了比常人更为深刻的理解。

1964年援越抗美,王艾甫所在部队担负往前线运送物资的重任,一位同样来自山西的战友就牺牲在运输途中。

那一天,车上满载军用物资,车队在南国崎岖山路上隆隆开进。随车押运的战士荷枪实弹随物资一起坐在车厢里。正在行进途中,其中一辆车忽然失灵,坐在驾驶室里的指导员失声叫了一声:"刹车失灵了!"

几乎与指导员发出惊叫的同时,车厢里一位战士跃身而起。卡车还在高速行驶,跳下来的战士企图用手中的铁锹卡住飞转的车轮,车轮并没有停下来,事故就在一瞬间发生了,那名战士

张广元。

被滚滚行进的汽车碾在车轮底下。

他的名字叫张广元，那一年，他才24岁。

王艾甫回忆起张广元的牺牲时说，张广元的死完全是一起事故，但是问题在于，他在跳下车的一刹那间，他想什么了？什么也没有想，就是一个军人遇到敌情时候的敏捷反应，不顾一切要扑上去，不顾一切要用自己的生命来保住车上的物资设备。

这就是军人的素质。有人说，英雄在牺牲的时候，心里还在想什么崇高的理由，还要有什么豪言壮语，作姿作态要表现得如何壮烈。其实哪是那么回事！好多军人牺牲之时，那就是一个军人正在扮演自己的角色，根本不会想那么多，甚至根本就不想。

军人，在某种程度上就意味着牺牲。

王艾甫目睹了张广元牺牲的全过程，这个过程让所有的战士都感到措手不及，一个年轻的生命在一瞬间就消失得无影无踪。车队停了下来，战友们为张广元举行了简短的葬礼，然后，把他埋在友谊关外路边的土坡上，王艾甫亲手把写着烈士名字的木牌插在坟头。

很奇怪，部队的战友们并没有因为张广元的牺牲被悲哀笼罩，相反，张广元的事迹迅速传播开来，甚至编出了歌唱张广元的歌曲，唱着歌颂张广元的歌，喊着"向张广元学习"的口号，一路豪迈和雄壮，开赴前线。

只有当过兵做过军人的人，才会理解和想象得到这样的情景。

不，只要是理解生命与牺牲的人，都会为有这样的牺牲受到激励，唤起勇气。

张广元被部队追记二等功，追认为烈士。

在战场上，王艾甫还有60多位战友倒了下去，倒在了异国他乡。

1981年，王艾甫由部队转业到地方回山西工作。他一直念念不忘自己亲手掩埋的这位战友，1964年的那一天，南国的红土碎声撒向战友遗体，他真切而具体地感觉到，这一生，战友就和自己的生命有了某种任何力量都无法割舍的联系。从此，他们就是亲兄弟。张广元是牺牲者，而我王艾甫是一个战争的幸存者，你已经去了，我还活着。

战友牺牲的时候，他们还没有来得及坐下来攀攀老乡，还没有来得及问问家中的父母兄弟，甚至，还没有来得及相互递支烟点个火，开上一句玩笑，用山西话打一声招呼。王艾甫只记得张广元的籍贯是山西省祁县，那个曾经出过许多富可敌国、藏金窖银的老财东的地方。回到地方后的第一件事，就是要到张广元的家乡看一看，看一看家里的情况，看一看失去儿子的张家老父亲老母亲，给老人们送上一份安慰。

他以为，张广元的名字，应该在这个汾河川里富足的县份会家喻户晓。可是，迎接他的，是让他心寒的冷漠与沉寂。他走了几个村子，众口一词都说，我们这里没有这个人，没听说过。让他感到特别意外的是，就连当地的民政部门那里，也没有张广元的任何记载。后来，他利用工作之便，多方托人打听，同样是杳无音信。

难道是张广元追认烈士的证明和立功决定在邮寄途中丢失了？多少年来，王艾甫总是这样嘀咕。

抚摸着这84份未能发出的太原战役阵亡将士通知书，尽管两档子事情根本没有什么联系，他还是和张广元身后的遭际联系在一起，看起来，没有收到牺牲信息的这种可能也未必就不是一种可能。

这样，拿在手里的这一沓子"死人名单"就具有了一种特别的意味，他必须马上搞清楚这批东西的来龙去脉。

求证真伪

他找到山西省军区党史办原主任高荣贵。

高荣贵和王艾甫年纪相仿，现在也已经是70多岁的老人，年轻的时候是有名的军中才子，中国美术家协会会员，以版画创作为主，作品曾多次入选全国和全军美展。近年来，老人退而不休，致力于太行山八路军总部征战史的研究，参与多部抗战题材大型专题片的撰稿和拍摄工作。同样的志趣，使得这位军史专家和王艾甫这位收藏老人甚是相契。

当他看到王艾甫带来的这些东西的时候，也感到特别意外，他端详着沉睡了47年的阵亡通知书，审慎地作了比较，确定无疑地对王艾甫说，这些东西，是真的。

高荣贵分析说，84份阵亡通知书都是油印而成，印迹墨色比较粗劣，是当时普遍采用的油墨；纸张不统一，很杂，有连史纸，有高丽纸，还有乡间作坊土制的草纸,甚至是废纸二次利用,而且颜色都不统一,这正反映出战争环境下物资匮乏的情形。这些纸张的来源有的是部队自己留存,有的则是战争的缴获品,有什么用什么,就地取材,所以会出现这种驳杂的现象。

第二就是印章,当时军队的印章虽然变动比较大,但一级和一级的形状不一样,哪一级是圆形的,哪一级是椭圆形的,哪一级又是方形的,都有严格的规定。所以,阵亡通知书和烈士登记册上面各级的印章不统一,实际上是造表单位的级别不同。

至于阵亡通知书怎么会流落到民间,进而出现在旧货文物市场,说奇怪也不奇怪,这就得从太原战役本身说开了。

太原战役从1948年的10月上旬开始,到1949年的4月24日结束,一个战役拖这么长时间,在解放战争的重大战役中绝无仅有,而且在战争史上是罕见的。

军史专家高荣贵帮助王艾甫解答军史疑问。十多年来,王艾甫每遇到难题,高荣贵总是不厌其烦地予以帮助。

解放太原战役的第一阶段是扫清外围,第二阶段是攻城。由于阎锡山的守城部队武器相对精良,构筑的水泥碉堡众多,攻城的解放军在第一阶段的攻克碉堡要塞战斗中伤亡较大。比如说淖马攻坚战,一个营上去下不来一个连,一个连上去下不来一个排,有时候整个连的人上去就全拼光了,相当惨烈,敌我双方来回拉锯,尸体能将一条沟生生填平。

从阵亡通知书名单里将士牺牲的时间来判断,几乎贯穿了整个太原战役。

送烈士回家

因为战斗比较激烈,部队的伤亡也比较大,填写这些登记表、通知书的人一般是连队的文书,也可能这个连队已经打光拼尽,经办人也牺牲在战场上,没有办法再继续搞下去,只能收拢在一块保存起来。

高荣贵分析说,虽然太原战役结束了,但是全国的解放战争还在继续,部队的调动频繁,没有及时发出的阵亡通知书有可能就遗留下来,最后流落到民间。这是一种可能。

十四军原副军长王立岗在鉴定84份未发出阵亡通知书。

而战役结束之后,来不及及时办理的善后事宜就移交地方,地方政府当时根本没有什么正规的办公场所,今天在这里,明天又在那里,大部分就在老乡家里,或者,办理交接的同志牺牲了,这批东西也就流落在了民间。总之,在残酷的战争条件之下,什么情况都会随时发生。

王艾甫又拿着这些东西,辗转找到参加过太原战役的原十四军副军长王立岗将军。这些东西拿在王立岗的手上时,老将军百感交集。

王立岗,1921年出生,山西省徐沟县(今清徐县)人,1937年参加革命工作,历任太行第二军分区班长、排长、连长、武工队长、同蒲支队副队长、分区侦察队长、营长、六十一军侦察科长、团参谋长、十四军参谋长、副军长,1981年离休。

翻着王艾甫递送过来的阵亡通知书,这些东西都像会说话似的,老将军一眼就认出了它们。他确定无疑地说,这都是真的。你看,部队的公章当时就是这个样子,椭圆形,印泥红不红黑不黑,假不了;当时资料就是这样装订,有的还叠起来,不正规。再说填写的墨迹,不是墨水,是颜料调和水用蘸笔填写的——那时候到哪里找墨水啊!老人再一次肯定说,没问题。

第一章　一个老兵和另外一群老兵的缘分

和高荣贵一样,老人直接说到当年那场惨烈的战役。

整个太原战役,战斗最激烈,牺牲烈士最多的就是攻打要塞,牛驼寨、淖马、山头、小窑头四大要塞是拱卫太原的战略要地,四个要塞拔掉,太原城就无险可守了。他所在的十四军参加攻打山头要塞的战斗,在那个地方全军将士伤亡最多,光牺牲的就有500多人。支前的民工昼夜不息往前方运送物资,其中一项物资是绝不可少的,那就是棺材。那些从群众那里动员来,或新打制的棺木,抬来的时候来不及上油漆,白茬子棺材板散发着木头新伐的香气。有些调皮的战士干脆就把自己的名字写在棺材上,说他死了有棺材了!这真是非常残酷的玩笑,而且往往就不幸言中。

整个太原战役的伤亡数目老人记不清了,他仅记得十四军一个军伤亡将近8000人。

84份阵亡通知书,有24名烈士的通知单上除了姓名和部队番号外,其余几项栏目里留着大片令人心痛的空白,连是什么地方的人都看不出来。老将军告诉王艾甫,这些无籍贯和具体信息的烈士可能属于这样一种情况:太原战役前的晋中战役和太原战役清扫外围阶段,有一大部分国民党军队反正投诚,或者俘虏之后参加了解放军,这批人被称为"解放战士"。还有的是在阵地上俘虏投降然后参加咱们部队,这一批战士,刚脱下国民党军服换上解放军军装就投入战斗,根本来不及造册登记上报,如果没有同乡或者战友活下来,有的连姓什么都不知道,遑论籍贯生平?他们牺牲之后能够记下名字就不错了。

在部队里,当时改名字的人也不在少数,从村里走的时候登记的是小

太原战役。

送烈士回家

名，王三狗、张三兔，到部队不久就改名字了，村里头家里头都不知道，阵亡通知书当然无法送出去。

老将军给王艾甫讲了一个真实的故事，这个故事就发生在1948年太原战役的阵地上。在攻坚战最惨烈的那一段时间，十四军某营接收了一批俘虏参军上阵，其中一个连队来了一个还不满16岁的"解放战士"，活蹦乱跳的一个孩子，一到连队报到，战斗就打响，冲锋号一吹，这个孩子应声跃出战壕，冒着敌人炮火向前冲去，谁知道刚一上去就被雨点般射过来的子弹击中，连指导员眼看他倒下去，用手托住他后仰的身体，几乎是本能地大声对他喊，你叫啥，你叫啥？留下你的名字！

但是，这怎么可能？他早就没气了。

烈士倒下的天空，子弹仍在呼啸，炮弹炸开后的气浪阵阵袭来。天崩地坼，硝烟正浓。指导员抱着这个孩子的遗体不禁失声恸哭！

一尺土地十寸血，寸寸土地血染红。

像这位战士，根本来不及留下姓名。

王立岗老人感慨地对王艾甫说，老乡们把自己的娃娃送到部队，娃娃牺牲了，就相当于把一个家里的顶梁柱折断了。娃娃牺牲在战场上，家里还不知道，这是什么滋味？尤其是那些从国民党部队投诚过来的战士们，他们的家里还一直以为他们参加的是国民党部队，恐怕一辈子都担着一个恶名抬不起头来。

正所谓"可怜无定河边骨，犹是春闺梦里人"啊！

老将军的一席话，王艾甫感到非常震惊，他不知道最终落在他手上的这些泛黄的纸片背后，竟然隐藏着如此丰富的内容。

此时，84张太原战役将士阵亡通知书，已经远远不是一张张简单的收藏品，也不再是承载着历史信息的文物，它就是一个个曾经鲜活的生命，就是一具具遗体，他手里的这些东西，的的确确是一堆死人。已经冰凉的尸骨那一头，还牵挂着仍然健在的生者，还有这些生者在烈士阵亡之后47年的命运啊！他们的父母双亲、妻子儿女、亲人们现在何处，过得如何？

他们是升官发财背本忘祖了呢，还是有什么闪失无颜见江东父老？他们是死还是活，是牺牲了还是背叛了？对这些生者而言，思念之余，最痛苦的是诸如此类的悬念。烈士这一高尚的荣誉辗转流落了47年之后，转了一圈，转到了自己手上。

求证真伪之后的那段日子，是王艾甫一生中最难熬的日子。他告诉我说，他一想起那些被自己珍藏在铁皮柜子里的阵亡通知书，心上就像压着一盘石磨一样寝食难安，有时候甚至感到是自己犯了什么大错，这些通知书发不出去就是自己的错，自己的失职。毕竟，人家这些东西此刻就躺在自己的家里。

这些东西没有抵达烈士亲人那里，他也有一份罪责似的。

就这样，王艾甫萌生了为烈士寻找亲人的念头，渐渐萌生的想法，渐渐地有了升华，他甚至觉得，那些牺牲在太原战役战场上的战士，就是自己的战友。

"我不敢想象，当年他们在弹雨纷飞的战场上倒下的情景；我也不敢想象，一位位烈士的亲人遥望远方、悲痛欲绝的情景。为烈士寻亲，只是一种纪念的形式，但这种形式的实质是：我们应该为先烈招魂！"王艾甫在记事本扉页上写道。

他更不敢想象，这些东西万一送到造纸厂打了浆怎么办？伴随着为烈士寻亲念头的萌生，王艾甫感到非同寻常的庆幸，这3000元花得值。还得感谢那位小贩把这批东西送到自己手上。

苍凉之旅

从1996年开始，王艾甫开始实施他为烈士寻亲的计划。

这个计划曾经让他兴奋过，他的脑海不时地冒出一些词来命名自己行动的主题，比方他在自己的记事本扉页上写下的那些话，最后，为这一行动总结为"为烈士寻找亲人，送烈士魂归故里"，这些词语和定义每每让这个退伍的老兵感到热血沸腾不能自已。这命名和总结确实是准确的，也是豪迈的。

十年之后左权县的那一夜长谈，王艾甫为我描述他拥有了这些阵亡通知书之后的情景。那时候，他在一个个难眠的夜晚，常常自己把自己搞得都激动得不得了，构思着他把一份份阵亡通知书送到他们亲人手中那些激动人心的场面，构思着他作为一个老兵，把更老的解放军弟兄的荣誉送到他们家乡时候的那种热烈场面。

"好家伙，那是什么光景！"

老人激动的心情不难理解，他的这种真诚谁也不会怀疑，那些偶然冒出来的词语和每一次构思的心劲，我信。1996年，拥有那批文物的王艾甫好像

送烈士回家

十年为烈士寻亲没有任何进展的时候，王艾甫非常困惑。

是一位重新归队的战士，听到了一声命令，重新披挂，整装待发。

这个计划尽管激动人心，但他未必就没有犹豫过。收藏界的老伙计们凑在一起，王艾甫每一次都不厌其烦地叙述自己的这一计划，"烈士登记册"、"阵亡通知书"在一段时间之内成了他的口头禅，有的老伙计开始给他泼冷水了。

按照中国的传统习俗，报喜不报忧。别说人死了47年不好找，就是找到了，你把死讯送到人家家里，本来已经很痛苦了，这不是往人家伤口上撒盐吗？

这一层倒忽略了。但王艾甫转念一想，可这些人的身份不一样啊！他们是死了不假，但是他们还是烈士！送去死讯的同时，也是送上一份荣誉，这荣誉可是亲人们用生命与鲜血换来的啊！退一万步讲，你明知道一个人死了，明知道这个人的家庭住址，不告诉人家能说得过去吗？况且，未发出的阵亡通知书，大部分人员的地址都很详细，找到他们的亲人应该不是难事。

连他都没有想到，这一找，就找了整整十年。

从1996年一直到2005年。84份未发出的太原战役阵亡将士通知书，就和刚到他手里时候的命运一样，还是一份都没有发出去，一位烈士的一位亲人都没有找到。

显然，他把事情想得太过简单了。他以为，按照通知书上的地址，打个电话给当地的民政部门问一问，再不行，写封信给烈士所在的村子，看有没有这个人，还有没有他的亲属在。

为了显得正规一些，他请他的朋友，山西省检察院政治部副主任张志云为他拟了一份措辞恳切的信函，打印了几百份，按照阵亡通知书上的地址发了出去，同样的内容他寄两份，一份直接寄到烈士的村里，一份则发往当地的民政部门。

信发出去了，每一封信都是石沉大海。十年间，他写了几百封信，都没有回音。

电话打到当地民政部门询问，当地的民政部门几乎是同一口径，答应查一查再说，但"查一查"也就是"查一查"，一说，再无下文。

写信、打电话，成了1996年到2005年这十年间老人日常生活中重要的部分，有时候几乎是无意识地就拿起电话打过去询问一番。然而，十年间总是杳如黄鹤，一次次的失望也成了他日常生活中重要的组成部分。

这位从军营里走出来，又在省直大机关待过的退休老人太过单纯了，十年帮助烈士寻亲未果，他居然从来没有往旁的方向去想，他对自己生活的现实还怀有相当程度的善意，不是体会不到，他只是不想往坏的地方想，他也没有受过那种产生坏念头的训练。但他百思不得其解，只是独自一个人坐下

王艾甫和弟弟王致甫在烈士陵园核对阵亡通知书上的烈士名字。

送烈士回家

来黯然神伤：这些烈士的父母亲都下世啦？他们难道都一律没有家庭，没有妻子儿女，没有兄弟姐妹，一个人也没有？84位烈士，84个家庭的亲人们，竟然没有一个想着他们，他们竟然不找他们的亲人，这是怎么回事？

十年来，把个老汉折腾得有些神神道道的，年过花甲之后迈向古稀，王艾甫的头发由花白而全白，成了一位皓首老翁，但他的内心还是热乎乎的，没有一天想过要放弃自己为烈士寻亲的计划。

十年间，他也从来没有怀疑过民政部门办事人员承诺的"查一查"的说法，一时查不到也仅仅是一时查不到吧。十年之后，当凤凰卫视的记者问他就没有怀疑过公家的办事人员在敷衍他吗？他说，绝对没有。

王艾甫哪里会怀疑吃着国家俸禄替国家办事的工作人员的工作态度。以他一个普通人最朴素的想法，你拿那一份钱，就得对得起那一份钱哪！他哪里知道，对他一个普通的太原市民而言，他在电话这头传递到各地的声音显得太过微弱了，他的声音撞在了由各种程序和级别组成的巨大消声设备上面，冷枪撞上棉花包。

直到后来，他才有所省悟。他自嘲地说，咱一个老百姓嘛，一个山西的老百姓，哪能用得动人家其他省份的公家单位。

我们谈起这一节的时候，老人还担心我不相信。恰好，左权县几个农民在翻地的时候，从自家地里起来一座坟墓，墓碑还在，是抗战时期病逝于左权县的一位八路军将军，他叫张义侠，墓碑上明确标注着这位将军的籍贯。热心的农民们都知道王艾甫在为烈士寻找亲人，就直接把寻亲的报告打到他这里。按照记载的籍贯，他几次打电话给当地的民政部门，对方一口答应帮忙查一查。

王艾甫随即拨通电话让我听。他说，你听听。

电话拨通之后，对方显得很客气。王艾甫告诉他："我就是上一个月打电话寻找烈士下落的山西人啊。"

"噢，咋回事呢，你再说一遍。"

"我是山西左权县啊，我们这里发现一座坟，墓碑上记载的人是八路军的一位将军，他的名字叫张义侠，标注说是你们县的人。前一次你们不是答应帮助查一查吗？查得怎么样了？"

"噢，有这事啊，你再说一遍。"

又说一遍。

第一章　一个老兵和另外一群老兵的缘分

"好好好，我查一下看啊！等会儿你再打过电话来！"

王艾甫放下电话，示意我等一会儿。他放下电话的时候，手分明在抖。

等了几分钟，再拨电话过去，对方说：查了，没有这个人。还好，对方还说了说查不到的原因，是因为解放之后，地方的行政归属几经变动，查找这样一位60年前的人根本不可能，让王艾甫试着到其他地方查一查。

"就这样啊！"没等王艾甫再说第二句话，那头的电话不耐烦地挂断了。

王艾甫苦笑着说，这还是好的！答应给你查一查。

我说人家也蛮客气的嘛。王艾甫告诉我一个非常滑稽的事实，也就是这个电话，也就是接电话的这个人，每一次打过电话都是这样的对答，每一次打电话过去对方都像是茫然之中第一次接听一样，都要让王艾甫把内容和姓名重复一遍。就是这个电话，两个月之内打了不下十次！

事实上，王艾甫这十年中间所遭遇的恶言恶语要比这更甚，有的办事人员直接斥责他：麻烦，净给我们找麻烦！

不，那边说的是"麻球烦"，一句很北方的脏话，王艾甫让他们厌烦甚至讨厌到了极点。

十年间杳无音信毫无结果，老人难道没有想过要放弃吗？王艾甫告诉我说，没有！真的没有。他说："说了别人可能不相信，这家伙就好像冥冥之中有神有鬼似的，那些东西放在那里好像会自己出声，常常听见一些莫名其妙的声音，每一次打开柜子看一眼都感觉不一样。我觉得躺在里面的就是我的战友，我就是他们中的一员，他们就在那里催着我，这个计划一旦形成我就没办法放下。咳！你还别说，当陆陆续续找到烈士亲人之后，还真不响了。"

我知道，这是他心情的一种表达。这种表达让人感到苍凉而悲怆。

十年来，那84份阵亡通知书他不知道抚摸过多少遍了，上面的人名和他们各自的籍贯，几乎到了倒背如流的地步，尤其是84份未发出的阵亡通知书里的名字，你一说哪一个，他马上就能答上来，而866位烈士的阵亡登记册，也大致有一个印象。

我随口难了他一下。我说，陈开业。

他说，好像，好像是四川的吧，866份名单里的。

好家伙，逼得老汉都快成精了。

送烈士回家

处在疑惑不解中的王艾甫无论如何也不相信，他的寻亲计划是一时心血来潮，寻亲计划就会这样悄无声息地无疾而终。

十年寻亲未果，他手里用3000元"巨资"买回来的"死人名单"的真伪再一次成了一个话题——要是真的，还能十年没有结果？

他想，可能是方式不对。在落寞之中，他忽然灵醒过来，太原市有牛驼寨、双塔、黄陂、阳曲、清徐等烈士陵园，在那里长眠着数以万计的英雄先烈，是不是可以在那里找到一些线索？

马上行动。烈士陵园还真的有阵亡通知书上的烈士坟墓！这让他惊喜不已。在几乎山穷水尽的时候，突然现出这么一丝希望，他身上收藏家的那种刨根问底的劲头再一次帮了大忙。一个夏天，一个冬天，他一有空就泡在烈士陵园里，七大烈士陵园都留下了他的足迹。他拿一瓶矿泉水，把大理石墓碑上的灰尘杂草冲洗干净，挨着个一排一排地查，几千座墓碑无一遗漏，在七大烈士陵园，居然找到几十位与他手里的阵亡通知书和烈士登记册里名字、籍贯相吻合的烈士坟墓。

龙华章、苏廷信、李宝顺、贾老巴、刘成仁、李漠元、刘克功、李光耀、毛通银……一个个熟悉的名字零零散散出现在各大烈士陵园。每对上一位，他就从旁边的地里扯一把野花扎成束，献在墓碑前，鞠躬，默哀……多少年了，没有亲人来看望你们，我代他们祭拜你来了。战友啊，你原来在这里！

事实上，每对上一位烈士，王艾甫的心里就会增加一份沉重，他惊喜着，但不痛快。

找到墓地，说明这些烈士是确实存在的。是真的。没有发出去，亲人们还不知道他们的死活，看来，也是真的。

成天往烈士陵园跑，一泡就是一天，至少显得很反常，连陵园的人都感到奇怪，就问他，这里面有你的亲人吗？

他如实相告，人家很不屑一顾："这不是有病吗？"但是，谁能知道此刻王艾甫心里面的狂喜呢！他成天去，又成天跟陵园的人见面，一来二去，当初质疑的好多人都成了他的朋友，甚至主动前来帮他寻找。

他对朋友们说，你们看，有名、有姓、有坟墓，这东西呀，假不了。

太原战役纪实　围困太原

　　1947年4月,胡宗南集结重兵进攻延安,中共中央主动撤出,毛泽东、周恩来率"昆仑纵队"转战陕北,全面内战就此拉开序幕。经过艰苦的1947年,人民解放军在东北、西北、华东、中原扎稳脚跟,双方力量对比发生了转折性变化。到1948年7月底,解放战争形势发生重大变化,解放军由战略防御转入战略进攻,将战争引向国民党统治区。在外线的运动战,歼

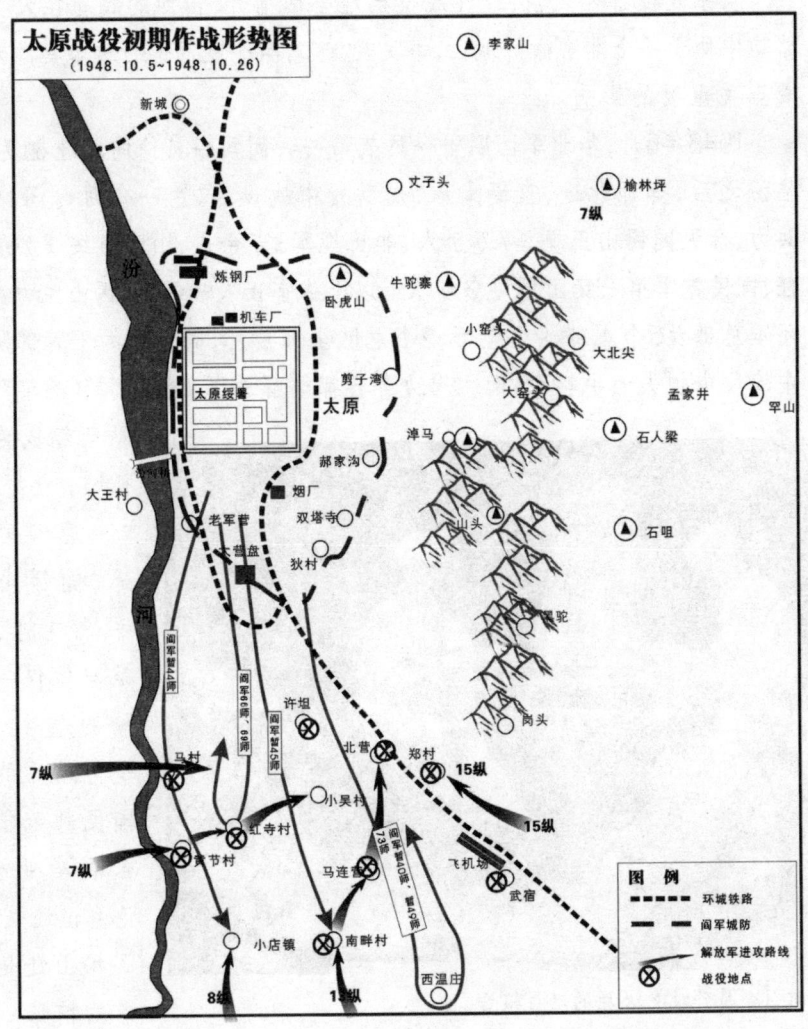

送烈士回家

灭国民党有生力量,继续在内线作战,收复失地。在1948年和1949年的辽沈、淮海和平津三大战役前夕,经过洛阳、襄樊、晋中、豫东等一系列战役,国民党军由战争初期的430万人下降到365万人,有100多万俘虏经过教育投诚,参加了解放军,其用于一线作战的正规军只有174万,分布于东北、华北、华东、中原、西北五个战场,在战略上已经处于被动地位。而人民解放军则从战争初期的120万人发展壮大到280万人,在正规化建设和技术装备方面有了很大提高,具备了进行大规模运动战、阵地战和城市攻坚能力。

1948年,中国面临着两种命运两种前途的大决战。

太原战役开始之前,辽沈战役已经全面铺开,山西的战局在大决战的格局中处于一个非常微妙地位,举足轻重。对整个战局的行进节奏和走向有着至关重要的影响。

1948年6月,华北军区副司令员兼第一兵团司令员徐向前继收复运城、临汾之后,挥师北进,直逼太原,发动晋中战役。仅用一个月时间,以6万兵力,歼灭阎锡山正规军7万余人,非正规军3万余人,山西省绥靖公署副主任、国民党军第七集团军司令赵承绶以下将官16人被俘。阎锡山主力第七集团军总部及5个军部、9个整师、2个总队全部被歼,阎锡山的王牌部队在晋中战役中损失大半。太原南北周边各县都被解放军收复,到1948年7月,太原已经成为一座孤城。

富有意味的是,阎锡山的对手徐向前,不仅是与他仅一河之隔的老乡,而且是他创办的太原国民师范学校的首届毕业生,无论乡谊还是学谊,阎锡山还是徐向前的前辈。据说,

徐向前司令员作攻打太原的动员报告。

当阎锡山听到第七集团军全军覆没的消息时,气得差点晕过去。现在,徐向前的大军从晋南一路隆隆北进,克运城,取临汾,战晋中,摧枯拉朽,势如伏虎吞鲸,阎锡山的命运被牢牢地握在这位乡党后辈手中。

有人开玩笑说,过去在山西是"学会五台话,能把洋刀挎",现如今,不管阎锡山还是徐向前哪一个打胜,都是五台人,五台人还不吃亏。而且,居然也真的有五台老乡来到大兵压境的前线指挥所,希望在徐向前那里讨得一些好处。

兵临城下,志在必得。还在晋中战役作战方酣的1948年7月15日,徐向前、周士第即向中共中央军委打报告,提出准备在完成榆次以南作战之后,即行北上,完成对太原的包围,有可能即夺取太原。

然而,徐向前的华北军区第一兵团从晋南一路打过来,伤亡也不小,徐向前在发给中共中央军委的电报称,"现我各纵最大问题为兵员不充实。八纵六十五、六十六、六十八、七十、七十二等团战士只八百人左右,每团步枪兵只百余人;十五纵一二九团三个连,每连只六个步枪兵。全兵团一千人以上的团只有两个。干部伤亡甚大,八纵二十三旅六十七团,全团连级军政干部只剩三人,营级干部只剩一人;六十八团团干部全部负伤;六十九团连干部只剩四人",因此,"必须补充休整后方能继续战斗"。

战果甚大,损失也非常惨重。

临汾一战,费时72天,徐向前麾下9个旅约7万人有1.5万人伤亡,晋中战役如徐向前报告所言,亦然非常惨烈。当北线太岳部队和晋中部队将第七集团军赵承绶后撤太原的退路拦腰截断,阎军从7月3日起,先后以9个团的兵力,配合装甲车3辆,山炮30余门,轻重迫击炮40余门,在数架飞机掩护下,轮番向太岳部队与晋中部队防线进攻。赵承绶与国民党军三十三军军长沈瑞亲自坐镇指挥,榆次守敌出动两个步兵团和一个机炮团,向晋中部队阵地猛攻。这是一场非常惨烈的阵地争夺战。进攻,再进攻,击退,再击退,连着打了三天三夜。这分明就是一场力量悬殊的绞肉战。阎军上有飞机支援,下有装甲掩护,占尽先机。徐向前给部队首长下了死命令,不管多么疲劳,伤亡多大,也要"钉"在那里,也决不能让敌人跑掉。太岳部队和晋中部队的战士们以一当十,以百当千,同疯了一样想打出一条退路的阎军反复拼杀,白刃格斗。坚守董村的太岳第四十一团,打退优势敌军多次进攻,毙

送烈士回家

太原环城铁路与碉堡群。

伤敌千人以上。有一个连打到最后,仅剩9个人坚守在阵地上。

在这种情况下,徐向前、周士第提出,攻取太原之作战原则拟定为:切实完成对太原市之包围围困,控制南北机场及若干外围工矿,断绝其外援及粮弹、燃料补给,逐步攻取必要的外围据点,消灭其有生力量,瓦解动摇敌人,以造成攻城的有利条件,开辟攻城道路,完成攻城准备,然后一举攻取之。

中央军委同意了他们的意见,并命令华北军区第一兵团成立以徐向前为书记、周士第为副书记的前敌委员会,指挥华北第一兵团及西北第七纵队、晋中军区部队、华北军区第一炮兵旅。

尽管太原已经是孤城一座,守敌无可逃遁,但是,摆在面前的太原城,确实是一块难啃的骨头。

太原古称晋阳,已经有两千多年的历史,历史上屡经战火,像一位饱经沧桑的老人一样矗立在汾河左岸。现有人口40余万,是华北地区的工业中心之一和军事重镇。它位于晋中汾河谷地北部,西枕汾河,东、北、西三面都有高山拱卫,形成一道天然屏障,易守难攻。

抗战胜利之后,阎锡山由晋西克难坡一回到太原,就马上召集关于建立太原防御体系的会议。会议制订了"百里圈"计划,即在太原城东起罕山,西至石千峰;北起黄寨、周家山;南至武宿、小店,百里方圆的范围内,构筑5000到6000个防御碉堡。这些碉堡不仅数量多,而且式样繁多,据说是请了德国专家和日本专家专门规划精心设计。根据地形,有主碉、副碉的布置,根据火力,又有炮碉、机枪碉配置,依兵力多寡,则有半班碉、排碉和连碉之分,不仅如此,而且形状各异,高碉、低碉、人字碉、十字碉、方碉、圆碉、伏地碉、半径碉犬牙交错,既可独立作战又可相互支援,围绕太原"百里圈",还有环城铁路,装甲列车不舍昼夜环行巡视。大多数碉堡之内存有粮、水,还有睡觉的地方。如果将太原城比作一座航母,那么这些星罗棋布的碉群则是蜂拥蚁聚的护航驱逐舰艇。

在阎锡山苦心经营下的太原城,就是一架由钢铁与水泥构架起来的绞肉机器。

一位美国记者到太原看了这些碉堡后,说:"任何人到了太原,都会为数不清的碉堡而吃惊。高的、低的、方的、三角形的,甚至藏在地下的,构成了不可思议的严密火力网。"

陈毅曾经到前线看过太原的防御体系,对徐向前说:好厉害哟!

阎锡山不愧是山西王、土皇帝,对太原周边的形势了然于胸。他编有一段顺口溜,说:太原形势像人样,东山好比太原头,手是南北飞机场。石嘴子和凤阁梁,好比眼睛高又亮。两脚伸在汾河西,太原城内有五脏。

得意之色,溢于言表。但所言不虚。

东山,乃太原的主要屏障,高出太原城区500米,最高峰距城25公里,名叫罕山。整个山区南北约15公里,东西约30公里,筑有大小碉堡3000多个。每个山头都有一个碉堡群,有10个左右的钢筋水泥或水泥、片石筑成的各式碉堡,拱卫在外壕劈坡之上。

劈坡就山势劈削而下,一层层垒叠起来,层与层之间相隔丈余,有的多达十几层。外壕深三丈多,碉堡与碉堡之间有坑道相连。各个山头、各个碉堡之间,构成严密的火力网。罕山西麓、太原城东的山神庙是炮兵地,周围碉堡林立,用以屯兵,而从城东北至城东南,有卧虎山、牛驼寨、小窑头、淖马、山头、双塔寺,都筑有坚固的工事,构成环形的要塞堡垒线,距

阎锡山在太原城周围构筑的碉堡群。

送烈士回家

东山碉堡群与劈坡情形。

城各5里、10里不等。

太原东山的牛驼寨、小头、淖马、山头,被称为"四大要塞"。双塔寺有大碉堡13个,小碉堡35个;黄家坟有大小碉堡160多个,密密层层,望之如林。

阎锡山用了三年多时间经营太原东山地区。他曾说过,凭此三千堡垒,足抵十万精兵。他任命第十集团军司令王靖国为太原守备司令,指挥全局。

早在晋中战役结束之初,阎锡山就提出了所谓总体战的主张,1948年9月,成立"总体战委员会",在太原市内实行"大保卫战",驱赶普通市民组成"民卫军",将青壮年划归到"铁血师"开赴四大要塞充当炮灰。将军事、政治融为一体,孤注一掷,顽抗到底。

小店战斗中被解放军炮火摧毁的敌碉堡。

1948年7月21日,蒋介石冒雨从济南飞临太原。为给阎锡山打气,承诺继续空运援兵到太原,还亲自接见山西高级军政要员,称赞太原为"反共模范堡垒"。阎锡山胆壮气足,决心用火海战术打败徐向前的"人海战术"。

经过晋中一战,阎锡山损失精锐之师十万之众,然而,百足之虫死而不僵,他手里仍然有十万军队,此刻钻在如林似刺般的碉堡里,注视着解放军的一举一动。

摆在徐向前面前的,就是如何攻破太原这座钢浇铁铸的"碉堡城市"。

第二章

转机

有一位贵人来相助

转眼，到了2005年。这一年，王艾甫67岁，他的内心在这一年显得有些急躁、焦虑。因为2004年的一天，突然感到身体有些不适，随手取样东西都不利落，紧接着，半边身子就不听使唤了。到医院一查，脑梗塞！

这一场病，差一点将他击倒。他说，那一场病就差点要了他的命，也是这一场病鬼使神差地加速了为烈士寻亲的进程。

王艾甫说，从那之后，他感到身体大不如从前，渐入老境，常常感到心有余而力不足，做什么事情都力不从心。文物收藏实际上是一项费神的事业，到这个时候，他基本上"收手"了。大半辈子的工夫都用在这上面，也该坐下来仔细地整理整理了。他坐下来分门别类检视自己多年的收藏，当然，包括那四大册阵亡将士登记册和84份阵亡通知书。

他说，好家伙，那要是万一有个三长两短，可就把遗憾带进坟墓了。

送烈士回家

　　整理多年的收藏品并不是一件容易的事情，他的各类收藏品太多了。住的单元楼根本无法容纳，就在他经营的文物市场周围租了一间旧民房，也是堆得没有落脚的地方。要将这些驳杂的东西分门别类整理出来，简直就是一个浩繁的工程。

　　家人全部被动员起来，分类、塑封、复制、装框，忙个不亦乐乎，快70岁的老妹夫也从家里赶来为他帮忙。老妹夫架着花镜，一笔一画将84份阵亡通知书和那866名烈士的阵亡登记册按省份全部分开来，造表登记。

　　造表分类看似简单，做起来才知道这是一个苦差使。一个，是上面的字迹因为年长日久，字迹漫漶不清；一个，填写这些登记表和通知书显然不是出自一人之手，书写有的潦里潦草，有的根本猜都没法猜。老眼昏花，小时候没念过几天书，再加上字迹不清，对这样一位老人而言，其吃力程度就可想而知。这个工作做了将近一个多月才告完成。

　　王艾甫始终没有把为烈士寻亲这档子事真正放下，一场病让他感到这个事儿更加紧迫，但是十年间所有的寻找尝试都如同石沉大海，这个心事都不好意思再说出口。

　　他说不出来，心里感到很憋屈。

　　不说不等于不做，他变着法子想把他寻亲的信息公布到社会中去，让社会知道，让外人知道，说不定谁看见了，抑或谁就是阵亡通知书上烈士的亲人，会找上门来。从2003年开始，他开始办展览，当然规模不会太大，一来没钱租不来场地，二来他还不能把他的目的直白地写在展板上面，他只能瞅着哪里办展览借用他的藏品，作为交换，人家才腾出一小块地方让给他。

　　钱是省了一笔，效果并不佳。烈士陵园办过，国民师范旧址办过，博物馆的门口也展过，同样是没有任何信息回馈。他的弟弟王致甫先就有些灰心，家里人也跟着有些灰心，王艾甫自己也想，也许，近60年的光阴，烈士们的家里确实是没有什么亲人了，即便有，时间也会把蒙在心上的伤悲与思念磨得麻木了吧？

　　五弟王致甫也是一位退伍老兵，在炮兵部队干了十几年，耳朵有些背。2002年，时任太原钢铁公司四公司宣传部部长兼水泥厂厂长的王致甫办了内退，本来，他准备退休之后到北京跟着老战友一起干工程，在这个时候，四哥王艾甫办展览正缺人手，就死拉硬拽将他留了下来。耳背、不善辞令的王致甫太了解四哥的性格了,他知道他心里头牵挂的是什么,为烈士寻亲是他心里放不下的一个结,这个结解不开,他死不瞑目。再说,兄长刚刚大病初愈,能给他减轻点负担再好不过。

一次次展览,一次次没有反馈的信息,真让他有些灰心了。王致甫说,那几年,寻亲就处在停滞状态,可以说基本上是失败的。着急呀,时间不等人哪,再过三五年,这些东西就等于尘封了60年了,60年后再找那就更困难了。

2005年,抗日战争暨世界反法西斯战争胜利60周年,山西作为中共晋绥、晋冀鲁豫、晋察冀三大根据地的所在地,八路军抗击日本侵略者的主战场,在全国纪念抗战60周年的活动中是一个重点省份,由省里牵头要举办一个大型展览,王艾甫上千件的展品一下子派上了用场,他的主题展览"日本侵晋罪行实录图片展"成为展览中的一个重点。这一年的4月,他的藏品展出之后,在社会上引起了很大反响,同时也受到媒体的关注,《三晋都市报》率先对老人的收藏作了报道,在报道中顺便提到了王艾甫收藏的84份烈士阵亡通知书。

消息公布之后,暂时没有什么效果,然而,这应该是一个良好的开端。收藏84份未发出的阵亡通知书的消息第一次出现在媒体上,一个感动过并且今天仍然感动着成千上万人、牵动无数烈士亲人的"为烈士寻找亲人,送烈士魂归故里"的行动就从这里开始,尽管那一句话显得很随意,显得可有可无。

2005年6月17日,王艾甫接到《三晋都市报》记者翟少颖的电话,说《武汉晚报》的一位记者要对他进行采访,这位记者叫汤华明。这时候,王艾甫的抗战文物展览已经接近尾声。

其时,汤华明接

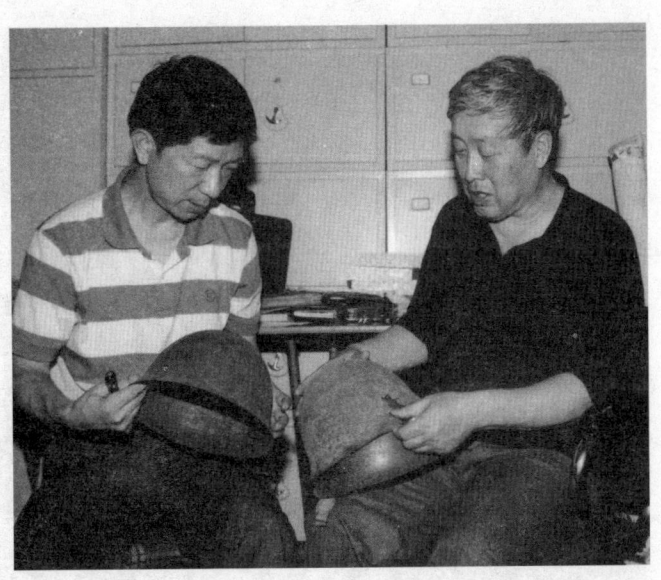

2005年6月17日,《武汉晚报》记者汤华明(左)采访王艾甫时的情景。
图/汤华明

送烈士回家

受报社的任务,正在为报社纪念抗战60周年活动跑稿子。他的计划很辛苦,很庞大,沿着当年的华北抗日战场要跑一圈,这一天,他结束了在北京的采访活动,由山西大同来到太原,在《三晋都市报》上看到王艾甫收藏抗战文物的消息,于是求助同行,希望在王艾甫那里能得到山西抗战史的资料帮助。

汤华明回到武汉之后,即开始帮助王艾甫为烈士寻亲,图为他在寻访知情者。

王艾甫在接受采访的时候顺便提及他手上有解放战争时期的资料,不知道对汤华明有没有帮助。王艾甫把这些东西取了出来,一一摆开,汤华明也吃了一惊,有些激动。尤其让他吃惊的是,里面竟然有11名湖北籍烈士。出于新闻记者的职业敏感,他预感到这些东西将会有着不同凡响的新闻价值。

没有什么犹豫,汤华明非常爽快地答应帮王艾甫。临行的时候,他把湖北籍的11位烈士的姓名、籍贯和年龄一一记了下来,同时把原件都拍了照,小心装入行囊。

王艾甫其实仅仅是抱着试试看的态度,这

汤华明与老革命在一起。

么多年来没有任何结果，他已经近乎麻木，但是有机会还是不愿意放过。宁叫碰了，不能误了。这是山西老醯骨子里的精明和执著。

他不知道，眼前这位来自湖北武汉的记者，也跟他一样，是一位转业军人。

汤华明在华北跑了整整78天。他一回到武汉，即向报社领导汇报了王艾甫收藏烈士阵亡通知书和十年寻亲未果的事迹，报社领导非常惊讶在山西居然有这样一个人，这样一件事，显然，报社领导也意识到这个事件背后的新闻价值。他让汤华明停下手头的活儿，专门策划组织为烈士寻亲的报道，同时，《寻找湖北11位烈士的亲属》的稿件迅速见报，11份湖北籍烈士的名单在《武汉晚报》全部刊登出来。

汤华明联系省市民政部门之后，引起当地民政部门的高度重视，11份湖北籍烈士的名单相继出现在湖北各地的民政办公网上，并且公布了热线电话。

时隔半个多世纪，全国的行政区划发生了很大的变化，11位烈士的家乡也不例外。阵亡通知书中的地址原本就不够详细，仅凭这些信息寻找11位烈士的亲人，如同大海捞针。一个多月过去之后，没有任何进展。

汤华明有些坐不住了，正好是国庆节长假，他揣起那份湖北籍烈士名单，收拾行囊，自己驾车上路了。

亲自寻访，早有策划。按照阵亡通知书提供的信息，规划好了行程路线，同时，利用采访结识的朋友，甚至劳师动众动用了当地的公安警力。

连续几天，都是失望连着失望，按图索骥一连找了三个地方都是无功而返，再加上细雨连绵，汤华明的心情简直糟透了。就在这个时候，出现了一线转机，烈士马天和的线索出现了。

10月4日，根据枣阳市民政局提供的线索，汤华明找到了当年的"枣阳县南关区"——如今的枣阳市繁华城区。小西街上，77岁的王师傅听明记者来意，拍拍脑袋，想起来了，是有这么个人。王师傅带他找到一处老宅。老宅原先的主人姓冯，夫妻俩已于20世纪70年代后期去世，长子冯天和，1948年参军离开家乡，之后十里八村再没人知道他死活，次子则牺牲于抗美援朝战场。如果阵亡通知书中的"马天和"果真是"冯天和"之误，那这就算是找到的第一位烈士。冯天和1949年4月牺牲时，只有19岁，尚未成家，更无子嗣，冯家此外再无嫡亲。

送烈士回家

汤华明在棉花地里找到的第一位烈士亲属——烈士郝载虎的堂弟郝章群。

费尽周折，终于得到一位烈士家人的消息，然而，烈士已逝，亲人已故，就是这样的结局！实在让人唏嘘不已。

10月5日下午，寻找"云县双郝村"戴虎亲属。然而，戴虎烈士的籍贯是"湖北省云县"，湖北省根本就没有这样一个县份，汤华明分析，"云县"很可能就是今天的云梦县。因为湖北再没有第二个带"云"字的县份。云梦县是一个小县，汤华明为烈士寻亲，引起当地政府的高度重视，公安局百余名干警全部放弃休假，跑遍了全县所有的乡镇。根据当地政府提供的该县解放初期行政辖区资料，汤华明确定"双郝村"就是隔蒲潭镇的钟垸村。半个世纪前，这里两个郝姓村庄分别叫做前郝村、后郝村，合称"双郝"，20世纪70年代后期，"双郝村"更名"钟垸村"。

钟垸村村民委员会主任介绍说，这个村子在解放前夕确曾有一人当兵走了，一走就再没有音信，不知道死活了。如今他还有两个70多岁的叔伯兄弟健在。汤华明一下子兴奋起来，没有片刻迟疑，在村主任的带领下，来到村头一片棉花地中找到了75岁的郝章群老人。汤华明拉着他的手，说明来意，老人愣了愣，哭了。

老人说："载虎哥是1948年冬天从武汉当兵走的，这一走就没音讯了。全家人曾经在孝感、武汉找过几年，都没有下落……载虎哥大我5岁，活到现在该是81岁的人了。"

原来，阵亡通知书上的"戴虎"，真名叫做郝载虎。县份对，村名对，这个郝载虎就应该是戴虎烈士。老人告诉汤华明，郝载虎当年父母早亡，由叔

第二章 转机

父，也就是郝章群的父亲一手抚养成人，他们情同手足。汤华明核对从王艾甫那里带回来的资料，老人叙述的郝载虎的年龄和参军时间相吻合，他才打消了疑虑。

2005年10月23日，王艾甫接到从武汉打来的电话，电话的那一头，可以听得到汤华明难以抑制的激动，汤华明告诉他，他找了烈士郝载虎的亲属，同时，还落实了"马天和"烈士的下落，只是"马天和"的亲属已经没有了。

王艾甫听到汤华明的电话，激动得要跳起来，不禁老泪纵横。

十年寻亲，终于迈出了第一步。

但是，名单上没有郝载虎的名字！只有一个戴虎。

王艾甫见到烈士的堂弟。

戴虎的阵亡通知单上工整地填写着：戴虎，一九七师五八九团九连战士，湖北省云县双郝村人，评语为：工作积极，战斗勇敢，于太原解放战役中光荣牺牲。

汤华明告诉他说，他找到的郝载虎，就是名单上的戴虎烈士。

送第一位烈士回家

是郝载虎还是戴虎？汤华明那边虽然详细地说明原委，王艾甫还是不敢贸然确定。

人命关天，何况是烈士。

毕竟这是一个非常可喜的开端，消息来得又这么突然，苦苦寻觅了十年之后，好家伙一下就找到两个。王艾甫暂时按捺住心头的激动，变得非常审慎，非常小心，或者，他想为烈士做得更多一些。

送烈士回家

见到东西的时候狂喜不已，得到东西之后又变得小心谨慎，有一分的证据便说一分的话，这是收藏家的基本训练。

他再一次想到了烈士陵园。找到郝载虎烈士的墓地，应该是这名烈士真实性的一个有力佐证。其时，他已经当选为太原收藏协会主席，这个民间性质的协会在王艾甫的经管之下，像一个很正规的机构一样，副会长、秘书长、办事员一应俱全。找到郝载虎烈士的消息甫一传来，不仅仅是王艾甫一个人高兴，一下子协会老老少少的神经都兴奋了起来。他的家人，协会的每一位成员在听到消息之后的若干时日里，一门心思投入到寻找郝载虎烈士以及其他十名湖北籍烈士的墓地上面。

为烈士寻亲的工作在十年之后终于有了转机，喜悦写在王艾甫的脸上。

戴虎的阵亡通知书上，"安葬地"一栏标明：阳曲县十里铺牧畜场。

阳曲县地处太原市北郊，距市区40公里。协会虽然是协会，但出无车食无鱼，无级无别无经费，到那么远的地方，没有公车可通，只能打"的士"前往。一来一往百十元是下不来的，只能由他这个会长自己掏腰包。

可是，当他们抵达那里的时候，这个所谓的十里铺牧畜场早就变成一片机声隆隆的厂区，当地只有老年人才能影影绰绰想起当年的这么一档子事情。据当地老人讲，太原战役结束之后，这一个墓场不过是烈士遗骨的临时寄存地，20世纪50年代，寄存的烈士墓就迁走了，都迁到了烈士陵园，具体迁到哪个陵园就不清楚了。

无功而返。

他们又到黄陂烈士陵园，没有。

再到离安葬地最近的阳曲烈士陵园，仍然没有。

再回到太原市双塔寺烈士陵园，还是没有。

几千座烈士的墓茔，一座一座排查过去，几千块墓碑上的尘土鸟粪杂草

第二章 转机

被一块一块清理出来，呈现在王艾甫面前的，就是几千次失望，同时也刺激着王艾甫骨子里那股子拗劲：就不信了，当年有安葬之地，说明烈士的墓地就写有姓名的标牌，那么，后来的动迁也应该原样迁出安葬才对的。

抱着最后一线希望，他来到太原牛驼寨烈士陵园。这里安葬着在解放太原战役中牺牲的烈士近1900具遗骨，其中无名烈士遗骨就有600具。王艾甫和牛驼寨烈士陵园的主任关系非常好，工作人员也很配合，他们向王艾甫介绍说，这里安葬的烈士很多是从阳曲县迁来的。

功夫不负有心人，终于在这片密密麻麻的墓碑之中发现戴虎烈士的墓地。王艾甫长长地舒了一口气。他没有太多的激动，心里反倒有些压抑，坐在戴虎烈士的墓地旁边，瞅着那一方窄窄的墓碑，沉默良久。王艾甫想坐下来，静静地陪他坐一会儿。

找到烈士墓地，王艾甫像找到一位多年未曾谋面的老朋友。之后，寻找墓地的一行人从陵园租来花篮，搞了一个简短的祭奠仪式。

周围的苍松翠柏正在晚秋的风里摇曳，百草苍黄，这个非时非节的祭奠仪式显得特别扎眼。别人不能明白，这个仪式，实际上是未发出通知书的几十位太原战役阵亡烈士回家的开始。

有阵亡通知书，有墓地，戴虎烈士的存在是确定无疑的。工作人员拿出

郝载虎烈士生前所在的中国人民解放军六十六军五八九团攻破小北门，进入太原城。

送烈士回家

陵园的原始档案，按照墓园排列顺序，上面记载着这名烈士叫做"载虎"！墓碑与登记不符，这是怎么回事？显然是豕亥鱼鲁之类的笔误。

王艾甫想起高荣贵的那句话：在战争环境下，什么情况都可能发生。

与王艾甫手头的资料相对照，"载虎"与"戴虎"的部队番号、籍贯、年龄完全一致，把这些资料再与汤华明从武汉传过来的信息相比较，可以肯定，找到的戴虎烈士墓，就是在湖北找到的那名郝载虎烈士无疑，"戴虎"确系"载虎"之笔误，"云县"系"云梦县"笔误，尤其是双郝村这个籍贯的变迁，最具有说服力。汤华明真是首建奇功。

寻找墓地的过程，变成了一个曲折的考证之旅。最后，牛驼寨烈士陵园的负责人也表示，他们将尽快请示民政部门，将这延续50多年的错误尽快更改过来。

同时，王艾甫再一次找到军史专家高荣贵，请教关于郝载虎烈士牺牲在太原的来龙去脉。高荣贵说，郝载虎烈士开始参加国民党部队是没有问题的，1937年忻口会战时，从南方调来大批部队，到解放战争的时候，他可能被俘，然后参加八路军或解放军。

王艾甫立即将找到郝载虎烈士墓地的消息通知了汤华明，同时，没有任何犹豫，他说不日将亲自到湖北，把烈士的阵亡通知书和其他资料送到烈士遗属的手上。

筹划好行程，一行人需要近万元的旅差费用，王艾甫大包大揽说没有问题。他早有准备，把自己收藏的300多块银元作价1万元卖了，这笔钱到武汉那是绰绰有余。

2005年11月8日，湖北省云梦县钟垸村下起了一场小雨，南方晚秋里的秋雨下起来没完没了。莫非天亦为烈士垂泪吗？故乡的雨在迎接自己失散56年的儿子归来啊！

伴随着丝丝细雨，村子里的人一大早就忙活开了，全村的人几乎都赶到了村民郝章群的家里，大门上贴着大红的对联。村委会的干部们都在他家里忙前忙后，他们甚至在村口挂了10万响的鞭炮，准备迎接远方来的客人。王艾甫事后才知道，这个村子几十年都没有办过如此盛大的集会。

当汤华明带着王艾甫一行人穿过绵绵细雨出现在村民们视野中的时候，一时间鞭炮齐鸣，炸响了南国湿润的空气，红屑细碎，蓝色硝烟那特有的香味

第二章 转机

烈士的阵亡通知书被供在平常供奉祖宗的地方,全村人都烧纸祭拜。

弥漫着,沉寂的山村就有了一种难得的喜气。全村的人都从村里涌了出来,伫立在村头。王艾甫虽然早在十年前就构思出这样的情景,这样的情景早就让他热血沸腾,但眼前的盛况还是出乎他的意料,他明白,这样盛大的场面不是为他而设,而是为了迎接他怀里揣的那份穿过56年才姗姗来迟的荣誉,和那位因阵亡通知书没有发出而迟归的英魂。

同行的,还有五弟王致甫、太原市收藏协会的小任、《三晋都市报》记者翟少颖。

钟垸村村主任郝朝阳跑过来将王艾甫搀住,一行人在村里人的注目下来到郝章群的家里。王艾甫一进门,就发现堂屋正墙下平常供奉祖先灵位的神龛香烛齐备,供牲俨然,只是神主之位还空在那里。他一下子明白了,一下子明白了这份56年前未发出的阵亡通知书的分量。

人未歇栈,王艾甫就把阵亡通知书的彩喷复制件、郝载虎烈士墓地及牛驼寨烈士陵园照片双手捧出,郑重地交在烈士郝载虎的两个堂弟的手上。王

送烈士回家

牛驼寨烈士纪念塔。

艾甫斟词酌句:"郝载虎烈士为解放太原而牺牲,这一次能够找到他的亲人,我很高兴,作为一个太原市的市民,感谢你们的亲人为解放太原作出的贡献。今天,我把这份迟到五十多年的烈士阵亡通知书送来了。"

话虽正规,王艾甫心里却是惊涛乍起,密云翻滚,一瞬难息。这一刻,他等了整整十年,从年近花甲等到年近古稀。

郝章群和弟弟庄严地接过王艾甫递过来的阵亡通知书和烈士墓地照片,一脸肃穆,恭敬地将它们款款送至神位前,然后,焚香祭拜,礼敬如仪,全村的人随后鱼贯而入,分别祭拜。

郝章群向王艾甫深深地鞠了一躬。

郝章群说:"多亏了您的帮助,才知道载虎哥参加了解放军,而且是革命烈士,载虎哥牺牲得光荣啊!"郝章群甚至向王艾甫表示,我们亲属没有任何要求,知道了载虎哥的下落,知道他是为解放太原而牺牲的烈士,我们就要这份荣誉,让子子孙孙知道,我们村里出过这样一位英雄!

王艾甫了解到,在郝载虎参军之后的近60年间,这个封闭的小山村一直在猜测着郝载虎的下落,有人说他参加了国民党军队,后来被解放军俘虏又做了解放军,再后来,就当了叛徒,随蒋介石开到台湾去了。还有人说,他在外混得灰头土脸,穷困潦倒,无颜见江东父老。还有……民间辗转流传着关于郝载虎的各种版本,各种版本与烈士的事迹相去甚远,而且越来越远。村主任郝朝阳说,如果不是王艾甫及时把郝载虎牺牲的消息送来,各种传说还不知道会编出多少来,他的遭际将永远是一个解不开的谜团。现在我们知道了,载虎大叔是为革命而牺牲的烈士,将来要专门为载虎大叔盖一间房子,把他的荣誉放在里头,让子子孙孙都知道,载虎大叔是我们村里的一位英雄。

此情此景,让王艾甫感慨万千,都是一辈子风风雨雨走过来的老人,他不难想象被各种传说笼罩下的烈士亲属的生活际遇,更不难想象,地下的郝载虎烈士有知,他的形象在阵亡通知书未曾抵达的年月里,是怎样被来来回回地扭曲着、曲解着、猜测着,灵魂如何能安?而且,烈士的亲人一直说不清楚郝载虎的下落,认为当年拍屁股跟着国民党部队走了的郝载虎一直是一个耻辱,所以,亲人们在心里还隐藏着难以言说的苦衷,在村里一直抬不起头来。

村里人再不会说更多感谢的话,这浓浓的谢意都明明确确地写在脸上,他们对着王艾甫,对着汤华明,这样的义举,再多的感谢话都会显得词不达意。但在王艾甫那里,他真的从心里感谢面前这些淳朴善良的烈士亲人。

在左权县的访谈中,他谈着找到的第一位烈士故乡和他的亲人,尽管一

郝载虎烈士的亲属来太原祭拜亲人。

送烈士回家

年多过去了,王艾甫仍然血脉贲张感动不已。他说,他感谢眼前的每一位,媒体的朋友、当地民政部门的干部,甚至这些烈士的亲属帮助他完成了这一夙愿。泪水在眼眶里直打转。更让他感到欣慰的是,在为烈士寻亲的路上,并不单单是他一个人在走,吾道不孤,这么多年来,他其实并不孤单。

直到王艾甫坐到从山西前往湖北的火车上,他还不知道,为11位太原战役牺牲的湖北籍烈士寻找亲人的消息,其实早就引起了武汉三镇老百姓的广泛关注。

当天夜里,汤华明把他们安排在武汉军区干休所招待所,准备第二天赶往云梦县。同行的五弟王致甫和小任想趁着晚间空隙到外面转一转,谁知道,几十年之后第二次逛武汉三镇的王致甫他们,在往回返的时候怎么也找不回原路,七拐八扭,彻底迷了路。两个山西人真是哭笑不得,只得向行人打听。

牛驼寨纪念塔(该塔为钥匙造型,解放太原的战役就是从这里打响的,寓意这是解放太原的一把钥匙)。

"大娘啊,回军区干休所招待所怎么走?"他们拦住一位老太太。

"你们是干什么的?"打听的是一个军事单位,难免让人生疑,老太太

第二章 转机

警惕起来。

"我们是从山西来的,是寻找解放太原时候牺牲的湖北烈士亲属的。"

"啊呀,是你们哪。你们是贵客,你们山西人做了一件大好事呀。"老太太马上说,"走,我带你们去。"

本来,老太太是买东西回家的,为带他们到招待所,反方向走了近2里地把他们送到招待所的门口。老太太告诉他们说,早就在报纸上知道了为烈士寻亲的事情,而且,当地的报纸隔三差五报告着寻亲的过程与结果。老太太说,太原的政府真是好啊,都几十年前的事情了,还在惦记着那些牺牲的烈士,还在为他们寻找着亲人。

那一天,武汉正下着小雨。他们才注意到,老太太已是白发苍苍,一双小脚蹒跚而行。三人走在雨里,王致甫他们心里热乎乎的。

谁知道,第二天一大早,这位老太太就来敲他们的门,手里提着桂圆和香蕉看他们来了。她对着王艾甫深深地鞠了一躬,并邀请他们一定要到家里去做客。王艾甫才想起问老人家的姓名,老人家叫何志英,在武汉已经居住了50多年,也是一位山西人。

王艾甫与华中科技大学校办副主任、同是左权的老乡张爱庆合影。这一张合影之后,为烈士寻亲的活动进入一个高潮期。

送烈士回家

探望郝载虎烈士亲人活动结束之后,他们赶回武汉,第二天就要返回山西了,干休所招待所设便宴饯行。最后,4天的住宿费只象征性收一天的,其他费用全免。

宴席间,王艾甫虽然不曾豪饮,但他的心里是醉着的。终于将第一份阵亡通知书在56年之后,经过自己的手,远涉千山万水,跨过太行,跨过黄河,送到长江边上,他怎么能够不醉?酒不醉人人自醉。

他们正在吃饭,一个山西老乡专程赶来看望王艾甫。一攀谈,老乡是真老乡,左权麻田镇人。他叫张爱庆,59岁,时任华中科技大学校办副主任。此前,张爱庆从报上获知王艾甫收藏烈士阵亡通知书的消息之后,通过《武汉晚报》记者与远在太原的王艾甫取得了联系,报上每有消息,张爱庆就小心剪下来挂号寄给他。两人神交已久,相见恨晚,一聊就是大半夜。

张爱庆再三挽留王艾甫推迟归期,邀请王艾甫一行一定要到学校看一看,和学生们搞一个座谈。张爱庆说,这样的历史对于大学生而言是一段非常陌生的历史,这样的义举对大学生而言,也将会是一个意义非凡的教育,王老啊,你一定得去!

在华中科技大学与学生见面。

第二章 转机

王艾甫爽快地答应下来。

第二天，学校的车如约而至，将一行人直接接到华中科技大学校部。这个小规模的座谈会已经安排得井井有条，王艾甫被迎进会议室。霎时，几十双年轻的眼睛齐刷刷地投在这位白发老人身上，接着，全体起立，掌声雷动！

面对着一双双洋溢着青春气息的眼睛，王艾甫深深感动了。王艾甫觉得，他的身后还有9位随他而来的湖北战友，也和他一起接受这份尊敬和欢迎。

王艾甫对我说，咱还不知道咱的轻重？一个普通老百姓嘛，但是他从太原出发的时候，这些湖北烈士就一直跟在他的身边，寸步未离。说这话的时候，王艾甫再一次抑制不住心中涌起的悲情，摇摇头。

寸步未离啊！他说。

"大蛮"：亲人记忆中的李漠元烈士

事实上，早在王艾甫跋涉千里为郝载虎烈士送阵亡通知书的消息传开之前，他的事迹在新闻媒体朋友的帮助和运作下，引起全国各地媒体的广泛关注。其时，全国纪念世界反法西斯战争暨抗日战争胜利60周年活动余温未降，这一消息无疑在另一重意义上给纪念活动增加了色彩。

整理太原市收藏协会留存的资料，随便列出一个新闻报道统计表，就可以看到2005年11月武汉之行前后新闻媒体对王艾甫事迹的关注程度。

10月28日，《山西晚报》刊发通讯《英名长留晋地　广魂终归故乡》。

10月31日，四川《天府早报》刊发通讯《十一位川籍解放军烈士寻亲人》，文中附有11位四川籍烈士名单和籍贯，以方便读者查找。

11月1日，贵州《贵州都市报》刊发通讯《"阵亡通知"五十六年后送出》，寻找84份"阵亡通知书"中唯一的贵州籍烈士龙华章的亲属。

11月2日，湖南《潇湘晨报》刊发通讯《阵亡通知书五十六年未到　请帮湘籍烈士找亲属》，呼吁读者行动起来，寻找四位湖南籍烈士的家人。

11月4日，山西《太原晚报》刊发通讯《未发出的阵亡将士通知书》。

同日，山西《发展导报》刊发通讯《为"无名烈士"寻找亲人》。

送烈士回家

同日，安徽《江淮晨报》刊发通讯《血洒疆场的英雄们盼"回家"》，报道称，该报记者已经踏上寻找八位安徽籍烈士的行程。

11月6日，中新山西网开始转载《三晋都市报》追踪报道，"寻亲"范围在继续扩大。

同日，中央电视台记者已与王艾甫联系赴晋采访事宜……

参与这一报道的除山西的新闻媒体外，还有湖北、湖南、贵州、安徽、广东、四川等省及中国新闻社、中央电视台等多家新闻单位。

《三晋都市报》为寻亲做了详细安排，一有消息，随时报道，连续几期跟踪报道做下来，这个专题成为2005年底太原市乃至整个山西省新闻界的一个巨大亮点，为烈士寻亲的消息被越来越多的人所关注。他们公布在报纸上的热线电话一天响个不停，一天最多的能接到84个电话，收到10多封读者来信。

从2005年11月开始，王艾甫的生活节奏被彻底打乱了，他成天忙得不可开交。

岂止他一个人，太原市收藏协会这个名不见经传的民间协会从这一个月开始，居然非得像正规单位那样上班下班甚至得加班加点，协会里几个兼职工作人员几乎全部上阵，接电话，查资料，

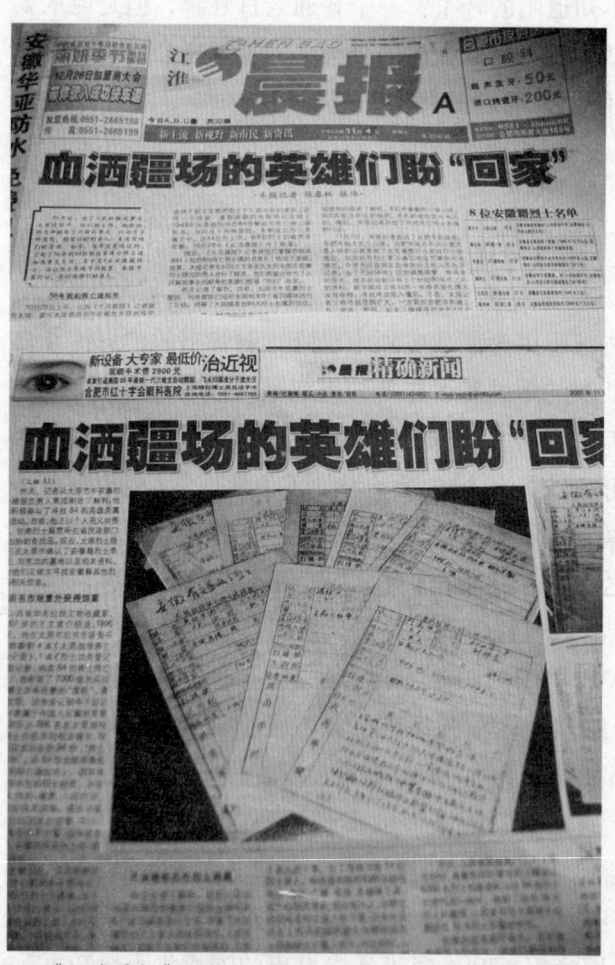

《江淮晨报》刊登的寻访烈士的消息，烈士李漠元在这一次寻访中有了下落。

连年近七旬的老秘书长也闲不下来,而且好多具体事情都是这一位名副其实的"老部下"出面联系。

就在从湖北汤华明那里传来关于郝载虎烈士消息不几天,接到了安徽来的电话:安徽籍烈士李漠元的亲属也找到了。

原来,早在10月28日,山西的《生活晨报》记者就将安徽籍的八位烈士名单传到江淮晨报社,希望报社协助王艾甫老人寻找安徽籍的烈士亲属。报社立即与王艾甫和牛驼寨烈士陵园取得联系,表示一定倾尽全力帮助寻找烈士亲属。

《江淮晨报》的采访组织紧锣密鼓,行动迅捷。记者张伟和他的同事详细地记载了寻找安徽籍烈士李漠元的过程。事过经年,仍然能感受到文字中间流淌的激情,余温犹在。

就在接到山西《生活晨报》传真过来的烈士名单的当天上午,江淮晨报社立即成立专题报道组,专门组织报道力量,派出多批记者,分赴全省相关地方进行寻访。11月4日,首篇报道《血洒疆场的英雄们盼"回家"》刊发后,在社会上引起了强烈的反响,众多读者和单位纷纷给报社提供线索。其间,有85人次致电报社提供线索,或者声援这一充满道义的行动;有9位70多岁的老人赶到报社,给记者提供资料;还有12封来信,提供相关信息。

就这样,有关烈士的准确信息首次呈现在记者的面前。

线索来源于一位读者。报纸刊登消息的第二天,一位78岁的张先生第一个打进电话来。老人在离休前,一直在肥东农委工作,对合肥一些地名很熟悉。他认为公布名单中的李漠元烈士阵亡通知书上的地址"合肥县内央乡李长村",应该在合肥市包河区卫乡村和李城等地附近,因为在合肥方言中内央与卫乡的发音很相近。

11月6日,打过电话的张先生不放心,居然亲自赶到报社。他诚恳地说,他认为这个线索非常重要。前一天晚上为了思考这个地址的问题,整个晚上都睡不着觉,上午就立即赶到报社来,想当面告知记者。

尽管有这样一位热心读者如此热心地提供线索,为慎重起见,记者立即请教了相关的专家,同时采访原合肥县附近一些70多岁的老人,他们了解到,当时的合肥县并没有一个叫内央乡的地名。根据史志专家提供的线索,重点排查卫乡村、李城等地。李城是当年李姓大户家族所在地,仍然未果。

送烈士回家

接待完张先生这天中午,记者来到合肥市骆岗平塘王村委会,该村委会党总支副书记王家荣,立即找来两位70多岁的李姓老人。两位老人回忆,他们村的李姓中没有"漠"字辈的,也没有听说过在1948年左右有人参军的事。同时他们告诉记者,在附近有一个叫李长岗村的,村内也有很多李姓人家,他们建议记者前往查找。

记者的脚是跟着线索跑的。他们立即驱车到达李长岗村。村口有几位老人正在聊天,他们都是80岁以上的人了。他们说,李长岗村分前村和后村,在前村还没有听说这个人,家族里也没有"漠"字辈。他们建议记者到李长岗后村去找找。

按照老人们提供的地址,记者马不停蹄一路找到李长岗后村。他们请来几位年长的老人。50多岁的李发宝一听到记者说出"李漠元"三个字,立即紧锁着眉头想了一会儿,随后他肯定地说:"我听过这个名字!"

终于找到了!

但是李发宝说,很多年以前,他和村里长辈在谈起他们李姓家族参军的事情,听一位年纪比他更长的老人李传庆提起过"李漠元"。李传庆老人有80岁左右,是他们李姓户长,在李长岗后村很有威望,他对以前很多情况都非常了解。但由于李老现在上海接受手术治疗,具体情况只能等他一个月之后从上海回来才能知晓。

线索再一次断了。记者只有回到报社。谁知道,他们回到单位屁股还没有坐热,不到半个小时,李发宝拨打记者手机说,刚才他在村子里面找了几个老人回忆,其中一位83岁的老人认识当年的李漠元。记者于是再次迅速赶到李长岗后村。

李发宝所说的老人叫李家成,83岁,虽然略微有点瘦,但精神很好。记者刚一坐下,他就激动地说:"我告诉你们,我确定有这个人!"怕眼前这些年轻人听不明白,老人连续说了几遍。他说,李漠元当时的小名叫"大蛮",他弟弟的小名叫小蛮,因为他们讲话声音很大,所以家族人都叫两兄弟"蛮子"。当时家里非常穷,解放前,父亲就带着他们一家出去逃荒,由于在外面逃荒生活仍然很艰苦,他父亲带着兄弟俩又回到了村里,当时大蛮12岁,因为年龄仿佛,他们是童年时候的玩伴,他现在还清晰地记得大蛮长得矮矮胖胖的,要按辈分算的话,他和这位大蛮李漠元还是堂兄弟。在李长岗村住了一年多后,这一家随着另外几家再次离开村庄,然后就再也没有回来过。老人说,那个年代,许多人贫穷就想着去参军,大蛮家日子过不下去了,后来他听自己长辈说,大蛮也参军了。按照烈士李漠元的年龄算,如果健在,他今年81岁,年龄比李家成老人小两岁。

李家成老人还说了一个细节,大概在20世纪70年代末80年代初,有个姓李的外地人到他们村来找过李漠元,说他家以前就住在这村里。当时接待这个外地人的是李家成的叔父,他叔父告诉来人"没有这个人",这个外地人就走了,后来也没再见过。当时李家成曾经责怪过叔父,这个人很有可能就是小蛮。此外,附近很多70多岁的老人们向记者介绍说,从解放前到现在,他们村一直叫李长岗,至于"岗、村"等称谓,在他们农村都是俗语,一般就是指代村。

11月7日,《江淮晨报》记者驱车赶到李长岗后村。在李发宝老人家,他拿出自己珍藏在家的李氏分家谱,一页页地翻阅,最终找到了李漠元父亲的姓名,在其父亲简介下面,清楚地写着"增丁"、"系后"等字样。由于制订家谱时,李漠元还没出生,按照家谱以及当地李氏家族起名惯例,将来的"增丁"也有备用名讳,他父亲名字下面两个字就是"漠元"。后来李漠元的父辈有几家逃荒到江南去了,李漠元一家的族脉也就在谱牒之中戛然而止,没有续载。李发宝老人说,这只是李氏分家谱,如果要最终确认,必须到村里另一位70岁老人李家宝家查李氏宗谱。这本宗谱是现存唯一记载李氏家族宗室辈分最全面的资料。

查阅总谱,兹事体大。尤其是乡村里的族谱,一般情况下是不当外人的面打开的。

在同村老人的劝说之下,李家宝老人终于同意记者查阅总谱进行核对,但是必须按照当地家族风俗举行相关礼仪。打开家谱的仪式很郑重,李家宝老人首先净手,接着烧香、点蜡烛、祭拜,然后打开盒子,取出6册李氏宗谱。李氏宗谱修撰于清光绪二十六年(1900),一直续修至今,谱系严整,纹丝不乱。

在最后一本宗谱内,查到的内容和李氏分家谱完全一致。李发宝老人最后肯定地说:"这个人确实是李长岗后村的。"

宗谱记述,与李家成老人的记忆完全吻合,李家成老人回忆说,李长岗

送烈士回家

后村有户居民宅地基北面部分，应该属于"大蛮"李漠元家的。

李漠元烈士的身份终于得到故里乡亲们的认同。现在能称得上烈士的亲属的只有他的堂弟李家成老人，李家成老人心里怎么想？

11月8日中午，记者又一次进村，再次造访李家成，希望得到更多的信息。正在午休的他赶紧从床上坐起来。老人家坐稳后说："我今天早晨2点钟就醒了。"李家成老人的儿子李时宏说，平时老人每天晚上7点钟休息，早晨6点钟准时起床，而昨天晚上老人休息时间非常反常。

李家成女儿说，前天晚上记者采访走后，老人家不停地向家人叙说自己与大蛮李漠元的往事。李家成老人说："我非常思念大蛮，后来真不知道大蛮到哪里去了。自己心里一直老惦记着他们家人，如果不是思念，就不烦那个神了。"

李家成老人回忆了很多事情，他说，当时他和大蛮一起蹦蹦跳跳，大蛮穿的衣服又旧又破，是农村人自己织的老布材料。他们玩得最多的是弹弹子，但他已经回忆不出谁弹得厉害了。正当记者和老人聊天时，老人家里所有人不约而同地聚集到老人的房间内，看到老人找到多年前曾经在一起玩耍的堂弟的下落，一家人都很激动。

记者要离开老人家时，却看到这样一个场面，李家成老人突然吃力地要和记者握手，并拉着记者的手很久不愿放下。记者当时留意到，老人已是热泪盈眶，腿脚不便，挣扎着要从椅子上站起来，激动地对记者说："我惦记大蛮几十年了，找到他一直是我的一个心愿啊，太谢谢你们了。"

李漠元烈士的亲属算是找到了，但是阵亡通知书上的"内央乡"到底是怎么回事？张先生根据合肥方言的考证毕竟是猜测，是一个孤证。好在，很快又有人来报社提供线索。

有一位叫做刘宗武的老人专门赶到报社，他说，他看到报纸上写记者在寻找"内央乡"，立即给报社热线打了三个电话，后来刘老先生又决定亲自到报社来。想把他了解的信息第一时间告诉记者，以便记者确认和查找。78岁的刘宗武回忆说，1946年至1948年间，他就读于当时的合肥县简易师范学校，学校的地址就叫"卫央"，但单位是不是"乡"就记不太清了，位置在现在的卫立煌家卫乡村附近，南淝河边上。刘老先生说："我在那读了三年书，对那里的印象非常深刻。"师范学校和著名抗日将领卫立煌将军家非常近，一个在东边，一个在西边。

刘老先生提供的信息非常重要,因为记者找到的义兴镇李长岗村恰恰就在卫立煌家乡附近,前后相距不过几分钟的车程,这就进一步证实李长岗后村就是阵亡通知书上所写的地方。

李漠元烈士最后得以确认。

曲折的故事,折射出来的信息非常丰富,可以看出"烈士"这一名称沉甸甸的分量。一位烈士就这样牵动着许多人的心。《江淮晨报》记者张伟的采访笔记上,详细地记载着关心和帮助为烈士寻亲活动的人和事。

68岁的祁传琛拿着1972年安徽地图,给记者寻找提供方便;家住合肥市青阳新村的傅野如老人,看到报道后,犹豫了很长时间,决定向记者提供一条线索,并不顾辛劳陪同本报记者在肥西县的乡村寻找了一个下午;淮北市收藏协会理事徐远东的信件内详细描绘了一些地址变迁,分析八位烈士家乡地址大约位置,密密麻麻写了有四张信纸;省民政厅区划地名处和地名档案馆负责人给报纸提供安徽省地名变迁资料;优抚处负责人也提供安徽省"革命烈士英名谱"让记者查询;合肥市民政局优抚处处长王庆林一直关心本报寻找烈士亲人报道,并积极给记者提供方便;安徽百姓缘大药房连锁有限公司、合肥玉丽皇餐饮有限公司、合肥市新亚驾校等单位,都对寻找烈士亲人

李漠元烈士的亲属来太原祭拜亲人。

给予了大力支持。

就在记者寻访确认李漠元烈士籍贯与亲属的第二天,全村几百村民自发聚集在一起,共同庆贺找到本村56年前为解放太原牺牲的烈士李漠元的音讯。

同日,合肥市包河区民政局、义兴镇有关领导与记者一行来到烈士李漠元堂兄李家成老人家中慰问。同行的还有,安徽百姓缘大药房连锁有限公司、合肥玉丽皇餐饮有限公司等有关负责人,分别向老人送上慰问金。合肥市民政局优抚处王庆林处长派包河区民政局优抚科科长王连彦,代表民政部门到李家成家中慰问。

王连彦科长说,寻找56年前牺牲烈士亲人的下落,本身就是一件不容易的事情,能找到烈士亲人,更是件非常困难的事,《江淮晨报》记者为此投入了大量的精力,为社会做了一件好事。包河区义兴镇党委宣传委员王春武说,在他们辖区能出现这样一个烈士,他们非常光荣。李漠元烈士亲人们说,感谢《江淮晨报》记者这些天不断努力的寻访和报道,他们为家族能有这样一位烈士而感到骄傲。

从11月4日刊发第一则烈士寻亲通讯到最后确认第一位安徽籍贯烈士身份,前后仅用了4天时间。其时,王艾甫一行正行走在鄂中长江边的霏霏细雨中,前面,郝载虎烈士的村庄也同李漠元烈士家乡一样,锣鼓喧天,鞭炮齐鸣,皖、鄂两省的两个小山村,几乎在同时迎接着自己的英雄,这不是天意吗?

王艾甫回到太原后,接到安徽来的电话,电话里,李漠元烈士的家属代表李宏刚要代替父亲前往太原扫墓祭奠。王艾甫告诉他们说,李漠元烈士的墓地也已经找到,就安葬在太原市双塔烈士陵园。他说,他和烈士陵园的领导恭候安徽籍烈士亲人的到来。

太原战役纪实　太原战役提前打响

毕竟,太原是一座有着2400多年历史的老城,是山西的政治文化中心,又是华北的工业基地。人不亲土还亲。倒不是完全对桑梓故地的那份情感,华野第一兵团司令员徐向前和政委周士第首先考虑的是能和平解决这座北方古城。况且,重兵重围之中,还有40万无辜百姓。

无论从哪一个方面,都不能轻言破城。

他们向中共中央军委致电提出:阎锡山如能降服,减少我方伤亡,保存太原军工和各种建设,其人力、物力统为我所用,利益甚大。拟命赵承绶劝降,意见如何,请速指示,以便遵办。

1948年7月16日,中共中央军委电复徐、周二将军:"你们完成对太原之包围后可派俘官入城,携带信件给阎锡山,要他迅速归降,并负责保护城内一切公私产业及军用物品,我军可能以不杀之保证,对于全部阎军将领及其眷属,亦可保证不杀。"

7月21日,中共中央军委再电复徐向前、周士第:"阎及其部下,最顾虑的是他们的家产,别的不容易打动他们的心。最击中要害的是如能保存他们的私人财产,则阎的部下会纷纷劝阎投降,即便阎不同意,也可以发生内变,或者在我军攻入城后,愿以保护公共财产自赎。而与阎系军官私有财产最有关系者,莫过于西北实业公司及保晋公司。故你们与赵承绶及杨澄源谈话时,可告以阎及其部下,任何人肯早日自拔,将功赎罪,我们不仅保证本人及其家属生命安全,即其私人财产,只要不是以特权掠夺的官僚资本,我们亦将予以保护,其在西北实业公司的私人股份,只要查明确属私股,亦当照私人资本待遇,保证不予没收。"

从徐向前、周士第的初衷,到中共中央军委的布置,政策不可谓不宽,仁至义尽如此,只看阎锡山是不是一条道走到黑了。

然而当徐、周提出让赵承绶前往劝降时,赵连呼不可,作为多年追随阎锡山的老部下,赵太知道"老汉"的脾气了。他说,我一下子丢了那么多部队,他非杀了我不可。赵承绶绝不是虚与委蛇,人民解放军的宽大政策让他非常感激,不仅优待于他,还将他的家属从上海接过来与他团聚。赵承绶是真的不敢进城。

为争取和平解放太原,华北军区派副参谋长王世英来到太原前线。抗战时期,王世英作为太原八路军办事处处长,经常与阎锡山打交道,他试图通过旧关系潜入太原与阎取得联系。徐向前当即否决,这样做的风险太大了。

最后想了一个投石问路的方法。徐向前请出一位曾经教过阎锡山的老师,老先生是位老秀才,已经年近八旬,问他愿不愿意进城去见阎锡山,为

送烈士回家

民请命,使太原的老百姓免遭战火之苦。老秀才虽然年事已高,但壮心犹在,慨然允诺进城去见阎锡山。徐向前以个人的名义给阎锡山写了一封信,让老先生带上。信的大意是,太原已是孤城一座,劝他认清大局,以太原30万百姓(已经逃亡近半)生命为重,还是和平谈判解决太原问题为是。老先生荷信入城说服阎锡山。哪里想到,阎锡山非但没有听从老师的劝告,连师生情谊都没顾及,将老先生给杀掉了。

自恃太原城防坚固,又寄解决太原问题之希望于第三次世界大战爆发,此刻的阎锡山是油盐不进。对此,就剩下一条路:打。

但部队需要休整,兵员需要补充,恰恰在这个时候,徐向前的宿疾再犯,身体非常虚弱,也需要静心休养一段时间。根据中共中央安排,华野第一兵团组成前敌委员会,书记徐向前,副书记周士第,指挥华北一兵团及晋西北七纵队、晋中军区部队、华北炮一旅,根据"围困、瓦解、军事打击"的作战方针,第一兵团诸部集结于榆次、太谷、清源一带整训休补,徐向前于8月中旬从榆次前线动身前往石家庄和平医院休养治病。但是,战事那么紧张,他哪里能在医院里待得住,9月初就起身到平山县西柏坡参加中共中央召开的"九月会议"。

"九月会议"结束之后,徐向前让第一兵团政治部主任胡耀邦先行赶回前线。

部署攻打太原的准备工作紧锣密鼓地进行着。

部队兵员得到补充。兵团司令部、政治部机关进一步调整充实,参谋长陈漫远、政治部主任胡耀邦均已到职;后勤部正式成立,裴丽生任后勤司令员。太岳部队改编为第十五纵队,正式列入兵团建制。在太谷开办晋中公学,培训干部。训练了一部分俘虏兵,动员一批新区农民参军,充实到连队。各纵队武器装备大大充实改进。兵团下属三个纵队、八纵、十三纵、十五纵,加上兵团机关和西北野战军七纵及华北炮一旅等部,太原前线集结部队共有8万余人。

巩固部队,组织纪律性普遍加强。严禁干部对战士,尤其是从俘虏中补充的解放战士进行体罚、辱骂和开斗争会等粗暴方式,逃亡减员现象大大减少。

战术水平有所提高。华野第一兵团是经过运城、临汾攻坚战的部队,

大批门板被送往太原前线。

认真总结攻城经验,兵团专门发布了《进攻太原的战术指示》。另由兵团举办炮训队,轮训2000多名干部;连队在技术训练上着重于土工作业,尤其是夜间和敌火下作业,有70%的人学会了爆破技术。

开战之前,后勤动员紧紧跟了上来。晋中人民出人、出粮、出门板、出牲口,甚至连棺材都贡献出来。每天出动民工不下10万人,牲口3万余头。鉴于晋中战役期间伤员不能及时转移和治疗,将会增加死亡人员,部队首长下决心充实医疗、担架队伍。全纵队均成立医疗队、休养所;由旅团为单位组织担架队,每旅25副,每团15副,由40到60人组成。

而赵承绶等被俘高级军官在解放军的感召之下,积极提供阎军兵力部署,地下党和情报人员集中全部力量分区分片进行详细侦察,并不断从瓦解反正过来的阎军那里了解情况。太原阎军兵员配置与部署基本摸清。

准备打一场硬仗!准备打一场恶仗!

在中共中央"九月会议"上,说到攻打太原计划时,徐向前对毛泽东说:"敌我炮火大体相等,兵力也相等。我共9万多,敌也9万多,其中民卫军1.5万,因此,打起来是有困难的,但打是一定要打下来的。我已经给部队说过,我们长出白胡子,还是要我们打下来!"

徐向前、周士第很快向中共中央军委电告太原战役的作战方案,决定

送烈士回家

于1948年10月19日正式打响解放山西的最大的战役。

大战在即，徐向前正准备返回太原前线，于10月3日接到前线来电，称阎锡山以7个师的兵力，于10月1日分三路沿汾河以东同蒲路以西，向南出犯。

阎锡山坐不住了。晋中战役，中共军队打出的口号就是"保卫麦收"，事实上也就是要斩断阎锡山的后勤粮食补给。夏粮既失，秋粮在望，要坚持长期固守太原，没有粮食断断不可。三路阎军直指晋中产粮区域，抢秋夺食来了。同时，又可以破坏解放军的战役准备，尽量拖延攻城时间。

阎锡山一向感慨说：咱是就学会个守，共产党是就会个跑。他当然领教过徐向前运动战的厉害，这一回似乎也顾不得那么多了。徐向前知道敌人脱离开坚固工事，正有利于解放军野战歼敌。当即复电，太原战役于10月5日提前13天打响。

电报发出，徐向前抱病返回前线。10月10日，徐向前返回前线。

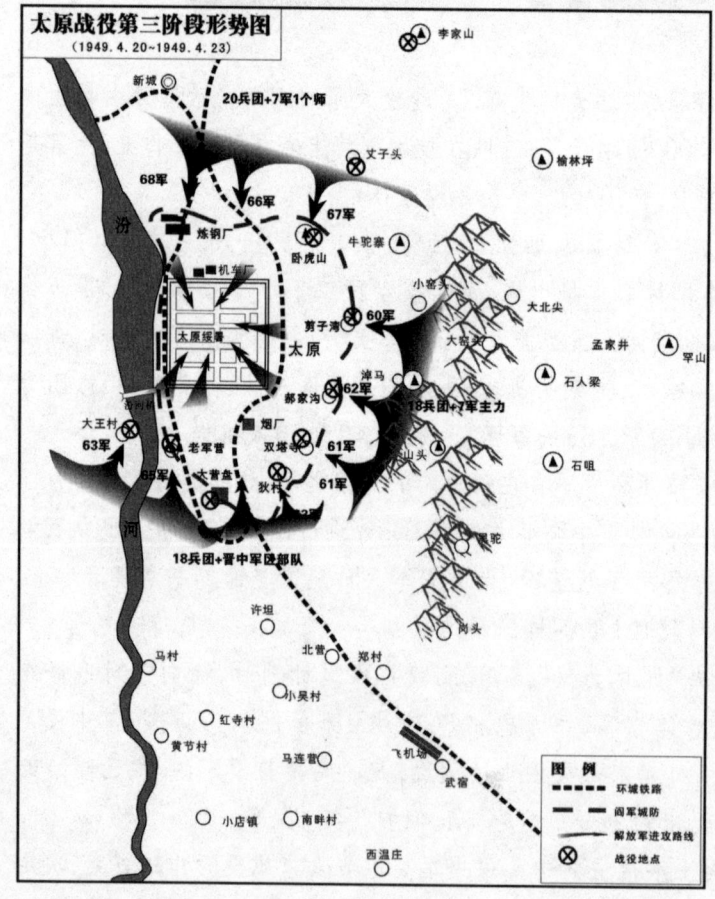

这时候，阎军四十四师、四十五师及亲训师一部进占太原之南的小店、南畔村、巩家堡地区，四十师、四十九师、七十三师及十总队进占小店以东之南北王铭、西温庄地区。10月6日开始，华野一兵团

八纵、十三纵攻歼阎军四十四师、四十五师、亲训师；西北野战军七纵一部强渡汾河，断敌退路，相机打援；以十五纵主力插向武宿以西，歼击阎军四十九师，得手后以一部控制辛营，断敌第七十三师、四十师、十总队退路；七纵一部及陕北警备二旅攻占太原东山之前后李家山，以炮火控制北飞机场，并相机攻占凤阁梁等要点。至16日，经小店、武宿、北营、大小吴村等战斗，歼灭阎军四十四、四十五两个师全部及亲训师、七十三、八十六师各一部，占领华北最大的机场——武宿机场，攻克太原东南的石咀和东北的凤阁梁两个重要阵地，打开了阎锡山第一道防线的两处缺口。

晋中战役的场景原封不动又上演了一次。解放军隐蔽、突然、神速，"就会个跑"的徐向前部队再一次让阎锡山吃到了苦头。天天上一当，当当都一样。短短11天时间，徐向前部队消灭阎军2个整师、3个团又7个营，共毙伤俘虏1.2万余人。

下一步就是乘胜突破外围防线，控制攻城阵地。最初，前敌委员会以城东南为主要突击方向，但战斗过程中发现，那里虽然地势开阔，利于部队机动，但守卫工事坚固，重兵把守，需要重新选择主攻方向。

大家等着徐向前拿主意。

恰恰在这时，参谋长陈漫远提到一个人。他说前两天从敌占区东山柳沟村来了一位地下党支部书记，叫赵炳玉，他是从敌人刺刀下冒着生命危险前来送情报的。徐向前立即见到了这位50多岁的地下党员。

他提供的情况让徐向前眼睛一亮。赵炳玉说，有一条秘密小路可以直通东山防线后方的牛驼寨，这条路正是徐向前作战预案中亟须找到的最理想的突破口。徐向前边问边在地图上标出了这条楔入敌后的路线。

徐向前说，从太原的自然地理形势和敌人的防御重点来看，要进攻城区，首先必须攻破城东的群山防线，坚决占领并控制牛驼寨、小窑头、淖马、山头这"四大要塞"，也就是太原城防的"第二道防线"。因此，应该由南北两个方向，直接插入东山"四大要塞"，把太原与东山主峰之间拦腰切断。攻下"四大要塞"一线，就等于断其指爪，扼其咽喉，又打通了后方支援前线的大通道。用徐向前的话讲，夺取"四大要塞"，就等于在阎锡山的咽喉之上砍了一刀，再没有多少力量可挣扎了。

历史上，李自成渡河一路北进，逼进太原也是先占东山，而日本侵略

送烈士回家

小店战斗胜利结束,缴获山炮多门。

军也是先战东山,向西平推,突破城垣的。

但贵在神速,乘其不备,出其不意。

此刻,国民党军主力正被吸引到南线第一道防线,阎锡山急于补上被撕开的两处缺口,拼命增兵。因此,东山一线,防守相对薄弱空虚,宜趁此机会,占领东山,控制城北机场。

事实上,徐向前早已考虑了多种方案。当完成包围太原的布局时,他就向赵承绶等被俘高级将领了解过太原城的守备力量、防御体系、作战特点、工事的坚固程度、弹药物资储备及补充情况,详细到主要防区指挥官名字、特点等等。

东山最坚固,但现在是攻击"四大要塞"的最好机会。

抓战机,抢速度,出其不意,是徐向前一贯的作风。

1948年10月17日清晨,徐向前和周士第来到东山前沿的一处山坡上,举起望远镜,全神贯注地观察远处的碉堡群。大战爆发前的那个白天,山上没有什么动静。秋草开始枯黄,银霜满地。它们当然不知道,再过十多个小时,这一天将迎来太原战役以来最为惨烈的一场恶战。

第三章

曲曲折折汾河川

任德远还是任伐远？

这几天好消息不断，电话也不断，王艾甫哪能闲得住？2005年的年底，真是一个忙乱的年底。安徽那边又传来令人振奋的消息，王艾甫这一头也有收获。

还是在去武汉之前，还是在确认郝载虎烈士墓地的过程中，报纸上公布的烈士寻亲热线电话已经接了300多个。这些打过来的电话，有寻亲的，也有问候和赞扬的，提供了不少有价值的信息。

面对众多的信息，王艾甫和收藏协会的同仁们商议，先从太原周边的县份着手，然后再扩大。

"这家伙时间不等人哪，已经快60年过去了，烈士当年阵亡的时候小的十几岁，大的有三十多岁，他们的亲属也都接近暮年了，在家属们有生之年，还不知道亲人的下落就永远是遗憾了。"王艾甫显得有些焦灼。收藏协会的其他同仁当然也清楚地知道，早送到一天和迟送到一天的区别在哪里。

送烈士回家

接到的第一个电话,是从山西省保德县打过来的。来电话的是一位女士,叫马发颖,她说,报纸上公布的一个无籍贯烈士名字,像是她的老舅爷。马发颖所说的她老舅爷,就是84份未发出阵亡通知书上的任伐远。

阵亡通知书显示如下信息:

任伐远,性别:男;部别:三军八师二十四团五连;职别:战士;牺牲时间:1948年10月7日;牺牲地点:太原大小吴村战斗;安葬地:山西省太原市大村。

马发颖还是从她已经去世的祖母那里知道这么个老舅爷的。祖母在世的时候,经常念叨她的这个弟弟,这个弟弟当兵走后,拍马不回头,再无音讯,让老太太一直牵挂到死。马发颖之所以认为公布名单上的任伐远可能是她老舅爷,是因为她还有一个舅爷,名字叫做任光远。任光远,任伐远,只有中间一个字之别,可能就是兄弟两个。马发颖也不敢肯定,只是随便问问。

王艾甫当然也十分审慎,不能贸然下结论,需要进一步核实。马发颖告诉他,她的另外一个舅爷任光远已经去世,但家里的其他人还在,他们家在山西省孝义市阳曲镇禅头房村。

既然如此,到了那里不就知道了?王艾甫和收藏协会的同志一商量,大家决定亲自去一趟。行前,《三晋都市报》记者翟少颖也知道了这个信息,一同前往。

也许是线索出现得太快,也许,这件事情注定就不那么顺利。战争已经给后人们留下了这么多谜团,而将近60年飞逝而去的时间,怎么会轻而易举地将谜底呈现出来?

孝义市距太原西南100公里,高速直达,到达孝义市并不困难。他们先找到当地的民政部门。民政部门的干部告诉他们说,阳曲镇禅头房村在解放前外出当兵的人很多,失踪和没有音信的也很多,这个并不稀奇。

王艾甫一行在当地民政部门的陪同下一同来到禅头房村。经村里人指点,他们找到村里的老支书任茂全,任茂全在村里德高望重,已经81岁了。但是,任茂全老人说的情况,首先就让他们的心凉了一半。任茂全老人说,村里是有一个人叫任光远,他还有一个哥哥,叫任德远,比他要大十八九岁,自老人记

第三章 曲曲折折汾河川

王艾甫向村里老支书寻访烈士任伐远的线索。

事起这个人就不在村里,曾经回过村里一趟,但在外面做什么并不知道。后来这个人就失踪了,再没有音信。至于什么时候失踪的,老人就不知道了。

任德远,任伐远,这也一字之差!

任茂全老人识文断字,他用手比画着说,过去人取名字,应该不会把"伐"字叫进去,而且,过去草体字"德"和"伐"的字形差不多。

老人说得有理。可是,这个"伐"字却写得一笔一画并无草意,虽然有战争紧张环境下写错的可能,但不能一下子就断定"伐"乃"德"之误。王艾甫他们希望找到更多的证据,才能最终确定下来。

按照马发颖提供的信息,他们又找到她的父亲马全夫,也就是任德远的亲外甥。马全夫68岁,他记忆里的舅舅还是停留在母亲叙述里的那个舅舅。他听母亲说,这个舅舅十七八岁就离开家当兵走了,他根本没有什么印象。

最后,还有一条线索。任德远在离开家乡之后,他的房产一直由同族的任立根家看着。他们找到任立根,可任立根连任德远见都没有见过,他只是听父亲说过,还见过任德远的照片,可是照片现在不知道收拾到哪里去了。

和任德远相关的线索始终模模糊糊,与他相近的父母、姐姐、弟弟都相继去世。是任德远,还是任伐远?无法确定下来。王艾甫他们只能带着遗憾离开村庄。或者,任伐远烈士,就像阵亡通知书上的那些灼人心痛的大片空白一样,永远是一个谜了。劳累了一天的王艾甫坐在回太原的车上,一路上没有说一句话。

眼看着一位烈士向自己走了过来，又眼睁睁地看着他走进一片模糊之中。

意外的收获

寻找任伐远烈士无功而返，按照事先确定的寻亲计划，王艾甫他们二下汾河川，前往山西省介休市寻找刘成仁烈士的亲属。

刘成仁烈士的信息非常完备。阵亡通知书记载：

> 刘成仁，性别：男；部别：二十二团三连；职别：炊事员；年龄：41岁；籍贯：山西省平介县五区北堡村；牺牲时间：1948年；安葬地：山西省阳曲县下阳寨村。

除此之外，王艾甫事先已经在阳曲县烈士陵园找到了刘成仁烈士的墓地。

平介县，即今介休市。也是事先有准备，查阅地图，介休市果然有一个北堡村。资料如此详尽，这一次寻找应当不会有什么闪失。二下汾河川，同行的除太原收藏协会的工作人员之外，《生活晨报》记者郑军、《三晋都市报》记者翟少颖也一起同行。

一行五人满怀信心，志在必得。

从太原乘公共汽车到达介休市，已经是当天上午10点钟。村子离市区尚远，只有上下午两趟公共汽车，如果等下午的班车，一天的工夫就全耗在路上了。他们租了一辆面的，跟司机商量，雇用一天300元。

租车前往，节省时间，想得够周全。在上车的时候，又到商店里买了6桶"康师傅"方便面。一直到这个时候，一行人还兴致挺高，王艾甫把方便面拿上车，说了他的道理。到村子里找到烈士亲人，人家肯定要招待。咱是给烈士寻亲的，不能给人家添这个麻烦。征询大家意见，没有一个不同意的。再问司机师傅，师傅笑着说，你们都能吃这苦，我有什么吃不得的？

直奔北堡村。然而迎接王艾甫一群人的，是兜头一瓢凉水。

一进村，先找村委会。说明来意，村支书四十出头的样子，王艾甫说的事情离年轻的村支书很远，但是听说村里有一位烈士，又觉得事情离自己

第三章　曲曲折折汾河川

北堡村老人们互相回忆,这个村就从来没有姓刘的。

很近,很亲切。领王艾甫一行找到村里老人们平常聚集的地方。一番介绍过后,老人们面面相觑,不知所云。

王艾甫问,咱们这地方过去是不是平介县?

答:平介县没错!

王艾甫问,是属于五区?

答:五区也没错,就是平介县五区北堡村。

王艾甫问,太原解放的时候,咱们村里出过一个烈士,叫刘成仁,你们听说过吗?

老人们你看我我看你,最后眼神里讨论半天,回过头来说,哪有这么个人?没有这么个人的。

王艾甫似不甘心,但已经感到不妙:仔细想一想,他牺牲的时候41岁,按照年龄你们应该是知道的。

老人们说,想都不用想,我们村满村里没有一个姓刘的。哪里找个刘成仁!没有的。

一行人真是从头凉到了脚。灰头土脸只能原路返回了。在返回的路上,大家的心情简直糟糕到了极点。面的车在乡村公路上一路颠簸,一车的人是饥肠辘辘,几个人懊丧败兴,这口气不知道要到哪里发泄。催促司机师傅赶紧找个吃饭的地方,司机师傅笑着提醒他们,车上不是有方便面吗?

驱车百里花300元钱雇车,不能白来呀!蛮有把握的刘成仁现在是子虚乌

送烈士回家

寻访未果,肚子里感觉更饿了,一行人只能风餐一顿。

有,84份阵亡通知书之外的866名阵亡登记册里还有一个籍贯是当年平介县的,名叫崔殿基,是平介县三角村的。

司机师傅的一句话又让一行人愣了,司机师傅告诉他们说,介休市没有三角村。

王艾甫就差哭了。但他说,有没有一个带三字的村子。

司机实在不忍心让老人伤心,想了半天,说,"倒是有一个三佳村,不知道你们找的是不是这个村子?"

阵亡通知书上的错讹之处随处可见,音同字不同的地方比比皆是,这倒不奇怪。三佳村,三角村,从司机师傅的读音上判断,极有可能又是误写。

不管三七二十一,先到村里看看再说。一行人勉强打起精神,吃过方便面,重新登车,前往三佳村。

到了村子里,已经是下午的3点多钟了。车一停下,王艾甫急不可待地下车,远远看见一群老汉在阳坡地里晒太阳。看见冬日柔和的阳

在村头,王艾甫得到崔殿基烈士的消息。

光抚过一张张沧桑的脸颊,也多少抚平了王艾甫心头浓浓的失望。

王艾甫赶上前去问询老人:咱们村解放前有一个叫崔殿基的,解放太原的时候牺牲了,是不是有这么个人?

没想到,几个人中有一个80多岁的老人用拐棍头指一个大门楼子:"噢,你说崔殿基?有,就他家,你去吧。"

王艾甫一阵狂喜,回头赶紧招呼同行的几个人,北堡村的失望似乎是他给大家带来的,这一回总算是一个补偿。还没等大家聚齐,又一个60多岁的老人说,我领你们去找,他还有一个弟弟,叫崔殿青。

老人引领一行人迤逦穿过空旷的街巷,直接来到崔殿青的家里。

谁知道这个崔殿青面对忽然来的这一群人,一脸茫然。他说,"啊呀,我啥都不知道,你们是不是问问我侄女?"

崔殿基烈士生前的战友宋金柱(前带路者)。

王艾甫刚刚提起的兴头一下子又落到了谷底。他都不知道,他侄女会知道?

崔殿青说,他的侄女比他还大,已经是70多岁的人了。原来,崔殿青并不是烈士崔殿基的亲弟弟,而是堂弟。

崔殿青下了地,领一行人到他侄女家里。

老太太卧病床上,身体很不好。但是,老太太一听说崔殿基,眼泪马上流下来了。她说,崔殿基确实是她叔叔。

村里介绍说,崔家原来是山东人,逃荒到三佳村落脚已经七八十年了。这是一个光荣之家,崔老太太的父亲早在抗日战争中就牺牲了,所以她的母亲一直享受着烈属待遇。但是她的叔叔一直没有消息,解放前让国民党抓丁

送烈士回家

烈士崔殿基的堂弟崔殿青（左）。

当兵走了，后来开小差，在路上又让解放军俘虏了，就参加了解放军。听说是牺牲在太原了，但生不见人死不见尸，也没有通知，不知道下落。

兵荒马乱，家里孤儿寡母，年轻的叔叔又小，实在没有力气出去找。叔叔崔殿基的这些消息，是一个叫宋金柱的人带回来的。他们曾在太原一起当过兵。

崔老太太告诉王艾甫，她跟崔殿基相差七八岁的样子，小时候叔叔经常带她一起玩。都快60年没音信了。他要活着，现在也快80岁了。

老人家提供的情况，与登记册上崔殿基烈士的情况基本吻合。

阵亡将士登记册上信息显示：崔殿基，三军八师二十三团四连战士，年龄20岁，山西介休三角村人，牺牲后安葬于太原县大村。

崔老太太说，崔殿基烈士的那个战友宋金柱现在还健在，也快80岁了，就在介休市粮食局。既然发现有这么一个战友，就意味着多一份证据，多一分说服力。

王艾甫提出请老太太带着去见一下这个宋金柱。老太太爽快地答应了。

三佳村离介休市区并不远，粮食局近在咫尺。粮食局的人一听找宋金柱，都说，老革命嘛，就住在那里。他们很快找到了宋金柱老人，老人家住粮食局院内宿舍。

宋金柱和崔殿基在解放战争中同属一个营，虽然不在一个连，但每天都可见到。他说，他不知道崔殿基是怎样牺牲的，但是有好几天没有见到他，在那种战火纷飞的情况下，谁都明白乡里乡亲的好几天不见面意味着什么，就是牺牲了。他们一个营还有一个健在者，现在在山西西山矿务局。

崔殿基烈士牺牲的时候刚满20岁，他的生命也就永远定格在20岁那个战火纷飞的年代，直到今天才把自己的死讯准确地传达给自己的亲人。

没有找到刘成仁，却找到了崔殿基，按说，王艾甫应该高兴才是，但是同行的记者说，那一天从崔家出来，王艾甫掀起门帘的时候，在眼睛上擦了一下，嘴里喃喃自语，才20岁，你看看，才20岁。

访问宋金柱老人出来，天色尚早，一行人将崔老太太又送回三佳

王艾甫送给烈士侄女100元钱。

村，临行的时候，王艾甫给老太太留下100元钱。再返回介休准备乘公共汽车返回太原，给司机师傅付了预定的300元。谁知道，陪他们转了一天的司机坚决不要那么多，司机师傅说，你们也辛苦，何况是这么个事，非亲非故临走还给人家100元钱。这样，我只收个油钱，给150元行了。

寻亲合影（左一是为王艾甫带路的好心司机）。

一番朴实得有些土气的话让王艾甫非常感慨，他硬将200元钱塞在师傅手里。师傅拿着这200元钱，到附近的小摊上找回50元钱递给王艾甫。一推一让，这份陌生但真诚的情谊，王艾甫心领了，经历过十年寻亲失败的他，也知足了。

这样的事情，在寻找郝载虎、李漠元烈士墓地的时候就碰到过，他们"打的"往返于各个烈士陵园，跑了一天的出租车司机听说王艾甫做的事情，开着车分文不收就跑了。王艾甫记下了车牌号，打电话才知道那位司机的姓名。

这名司机的名字叫郭晋红，车号：晋AT23827。

是刘成仁还是武治安？

2005年11月9日，王艾甫还在武汉。他们刚从郝载虎烈士的故乡云梦县钟垸村返回武汉，这时候，从山西打来电话。来电话的是介休市北堡村那位年轻的村支书，村支书传来的消息让王艾甫大喜过望：他们上一次找的刘成仁烈士有下落了！

村支书说，刘成仁不叫刘成仁，他叫武治安。

这是怎么回事？这位年轻的村支书说，上次他们走后，寻找烈士刘成仁的话题在村里传遍了，大家纷纷议论，这话传到村里一个国民党前上校团长那里，这位平常深居简出的老人站出来说，这个刘成仁我知道，就是咱村的武治安嘛！而且，武治安的嫂子和侄儿都在。

从湖北一回来，11月16日，他们三下汾河川，再一次来到介休市。同行的除了记者之外，太原市民政局也派优抚处的干部一同前往。

因为来过一次，轻车熟路，一路来到北堡村。村民们都围了上来，热情有加。刚刚从湖北郝载虎烈士家乡归来的王艾甫面对这样的场景，虽然没有喧天锣鼓，但也似曾相识。一行人被村民簇拥着，村支书直接将他们带到烈士的嫂子家里。

武治安的嫂子叫王艾英，78岁了。

介休人都处于晋中官话区，说话听起来像唱晋剧似的，老人腿脚不灵便，记忆在衰退，面对来的这么多人，一时不知道从何说起，但一口咬定，

第三章　曲曲折折汾河川

得到刘成仁是武治安的消息，王艾甫再次回到北堡村探访。

王艾甫要找的刘成仁就是小叔子武治安，因为村里当兵走了且没有音信的只有他。老人说，我家姓武，就少一个他；别的杂姓都没啦，杂姓都是长工嘛！

如此复杂的叙述，让王艾甫一行人一头雾水。

是刘成仁，还是武治安？刘成仁怎么就成了武治安？

武治安的侄子，名叫武锡玉，50岁，在村里当老师。在他那里，寻找叔叔武治安就是父亲临终时对他的嘱托，所以，关于叔叔的故事，在这位乡村知识分子的脑子里早就是构思中的家族史里的一章，今天，叔叔这一章总算可以煞笔了。

他说，叔叔武治安18岁就到国民党太原兵工厂里参加了工作，制造枪炮子弹，抗战时期，太原失守，兵工厂内迁到四川。抗战结束之后，父亲曾经向跟他在一块的人打听过叔叔的下落，这个人小名叫二不愣，二不愣说叔叔在抗战后就回太原了。

武锡玉的母亲曾经跟他说过一件事，太原战役结束之后，还有人到他家调查过。来人问他的祖母，说有一个姓刘的，说是你们北堡的，是不是你儿？祖母说，我家姓武，我儿叫武治安，不姓刘。那时候不知道叔叔的下落，心里头明白，就是不敢承认。现在回忆起来，那人其实就是来告诉家里叔叔牺牲的消息的。

解放之后，家里人一直认为他还在国民党部队。也作过一些猜测，说不定叔叔去了台湾了。但是，家里人一直没敢寻找叔叔到底在哪里，提都不敢

送烈士回家

提的。父亲临去世的时候，还一再说，你有这么一个叔叔，也可能到台湾了，也可能后来参加了解放军，不管怎么样，见到武治安这么个人，作为后代，一定要尽赡养之责。

武治安为什么连名带姓都改掉，变成刘成仁了呢？村支书又带领王艾甫一行来到一所大门紧闭的院落前。这里，居住着能够证明刘成仁之所以是武治安的关键性人物，国民党前上校团长，89岁的武德才老先生。

老先生显然是见过风雨的，相貌奇伟，长髯垂胸，看见王艾甫身后"执枪弄炮"的几个记者，先就警惕起来，直到王艾甫说明来意，老先生才说，人命关天的事情，你们可以照相。

老先生说，当年，抗战初期，他就担任国民党太原兵工厂的上校团长。武治安的父亲叫武树水，同村同宗同辈，有一次，武德才回乡休假，武治安的父亲求到他，说，你能不能在太原给咱治安找个工作？假期期满的时候，武德才就带着侄辈武治安来到太原。恰好，兵工厂里有一个叫刘成仁的走了，有一个空额，武治安就顶了刘成仁的空缺，从此，武治安就变成了刘成仁。

老先生庄重地说，这个事情是我一手经办的，也是我一手造成的，今天才知道他是位烈士，了不起，我愿意做这个证明。

"烈士"二字意味着什么？在军人那里就意味着崇高，是军人都明白这个道理。王艾甫相信这位年近九旬的老军人的承诺。

刘成仁烈士的身份终于搞清楚了。

在为烈士寻亲过程中，类似任德远还是任伐远，刘成仁和武治安，戴虎还是载虎，冯天和还是马天和，这样的情况在阵亡通知书和阵亡登记册里比比皆是。每一个错讹之下就是一段尘封的历史，就牵扯到家属命运的一段坎坷。错讹和误记无疑加大了为烈士寻亲的难度，在王艾甫看来，这更增加了尽快寻找到烈士亲人的必要性。这里涉及的，不仅仅是尽快为烈士亲人洗刷耻辱，更重要的，是要为那些死难的烈士平反正名。

无独有偶，就在他们终于搞清楚刘成仁烈士的来龙去脉后的不几天，王艾甫接待了一位从平遥赶来的访客。他叫蔚瑞全，从平遥专程赶来，他说他的伯父名叫蔚建福，阵亡通知书上的蔚连福应该是笔误。他的伯父牺牲后家里一直没有收到阵亡通知书，他今天就是来取阵亡通知书的。

好在蔚连福烈士的身份无须确定，因为烈士牺牲之后，家里通过他的战友很快就知道了，烈士的舅舅套着马车从平遥来到烈士安葬地，把遗体起出来，运回了平遥老家。虽然没有收到阵亡通知书，但因为有遗体在，当地民政部门在1983年确认了他的烈士身份，并向家属发放了烈士证书。

王艾甫认真核对了蔚建福烈士的烈士证书与阵亡通知书上的信息，两相对比，完全吻合。随后，将那份早在56年前就应该随遗体送回家的阵亡通知书交到蔚瑞全的手上。这也是王艾甫碰到的第一位已经得到追认而没有收到死讯的烈士。

残酷的是战争，变幻莫测的是历史。

太原战役纪实　激战牛驼寨

太原西有汾河流过，根本无法展开临汾战役期间用的挖洞填埋炸药攻城的方法，而且不利于展开大兵团野战作战，为一天然屏障；而东山，俯瞰城垣，乃又一天然屏障，牛驼寨、淖马、小窑头、山头四大要塞在东山西麓的顶端，是东山防线的主要阵地。

而牛驼寨位于太原城东北5公里处，可屯兵5000人，由3个集团阵地构成环形防御工事，10个主碉为3个集团阵地的支撑点，10号碉乃一硕大炮碉，位于阵地的中心和制高点，由此而下，11层劈坡。守军为阎锡山独立第十总队主力和第六十八师。

1948年10月17日深夜，奇袭牛驼寨的行动开始了。

西北野战军第七纵队主力先期移驻柳沟村，距牛驼寨还有20里地，七纵首长强调，部队将沿着山沟小路穿插到牛驼寨，经过敌人的碉堡地区，部队行动必须严守纪律，肃静、迅速，不许有任何一点响动和火光。如果暴露目标，就难完成这次偷袭穿插任务。因此，他们除了强调组织纪律外，还采取了一些具体措施。为了防止咳嗽，采用毛巾堵嘴，吸烟的人带上干粮，以备一旦发瘾时吃几口，对容易发出响声的东西，如铁锹、水壶、小碗都用皮带或绳子扎紧，绑在身上。

10月17日晚8点，七纵主力在柳沟村党支部书记赵炳玉的带领下，从秘

送烈士回家

密山道直插牛驼寨,一切都神不知鬼不觉。当战士们冲上牛驼寨敌人阵地时,阎军还在碉堡睡大觉,战士冲进碉堡一喊:"缴枪不杀"。阎军军官还吆喝说:"你们开什么玩笑不睡觉!"

战斗进展非常顺利。西北野战军七纵奇袭牛驼寨首战告捷,歼灭第二七六师一个整团,占领8个阵地。另一部同时攻占大、小北头等据点,并以炮火再次控制了城北新城机场。第十五纵于同日攻占南坪头、千家坟及石咀子全部阵地,18日,克石儿梁、尾巴沟等地,与七纵南插之部队会合,切断了东山与太原的联系。

牛驼寨一失,阎军才回过味儿来,组织主力向牛驼寨进行大规模反扑。以1500人以上的兵力,在几面炮火的掩护支援下,连续发起十余次进攻,均被击退。21日,阎军第三十军及独立第十总队又以3个精锐团在各要

解放军攻占石咀子阵地后,在残堡中搜索敌人。

塞阵地百门以上山野榴弹炮交叉猛射与飞机支援下,再次反扑牛驼寨。这一天,阵地上落下上万发炮弹,工事尽毁,交通壕被填平。西北野战军七纵十九团伤亡过大,最终弃守牛驼寨,转至以东阵地。

从18日到21日,牛驼寨上的七纵将士们度过了血与火的艰难四天四夜。

时任七纵六旅十九团三营副营长的冉令忠率队作为主力最先攻上牛驼寨,他在回忆录中完整地记录了这四天的全部经过。

那一天,他们接替七纵六旅夺取的7座碉堡中的4座(即阵地),当他派九连一排接4号碉堡时,阎军已经重新占领了阵地。4号碉堡又称为庙碉,环视其他几个阵地,是几座碉堡的关节所在。阎军重新占领庙碉之后,即开始向九连一排疯狂扫射。冉令忠立即将一排撤回到5号阵地,重新布置兵力,防止敌人反扑。

此时,九连、十一连安排5、6、7号碉堡担任第一线防御,营重机枪连配属到九连、十一连指挥,一营三连配属三营指挥,安排在阵地左侧的3号碉堡担任防御;十连在营指挥所附近,担任第二梯队,准备随时支援九连、十一连战斗。营部设在距前沿阵地600米处一个坑道内。各连迅速进入阵地,积极加修工事。

工事刚一修好,正准备吃早饭,阎军炮火呼啸而至,九连、十一连阵地硝烟弥漫,强大的冲击波像要将整个牛驼寨掀翻一样。8点30分左右,又有3架飞机向九连和十一连阵地上轰炸,来回扫射,弹痕所至,地皮像被灼伤一样溅起串串烟尘。

这时,胡宗南派到太原支援守城的三十军二十七师和阎军十总队,在炮火和飞机的掩护下向九连阵地发起进攻。要知道,阎锡山组建的几个总队,都是由日本降军为骨干,每一总队班长以上士官均为日本人,凶残至极。

十一连组织侧射火力,杀伤进攻之敌,支援九连战斗。

九连连长盖克,指挥二排用手榴弹和炸药包向反扑之敌战斗队形投掷;九连指导员庄占池,不顾敌人的炮火轰击和飞机的扫射,从战壕里站起来喊:"共产党员要带头打退敌人的进攻!"并端起轻机枪向冲到阵地前沿之敌射击。这时九连三排以侧射火力向敌人夹击,经过一个来小时激烈的战斗,打退了敌人的进攻。

　　大约在上午10点,敌人的飞机又向十一连阵地开始第二轮轰炸扫射。

　　三排机枪班长陈裕冒着炮火,端起机枪向阎军战斗队形射击,不幸中弹牺牲。副班长李强,接过班长的机关枪又向冲到前沿阵地的敌人射击,副班长又不幸中弹牺牲。最后一个新战士小华接过机枪,打得阎军根本无法接近解放军阵地接合部。

　　阎军主力冲到离十一连阵地前沿50米,营重机枪连和九连、十一连的火力交叉、猛烈射击,李福祥指导员和一排全体战士一排一排甩出手榴弹,阎军很快被打退。

　　上午11时许,3架飞机对我营指挥所和十连轰炸扫射,营指挥所的坑道口被炸毁,把营长、教导员和营部同志都堵在洞子里。十一连连长陈同兴派一个班去挖开被敌机炸毁的营指挥所坑道口,救出被堵的人员。利用敌军还没有组织起再次反扑间隙,全营官兵才腾出工夫先吃了点东西。

　　不久,阎军第三次反攻开始。这一次比头两次更加凶猛和残酷,100多门大炮连续8小时不断将炮弹呼啸着发射过来,炸裂的土地一再被掀起又落下,浮土掀起来之后,就像摔向岸边礁石的巨浪翻滚。炮击之后是反扑,反扑之后再炮击,坚守阵地的解放军仿佛不是血肉之躯,而是随时遁入土地的仙怪,阎军非得用钢铁和炸药才能震出来,8个小时过去,不到300平方米的阵地上,已经落了10000多发炮弹,整个阵地被轰炸成两尺厚的焦土,除了钢筋水泥堡垒以外,所有的地面工事全部被摧毁。

　　华野炮团也不示弱,国民党军那边炮声甫落,反扑开始,华野炮团接到指令,复又对准牛驼寨阵地猛烈射击,双方炮弹你来我往,第三次反扑再一次被打退,阵地又一次守住了。

　　打了一天的三营接到命令,从阵地上撤下来,由二营接替继续坚守阵地。

　　他们从阵地上撤下来以后,19日整整一天,双方伤亡过大,阎军没有进攻,但整整向阵地上炮击了一天,阵地上又落了将近8000发炮弹,整个阵地的工事全部被摧毁。

　　10月20日早6点,阎军的炮兵又向二营阵地猛烈轰击,7点30分左右,反扑敌人在炮火掩护下,发动了全面的进攻。又是新一轮激烈的争夺,二营打退了敌人3次进攻,由于工事基本被摧毁,人员伤亡更大。

上午11点左右,冉令忠受命带十一连前往增援二营阵地,正在这时,听到迫击炮连余指导员喊:"敌人放毒瓦斯了!"他们立即把口罩弄湿戴上防毒。同时命令十一连全体战士上好刺刀,准备同突入前沿阵地的敌人拼搏。

不久,五连阵地上手榴弹和人的喊叫声响成一片,有人喊:"敌人冲上来了!"十一连连指导员和副连长在迫击炮连和重机枪连掩护下,各带一个排扑向突入五连阵地之敌,一顿手榴弹和拼刺刀终于把敌人又打下去,恢复了五连阵地。整个战斗过程中,十一连的反击打得很出色,也很猛烈。代理三排长周玉亭和敌人拼刺刀对决,刺死敌人之后,自己被炮火炸起的土埋了半个身子,牺牲时还端着刺刀站着。战斗结束,晚上打扫战场,发现李福祥指导员在防御阵地外的峭壁和敌人抱在一起,卡着敌人的脖子牺牲了。副连长在峭壁下用刺刀刺死三个敌人后,端着刺刀中弹牺牲。有的战士手里还扣着手榴弹弦牺牲了。此一战,十一连付出了很大的代价,全连100多人只剩下一个副指导员、一个排长和50来个战士。

牛驼寨的庙碉(4号碉)是敌人的指挥碉,也是牛驼寨整个阵地的核心。只有攻占庙碉,才能全部攻占牛驼寨阵地。牛驼寨的战斗,从10月17日起至11月10日,西北野战军第七纵队所属独立第三、第七、第十二旅和陕北警备队二旅与阎军连续激烈争夺了二十余日,终于在5、6、7号碉堡站稳了脚跟,成为进攻庙碉的依托和出发阵地。

1948年11月12日晚8点,独立第六旅集中了四个营的兵力,在炮火掩护下,向牛驼寨主阵地4号碉和8、9、10号碉开始了全面的攻击,由于工事比较坚固和敌炮火的阻拦,进攻部队遭到了很大的伤亡,进攻受挫。他们很快发现,庙碉除主炮碉之外,四周尚有4个暗碉形成密集的火力网,同时有通往庙碉的坑道,是庙碉的强大支撑点。克庙碉,先须攻下4个暗碉。

11月13日凌晨2点30分,在团营炮火掩护下,三连连长亲自带领一排,在火力组和投弹组掩护下,连续两次爆破,炸掉了北面的暗碉,解除了火力网对进攻庙碉的威胁。接着一连指导员带领二排连续爆破,又把前面的一个暗碉炸掉了。三连连长又带领一排把西面的暗碉炸掉。副连长带领三排把东面的碉堡也炸掉了。经过一个多小时的战斗,庙碉外围的4个碉堡全部消灭。扫除庙碉外围支撑,三连长纪秀全和指导员都负了伤。一排组成3个爆破组,由冉令忠亲自带领,用连续爆破的方法把庙碉炸掉。二排组成两个组由副连长带领攻占庙碉。

13日凌晨4点,重机连用火力封锁庙碉敌人枪眼,掩护二连一排的爆破。二连长带着一排在火力的掩护下,迅速地接近了碉堡底下,用250公斤的炸药,连续爆炸的方法,把敌人庙碉炸开了一个2米高、1米宽的口子,把庙碉内的敌人也都炸得全部晕死过去。这时二连副连长丁连全带领二排迅速冲进庙碉,俘虏了80多个敌人,其中还有几个日本人。

当日早晨7点30分,10号阵地的阎军在城内炮火的支援下向8号阵地进行反扑,被击退。正在这时,团参谋长李彦明到阵地了解情况,冉令忠正在向参谋长汇报战斗情况,距他们不到10米远的坑道里突然蹿出60多个敌人向二连射击,战士们将参谋长推到战壕里,然后向敌人投出三颗手榴弹,炸死炸伤了十来个敌人,并喊:"缴枪不杀!"50多个敌人投降。

庙碉攻坚,西北野战军付出了相当大的代价,冉令忠全营仅剩50多人,最多的一连,除指导员之外,还有15个人。就是这样,他们仍然坚守在阵地上,直至晚7点30分,在火力掩护下迅速攻占了10号碉堡,全歼守敌一个连。

这样,整个牛驼寨阵地的10个碉堡全部被人民解放军占领。

第四章

大学生万里寻亲

启程，为了庄重的托付

话分两头。

2005年11月11日，华中科技大学邀请王艾甫到学校，与学生代表们举行座谈会，华中科技大学团委书记王志勇表示，希望王艾甫能够提供一份烈士名单给校团委，把为烈士寻亲活动当做寒假期间学生社会实践活动的一部分。

王艾甫置身于长江边上这所著名的大学校园里，眼前的孩子们个个朝气蓬勃，稚气未退，他几乎没有任何犹豫就答应下来。

当问到王艾甫，你信得过这些孩子吗？

他说，怎么信不过？没有理由信不过呀！他在那种场合明明确确地感到"责任"两个字的具体含义，这两个字就明明确确地写在孩子们的眼睛里了。至于寻找得到还是寻找不到，这个似乎不太重要，寻找本身是一个过程，这个过程至少对眼前的这些大学生而言，意义非同一般。

2005年11月11日下午，湖北省民政厅办公室主任高建

送烈士回家

王艾甫把湖北籍烈士名单和阵亡通知书复印件交到湖北省民政厅办公室主任高建洲手中。

洲,从山西老人王艾甫手中接过9位未找到亲属的烈士阵亡通知书复印件和烈士登记名册,郑重转交给了华中科技大学的大学生们。高主任代表省民政厅的领导表示,作为负责这项工作的省民政厅和相关县市的民政局,将尽最大努力尽快找到9位烈士的亲属。因此,从一开始,大学生为烈士寻亲活动便得到湖北民政部门的大力支持。

王艾甫与这些大学生们年龄相差半个多世纪,足可以称得上他们的祖父辈儿。王艾甫将阵亡通知书交付给他们的时候,他感觉就是祖孙两代人之间完成了一次历史的传递。一段光荣的历史,在那一刻变成了两代人之间共有的财富。

十年寻亲未果,十年之后来了这么多的惊喜,作为民间收藏家,他的这些藏品在十年之后拥有了这么多的观众,那种成就感是不言而喻的。

2006年年初寒假期间,华中科技大学团委决定在全校开展"寻访烈士亲人,告慰烈士英魂"主题社会实践活动。这一倡议刚刚发出,出乎校团委组织者的预料,在寒假前夕的短短几天之内,报名参加的同学很快突破了1000人,这么多人参加这项活动显然不可能,最后,校团委只能挑选与名单上烈士籍贯相同的同学参加。最后,由172位同学组成的一支庞大团队,怀里揣着烈士名单,踏上返乡为烈士寻亲的旅程。

同学们肯定不会想到,这一次寻亲之旅并没有因为神圣庄严的理由而变得

第四章 大学生万里寻亲

虚幻莫测,或者说,寻亲之旅不仅仅是对他们个人的团队精神、体能耐力和组织协调能力的一个锻炼和测试,还是对他们的历史观甚至人生观的一个巨大的考验。怀里揣着烈士名单,烈士的灵魂与他们紧紧相随,冒着深冬的冰雪,脚下一次次踏进泥泞,他们少不更事的脸庞一次次面对写满历史风霜的面容,他们在完成一次历史的穿行,完成一次历史与现实的对话。对许多年轻的大学生而言,寻亲的过程渐渐地变成了一次虔诚的朝圣。

2006年1月20日,年轻的学子们上路了。

烈士们毕竟牺牲56年了,56年的沧桑变化,56年来物是人非,仅凭着一张泛黄的通知书要真正找到烈士的下落,真如大海捞针。刚开始,校方对寻亲的结果并不抱太大的希望,只是当做一次普通的社会实践活动来对待。

然而,对于同学们来说,这是一个与其他社会实践活动相比更富有挑战性的行动。

为烈士寻亲团队分成为5个小分队,9个小组,每一组负责寻访一位烈士。他们走遍湖北籍烈士所属的8县市有关部门和120多个村庄,累计行程过万里,访问群众近万人。

从各寻亲小组传来的消息,一次又一次给寒假的校园带来不小的震动和赞叹。

寻亲团队出发的第三天就传来好消息。1月23日,襄樊二组首传捷报,李光耀烈士的侄女李敏英找到;1月25日,烈士郭耀山的侄子郭天植、郭天雄找到;同日,烈士李德同的弟弟李德朴和侄儿李志平找到;同日,烈士萧汗弼有了下落;2月2日,陈秀英被确认为烈士熊起友的女儿。

短短几天,王艾甫托付给他们的9位烈士,5位烈士的亲属被

大学生在养老院访问的老英雄杨连成。

送烈士回家

找到。

校团委接到最后一位烈士亲属被找到的信息，正是正月初五。校团委负责社会实践的老师深为感动，自己的学生付出的不仅仅是自己的辛劳，而且牺牲了中国传统春节与家人团聚的机会。他们没有想到，这群还未走向社会的孩子们竟然对这件事情投注这样大的热心与热情。老师们为自己的学生感到骄傲，也为培养他们的华中科技大学——这所以实力著称的名牌大学而感到骄傲。

他们为学校争了光。

老师们隐隐地感到，这是同学们走向成熟的一个绝佳契机。他们找到的不仅仅是烈士的下落，还有更多。

李光耀？李光耀死了十几年啦！

襄樊二组，负责寻访籍贯襄阳县的李光耀烈士亲属。

1月22日，刚刚返回家乡的襄樊二组的同学即集中在一起，开始第一轮寻访。他们一起赶到当地政府，希望能从民政部门的档案资料里找到线索。可是，几个同学兴冲冲地赶到民政局的时候，民政局大门紧锁，办公区内空空如也，大家才想起来，今天是周末。

为了提高寻访效率，同学们商定，第二天分头行动，一部分到襄樊市区与政府部门和媒体联系，另一部分直奔襄阳县。

第二天中午，奔赴襄阳县的同学得到负责襄樊市活动的同学电话，说他们意外地获得了李光耀烈士家属的信息。头一天碰了一鼻子灰，第二天这好消息来得这样快，大家击掌欢呼，高兴得几乎跳起来。原来，头一组同学到襄樊晚报社寻求帮助，在门房登记，他们说出事由之后，门房师傅居然眼睛一亮：这个人哪，我们早知道了。

原来，早在2005年11月间，《襄樊晚报》也参与了《武汉晚报》倡议发起的寻找湖北籍烈士活动，在报上刊登过烈士名单。随即，烈士的侄子马上打过电话来，说报上登的李光耀烈士是他的叔叔。

同学们不敢耽搁，马上找到报社的一位负责同志查询电话记录。

打电话的，是家住樊城区牛首镇熊集村的李有生和李敏英。这两个人，

第四章　大学生万里寻亲

寻访郭耀山烈士的襄樊一组同学第一次会合。

称他们分别是烈士李光耀的侄子和侄女。

两拨人马重新聚齐，尚婷婷、薛飞、谭胜虎、赵睿等同学马上租了一辆农用三轮车赶往熊集村。

真是应了那句老话：心急吃不得热豆腐。

农用三轮车载着一群毛头小伙子和毛丫头上路了。那几天，一场大雪刚刚落过，从襄樊城区出发的乡村公路都是泥路，厚厚积雪把路糟践得一塌糊涂，兴高采烈的同学们被东倒西歪行进的三轮车颠得上蹿下跳，这才发现，这趟门出得远没有他们想象的那么美妙。车子在泥泞中行进了一个多小时到了牛首镇，三轮车司机不干了，给多少钱都不愿意再拉着这一群大学生往前走了。

大学生们脸嫩，不好意思与司机争个尺长寸短。年轻人争强好胜，路是走出来的，这点雪能吓住谁？同学们弃车步行，向路人问清楚熊集村的方向，徒步向白茫茫的田野走去。

一个多小时之后，熊集村的村民们愕然发现村口出现了六七个狼狈不堪的

送烈士回家

通往李光耀烈士家乡熊集村的路。

孩子,红男绿女,一个个像在哪受了欺负似的,鞋子全让黄稀泥给浆过,黄泥一直浆到膝盖头那里。

原来,从牛首到熊集这段路比先前的路更加难行,难怪三轮车死活不来了呢。他们一边向路旁行人打听路,一边前行。刚刚融化的积雪使原本就凹凸不平的泥土路更泥泞难行,深一脚浅一脚,稍不留心就陷入泥土坑里,走累了也不敢休息,因为稍微停顿一下,厚厚的泥土就会粘在鞋子上,想把脚抬起来都很困难。

可几个孩子的心情如那一天的天气那样晴朗,他们走着,还开着玩笑,"想想当年红军战士们穿着单薄的衣衫、草鞋,连雪山都爬了,沼泽都过了,我们遇到的这一点小小的困难算什么呢!"

一路打听,路人指的路还不得要领,走三步退两步,绕了好大一圈才到了目的地。他们出现在一脸错愕的村民们面前时,上气不接下气地问,这是熊集二组吗?

是!

哇!几个孩子居然欢呼起来。

马上说明身份,马上道明来意。村里的人三三两两围上来,恍然大悟:你们要找李光耀?李光耀死了十几年啦!

有没有搞错?不可能吧。他们看看资料,看看李有生留下的地址,没错啊!再看看村民们,双方都是一脸的困惑。

再问李有生在不在?

村里人说,李有生在外头做生意,不在家里。

这时候,一些老人们才把娃娃们从失望中解救出来。他们告诉孩子说,

第四章 大学生万里寻亲

是有李光耀这么个人，而且，李光耀的侄女李敏英就住在村里。

他们找到了李敏英。李敏英已经是一个60多岁的老人了。

大学生们围住李婆婆，听她徐徐讲述烈士李光耀的经历。

李家弟兄三个，李光耀排行第二。过去，他们家里很穷，读不起书，弟兄三个都是农民出身。李光耀成年之后，一直没钱娶媳妇，于是当兵走了。那时候，国民党抓丁，他当的是国民党兵，这一走就走得杳无音信。

这么多年，家里人一直在打探寻找他的下落，也天天盼着他能够回家。奶奶活着的时候，一想起二叔来就哭，生生把一双眼睛给哭瞎了，一直到死也不知道他的下落。

李有生的父亲，也就是李光耀的三弟，在去世前还特别嘱咐他们，一定要继续寻找二哥的下落。

同学们告诉老人说，婆婆，这下你可放心了，李光耀是烈士，他是光荣的。

李敏英意味深长地说，有一段时间，看到电视上、报纸上说，人家当年到台湾去当兵都能回老家来，他是不是也能回来？一直等啊等，还是没等到。

其实，大学生们此刻还没有明白其中的隐衷，多少年来，因为村里人都知道李光耀参加的是国民党部队。经过多少年的风风雨雨，他们家出了一个国民党兵，一直是悬在家人头上的一把剑，不知道什么时候就会迎头劈将下来，而且直接影响到了子侄辈的上学、参军和工作。后来，李有生的父亲忍痛直接顶了李光耀的名讳，一直到死。在外面人看来，他们家里根本就没有第二个李光耀。

这个隐秘，除了村里的老人们知道，谁都不清楚。

直到同学们要离开村子的时候，村里上了年纪的人才给他们解开这个谜。难怪他们一进村听到的竟是李光耀去世才十几年的消息。

烈士的侄女李敏英。

送烈士回家

同学们为烈士亲人多少年血脉相连的牵挂思念而震撼，更为烈士亲人在不知道烈士下落的情况下，忍辱负重将近60年而感到震惊。

大家忽然发现烈士籍贯的地名和实际有出入。李敏英婆婆告诉他们说，他们家原先并不住在这个村，20世纪50年代大兴水利，商阳村地处水库淹没区，他们才从商阳村迁到熊集。

一个个谜团被解开，可以确定，眼前李敏英婆婆一家多年牵挂找寻的李光耀就是登记册上的烈士本人。他们的任务完成了。

同学们从村里出来，不由得再回头望一眼朴素的村庄。村头，李敏英婆婆佝偻着身躯，站在残雪覆盖的土地上向他们招手告别。

青春与历史的对话

襄樊一组的同学负责寻找郭耀山烈士。

襄樊一组的同学显然早有策划，因为半个多世纪，地方的行政区划变化非常大，他们事先计划先查阅相关资料，有了准确信息之后再进行实质性工作。他们查阅《襄樊地理志》和《襄阳县志》等资料，把资料上标有"郭"姓的村庄一一标注出来，然后再进行排查。但是他们在志书上只查到"郭家台"和"郭营"两个地名，没有"郭家湾"的任何记载。大家分析认为樊城区美满社区附近的老郭家台，最接近阵亡通知书上烈士的籍贯所在地。

2006年1月24日，几个同学一齐奔赴该村，一打听，村里人根本不知道郭耀山这么个人，连一位90岁的老人都不知道。大家不甘心，又问有没有一个叫郭家湾的自然村。

正当同学们茫然失措的时候，围观的人群中一位60岁左右的老大爷接过了他们手中的寻访资料。老人看了一眼，欣喜地说："郭家湾不是我们那吗？我就是那儿人。"

给同学们带路寻亲的郭玉柱老人（中）。

第四章　大学生万里寻亲

老人名叫郭玉柱，家住张集镇张咀，毗邻郭家湾。他长年做棉花加工生意，认识很多人。老人二话没说，放下手中的活立刻带他们走。

1月25日一早，崔骁凯、王志伟、郑晶等10位同学跟着郭玉柱老人一起来到了郭家湾村。同襄樊二组的同学一样，他们遭遇到同样的情况。大雪刚消，道路翻浆，等到了村子里面，他们已经是两腿黄泥，快迈不动步子了。

一条小河穿村而过，这个小小的村子被分为"河南"、"河北"，村里各户都散散落落地安顿在河的两岸，再加上有的人家外出有事不在家里，给寻访带来了很大不便，走了一圈下来，中午过了。几个同学腿脚上都糊满了泥巴，两个同学还摔了个大马趴。

小崔和几个同学商议，决定分成两队，一队访河北，一队问河南，不然，还得在村里过夜。

这个村在解放前当兵的人比较多，他们根据村民提供的信息分头走访了两户人家，无法确定到底哪家是烈属。

通往郭家湾的路。

一条河穿村而过，分为河南、河北。

· 89 ·

送烈士回家

当兵走后,郭耀山一直没有下落,所以家族碑上也没有烈士的名字。

一户,户主郭久亮,他说他家一位叔叔名叫郭海山,解放前当兵打仗走了再没有音信。耀山,海山,一字之差,是不是误记?同学们一问他叔叔的年龄,郭久亮推算说,如果郭海山活着,今年应该是85岁。

不是郭耀山烈士。郭耀山烈士如果活着,他应该是92岁。

另外一户,户主郭开智,他说他叔辈四个,三叔拉丁当兵走了以后再没有回来。三叔属兔,今年应该是92岁。这倒与郭耀山烈士的年龄相符。但是,同学们问他三叔的姓名,老人不好意思地笑笑说,他不知道,只知道是他三叔。

又不是?一个是名字相像,年龄不对,一个年龄相符,姓名又不知道,到底两个哪家是烈士郭耀山的亲属?

这时候,他们找到一个老者。老者十分健谈,说,你们找郭耀山?问我就行了。

柳暗花明。

老人叫郭景树,72岁。村里人说,他年轻的时候做过看风水的阴阳先生,他爹当年是村里的保长,村里谁人当兵,他应该是清楚的。果然,郭景树老人说,他那时候十几岁,亲眼看见郭耀山他们几个被抓走的。同时,告诉同学们说,刚才他们访问的郭开智老人,就是郭耀山的侄儿。他之所以不知道郭耀山的名字,是因为该老人系郭耀山二哥后娶的妻子带来的儿子,不是亲侄儿。

他们打听到,郭耀山的两个亲侄子远在双沟镇的襄阳县二中,其中一位叫郭开雄。

第二天,同学们又赶到襄阳县二中所在地双沟镇,郭开雄却不在家。开

第四章　大学生万里寻亲

往市区的最后一班车只有半个小时就要发车了，同学们正准备离开，却在大门口碰到一位散步归来的老人，一问，正是郭开雄。

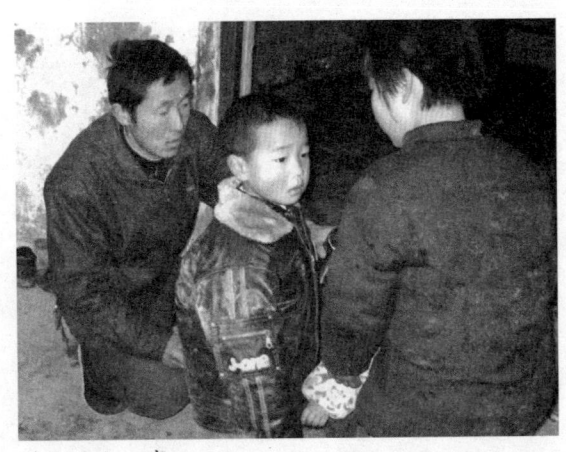
烈士后人一家。

郭开雄看见4位一身泥巴的孩子站在他面前，不知道找他有什么事。崔骁凯把郭耀山烈士56年前在解放太原阵亡的消息说出来之后，老人一下子惊呆了，不禁潸然泪下。

他们家多少年苦苦寻找叔叔的下落，奶奶的眼睛都哭瞎了，直到去世都不知道三儿的下落。现在，意外地，几个孩子把消息送上门来。郭开雄立即带着他们见自己的老父亲。

老父亲也惊呆了。

负责寻找王德喜烈士亲属的，是此次烈士亲属寻访团的团长、法学院2005级学生聂红波。因此次寻访烈士亲人的出色组织工作，荣获武汉市2006年度"五四"青年奖章。

作为团长，他还不满20岁，他自己预感到肩上的担子不轻。

1月21日，聂红波回到枣阳。但是，烈士的籍贯陈家沟营这个地名几经变迁，今天已经从地图上消失了。

聂红波和朋友一起跑了枣阳市民政局、地方志办公室、养老院等

找到了烈士郭耀山的亲侄子郭开雄及其儿子。

· 91 ·

送烈士回家

抗美援朝战士王兴启。

处,结果一无所获。于是,他们又找了诸如陈家湾等相似的地名,开始一一踏访。几天过去了,仍没有结果。无奈,他们重新核实了原通知书复印件上的地名,依稀辨认出"陈家区青营乡"的字样。当地一位老人提供了一条线索,有个地方叫青龙堰,旧称青龙乡,可能跟通知书上的"青营乡"是一个地方。

连日的疲惫和无奈一下子消失了。聂红波立刻赶到青龙堰。村民介绍说这里姓王的很多,但没有"德"字辈的。不过村民们说,附近的王庄有一位叫王兴启的抗美援朝老战士,或许能从他那里打听到消息。

1月25日,聂红波踩着泥泞的小路来到王兴启老人家里。遗憾的是,这位在抗美援朝中当过侦察兵的老人并不认识王德喜。告别的时候,老人紧紧握住聂红波的手,激动地说,你们这些大学生远道来寻访烈士的亲属,我们心里很欣慰!听到老人的话,聂红波忍不住落泪了。这位战功赫赫的抗美援朝老战士虽然不是要寻找的人,但聂红波感到,突然之间他走进了一段历史,看到了他要找的烈士亲属已经离他

王德喜烈士的侄儿和侄孙。

不远。

老人作为一名光荣的退伍老军人，生活却非常艰苦，过年的年货也只是一条干鱼。聂红波说，生活如此困难，为什么不向上级部门反映一下？

老人说了一句话，让聂红波这个刚满20岁的孩子的心一下子苍老了许多，眼里的泪珠子管都管不住地掉了下来，悲怆之余还有一种壮烈！

老人说："不麻烦党了！"

握着老人干枯的手，将要告别的聂红波仿佛看到自己年迈的老祖父一样，转身从书包里取出路上带的6个苹果，全都塞在老人手里……

平平安安，祝老人平平安安，愿天下的英雄都平平安安！

1月27日，临近除夕。晚上8点，枣阳电视台的观众看到一条滚动播出的字幕寻人启事："寻访1949年解放太原时牺牲的枣阳籍烈士王德喜（时年35岁）的亲人……"字幕一遍一遍滚动而过，电视机前的观众被这则奇特的寻人启事吸引住了。这已经是枣阳电视台第二次在黄金时段播发这条信息。

原来，连续几天寻亲未果的小聂在无奈之下，想到了请当地的媒体帮忙，枣阳电视台非常痛快地答应，免费为他们播出。

王家碑上赫然现出烈士王德喜的名字。

大年初一，也就是启事播出的第三天，聂红波接到一个叫做杜华兵的电话，称烈士王德喜是他的舅爷爷，陈家祠堂人。聂红波分析，陈家祠堂村与阵亡通知书上的"陈家沟营"极其相近，而且，在电视台播出的滚动启事中，聂红波有意没有写上烈士的具体籍贯。

2月4日，聂红波顶着寒风骑摩托车行进20多公里见到了杜华兵，又随他走访了陈家祠堂的一些亲属和老人。他们提供的信息都证明了杜华兵等就是

送烈士回家

王德喜的亲人：王德喜兄妹四人，他排行老四，而杜华兵是他三姐王德芝的孙子。但是，他还是没有最后下结论。

经村人指点，在陈家祠堂村，他见到了王德喜的侄孙子王定毫，而且，直到两个人对王德喜烈士的叙述完全一致，小聂悬着的心才最后放下来。

他们带着聂红波在村子里找到了王氏家族碑。聂红波用湿布小心擦去碑上的尘土，这座刻于1936年的家族碑上，赫然露出王德喜的名字。

尘埃落定。

这一代被称为"80后"的大学生，他们大多有着优越的生活条件，别人总认为他们娇生惯养，缺少风风雨雨的锻炼，缺少艰苦环境的磨炼，然而，当历史用如此直接的方式走近他们的时候，他们的表现没有让人们失望。尽管体验的方式不同，体会不尽一样，但他们用自己的方式交上了一个完满的答卷。因为，他们的青春，第一次如此直接地与"国家"和"民族"紧密联系了起来。

下面是和聂红波同一寻亲小组的组员，一个名叫李慧的同学对此次寻亲的记录。我们不妨临时给她的文章起一个标题，叫做"一个人的寻亲"。

参加了校团委组织的"寻访烈士亲人，告慰烈士英魂"活动，感悟颇深。自2006年1月19日出征仪式，至2月7日找到烈士亲属的消息传来，每天思考的都是寻亲。整个寒假在寻亲的路上度过，有过喜有过忧，有过期待有过失望。其中的经历无法用一两句话说清楚。

1月19日下午，由于考试没能参加寻亲活动的出征仪式。由于中间出现了点小差错，寻亲的日志和介绍信被一位不认识的同学拿走了，由于考虑到没有介绍信，会给寻找工作带来不必要的麻烦，就打电话给参加出征仪式的同学，但是没有结果。无奈之下，和另一组的组长商议，两组合为一组，以使活动方便。

1月21日开始，我一回到枣阳老家，立马会同另一组的部分同学赶往民政局，那里的工作人员很热心，我们先到"地名档案室"，工作人员拿出了枣阳市最早的《地名志》，我们翻了很久，也没有找到叫"陈家沟营"的村庄。

带着失望我们离开了民政局，采取了各自行动的方案。每个组员利用最短的时间四处打听周围的情况,获得有用的消息,有了消息大家相互通知,提高活动的效率,然后大家集中去寻找。

回到家中,我给家人讲了这件事情,家里人对这件十分有意义的事情表示了极大的支持,并帮我到处打听,妈妈串门时向人打听,弟弟向他的同学求助,爸爸亲自开车带我去找村庄。与此同时我的同学也给我提供了帮助,到处走访帮我查找,一位陌生人不辞辛劳为我送来详细的地图,我的感激之情难以用语言表达。

妈妈串门时打听到一个叫陈庄的地方,用枣阳的方言来讲,陈庄和陈家沟营相差不是很多,而且有王姓人家。也许这个地方就很可能是我要找的地方,有了消息我就会找来家住熊集陈庄的高中同学帮忙。虽然结果证实不是我要找的陈家沟营,但同学在寒冷的冬天冒雪为我帮忙,让我觉得自己十分有必要把寻亲活动坚持到最后。

一位陌生人为我提供地图的事让我至今仍记忆犹新,叔叔满头的汗水,让我感受了社会的温暖以及寻亲活动的价值所在。在和我的母校看门大爷的聊天之中,了解了很多东西,还从他那里寻来他的干电视维修工作经常下乡的侄子的电话,叔叔不辞辛苦跑了很远的路,为我送来枣阳市最详尽的地图。

……

这时,新年的气息已悄然逼近,但是我脑袋里却始终装着"寻亲",根本没有时间上街买衣服,致使我的新年衣服还是妈妈找人帮我试穿才买下来的。新年里,我趁走亲访友的机会向亲友打探,亲友开始觉得我只是聊天说说而已,没有很在意,接着看到我的执著,他们也有所感动,都答应帮我问问。

……

关于我们寻找的报道也登上了报纸,那份报纸我会长久保存,这其中的意义是何等深刻,我怎能忘怀呢?其实在这次寻亲活动中,我们的其他组员的热情也让我感动。有位叫张珏的孝感女孩,她的老家在我们枣阳,她利用寒假这个机会,跟随我们的队伍一同去找寻,枣阳对她来说比我们陌生一些,对她来说寻找工作更困难一些。但是她不怕这些,从一放假就投入到寻找队伍中来,直到阴历腊月二十八才

送烈士回家

踏上回孝感的路,这些天来她吃住在亲戚家,白天查询打听消息,我很佩服,当我们有了烈士亲属找到了的消息,我第一时间通知了她,虽然不是当面告诉她的,但是我还是能够感觉到她很激动。

记得才开始报名时,我没有看到通知。同学看到通知后立马通知我,让我赶紧去报名,不要错失这么好的机会。在我们活动期间,还不时有同学发短信问我寻找活动的进展情况,有没有什么他们可以帮忙的。

当他们得知找到烈士亲属的消息后,也为我们高兴,还说等开学我们搞报告会时,一定通知他们,他们也想听听我们坎坷的寻亲经历。来到学校后,还有同学专门来找我,让我细述寻亲的经历呢!这次意义深远的活动其影响力是很大的,期盼着举办更多这样的活动,让更多热血青年参与进来,去感受!而这段经历也值得我们每个人珍藏,它将伴随着我们去面对人生中更加艰难的风雨!

陈秀英,第一位烈士的直系亲属

竹山小组的组长名叫孙炜,华中科技大学临床医学德语0501班学生。竹山组负责寻访烈士熊起友的亲属。

熊起友,部属:一九七师五九〇团三连;职别:战士;年龄:33岁;籍贯:湖北省竹山县。

《武汉晚报》记者汤华明一直负责为烈士寻亲的追踪报道,一天24小时密切注视着同学们的寻亲动向,与他们保持着密切联系。当他第一次见到竹山小组的这位组长的时候,心里涌起一种怜爱,这是一个很阳光的大男孩儿,一个男孩子承担这么大的责任,汤华明确实有些担心,替他捏着一把汗。

烈士的资料非常简单,在偌大一个竹山县找到57年前就阵亡在异乡的烈士的亲人,谈何容易!

孙炜的家就在竹山县,1月19日,启程回家的孙炜和同学们在襄樊不得不停下来。一场大雪把山路封死了。老乡们劝他,路上非常不安全,先在襄樊住上几天，等雪化之后再回竹山。可他们还是上路了，小组成员乘上了回竹山的公共汽车，可是，路滑山陡，随时有山石滚落，走到半道儿连司机都不敢往前走了。

从襄樊到竹山还有200多公里的山路。

下了车，不甘心。孙炜四处找车，能往前走一段是一段，走一段倒一段，200多公里的路程整整折腾了10个小时，才总算回到了竹山。

小组共有4位同学，其他3位同学住的离竹山县城非常远，4个人如果都待在县城里，得吃，得住，对一群不满20岁的孩子来说，真是大难题。孙炜让大家先解散各回各家，他先和县民政局联系，获得具体信息之后再作筹划。

出乎小孙的意料，不止他一个人在寻找这名57年前牺牲在山西太原的竹山籍烈士。早在2005年10月，县民政局就收到山西王艾甫的来信，将熊起友烈士的资料传了过来，县民政局当即将烈士的信息都发布在《今日竹山》网站上。同月，《武汉晚报》记者汤华明也来到竹山县，民政局3名干部陪汤华明找了一整天，结果没有任何进展。当孙炜赶回竹山县的时候，县民政局在整个竹山县已经展开排查，走访了县境内80多个村落。

2006年1月21日，刚回到竹山的孙炜立即赶到县民政局，民政局的工作人员正为此事出差在外，等他第二天再到民政局的时候，民政局的干部非常热情地接待了他，欢迎他加入寻亲队伍。同时告诉他说，现在事情已经有了眉目，寻找烈士下落的消息公布之后不久，从竹山县楼台沧浪、大庙黄兴、双台等四地相继传来有烈士熊起友亲属的喜讯。但民政局干部高奇、张天海、孙成湘等人分头调查取证，结果都对不上号。

他们告诉小孙，称自己是烈士亲属的，还有城关镇城西村一家，还没有得到证实，建议他去寻访一下。

城西村离孙炜家住得比较远，按图索骥，到了城西村之后，很快就找到这家人。但是，这户人家家门紧闭，外出置办年货不在。来时容易回时难，往往返返就要一天，孙炜只得等，在门外等了整整一天，到天擦黑都没见人影。

第二天，亦复如此。

第三天，孙炜正准备再次到城西村，接到了县民政局优抚股同志打来的电话，说真正的熊起友烈士的家属找到了。他迅速赶了过去。优抚股的同志给了孙炜一份证明材料，正是城西村要找的那户陈姓人家送来的，上面详细

送烈士回家

介绍了他们和烈士熊起友的关系。

让他激动的是,写证明材料的陈秀英称,自己是烈士熊起友的女儿。

这个消息确切吗?小孙和民政局的同志马上三赴城西村。

此行不虚!

83岁高龄名叫罗克秀的老人说,熊起友哇,就是我们村的,这个事情我知道。熊起友当年是让抓壮丁抓走的。

老人说,那还是1941年秋天一个下午,当时我们所住的乔儿沟村,突然出现了一群背枪的士兵。傍晚的时候,熊家老三熊起友和老四熊定友从田里刚回来,几个士兵冲上,将兄弟俩五花大绑推出了门当壮丁。大约一个月后,熊定友在房县训练的时候,偷偷跑回了家,躲了几个月才敢出门露面。三年后,熊起友从安康托人给妻子龙玉珍写过一封信,嘱咐妻子不要再等他了,让她带好女儿,找个好人家改嫁。

从老人叙述的熊起友的年龄来判断,这个熊起友,就是阵亡通知书上的熊起友。

"熊定友、龙玉珍还健在吗?"小孙问。

"早死了,但还有后人。"罗克秀老人肯定地说。

王艾甫在车站迎接找到的第一位烈士女儿。

老人说的,就是写证明给县民政局的陈秀英。

2月1日,春节刚过,孙炜和民政局的同志就赶往城西村,可谓是"三顾茅庐"。春节刚过,村庄还沉浸在一派祥和之中,大红的对联在白雪的映衬之下格外鲜艳,年味十足,节气正浓。他们一行人拥进陈秀英老人家里,说明来意,

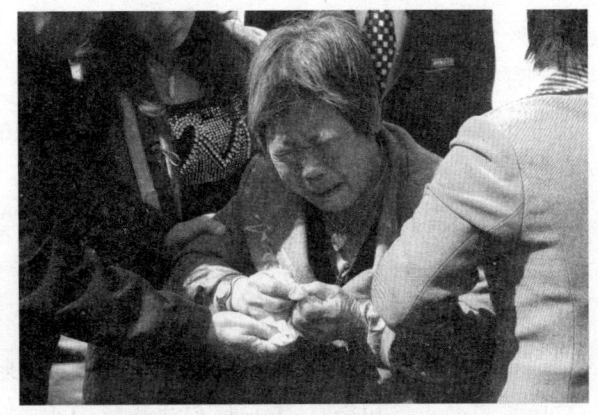

烈士熊起友的女儿陈秀英前往太原烈士陵园祭扫父亲英灵。

陈秀英老人半晌没说出话来,拉着小孙的手,禁不住呜咽起来。

陈秀英这年67岁,熊起友烈士是她的亲生父亲。

父亲被抓壮丁走的时候,她才两岁多一点,但是,父亲被抓走时的情景经过母亲多年的念叨,已经成为陈秀英脑海里越来越清晰的画面。就是因为这一个情节,构成她一生命运的一个关键的转折,心里不痛快时,总要将一切怨怼都归结到那一天一群如狼似虎的国民党士兵身上。然而,越是这样,越是思念父亲,根据母亲的叙述,从童年到青年,从青年到暮年,一天一天在勾勒着父亲的形象。

个子不高,脸有些长,实实在在忠忠厚厚的……

失去父亲的人,才会体味到这番思念。父亲,你在哪里,真的有这样一个父亲吗?如果真的有,我哪里会这样命苦哇!

她无兄弟姊妹。父亲没有给她们娘儿俩留下任何遗物,甚至在她们周围,父亲竟然没有任何痕迹,哪怕留下一棵树也好啊!即便是曾经耕作过的田、种过的园,60多个寒暑流年,早已经物是人非。陈秀英伤心落泪,语不成句。她说,父亲走时,她才两岁多,母亲带着女儿两个人过活,那些日子,真是说不得,跟讨饭差不多。

她原名叫熊朝英,后来,没法子,母亲改嫁陈家,她改名为陈秀英。

母亲改嫁走的时候,熊家不跟母女俩来往,没带走熊家一草一木。父亲的样子照母亲描述,应该是长长脸,个子不高,为人忠厚老实。父亲要不死,今

送烈士回家

年应该是93岁了。

陈秀英拉着孙炜的手,真诚地说,感谢,感谢,感谢党,感谢政府。

相隔40多岁的两代人双手紧握,孙炜稚嫩的肩膀仿佛正在承担着什么。他清楚,此行将构成他一生中一件重大的事件。如果说,刚出发的时候,还仅仅是新鲜,仅仅出于对自己能力的考验和锻炼,那么,当他听到陈奶奶说的这句话时,对自己做了一件什么事情,一下子全都明白了。

孙炜当即将信息传回学校。

汤华明突然接到孙炜发来的短信,此时,汤华明已经好多天和孙炜联系不上了,正心里焦急,马上驱车前往竹山采访。综合县民政局调查、阵亡通知书和罗克秀老人的多方佐证,最终确认眼前这位67岁的陈秀英就是烈士熊起友的亲生女儿。

"妈呀,你可以闭眼了,我爸是解放军的烈士,你可以闭眼了。"陈秀英看着孙炜手上熊起友烈士的阵亡通知书复印件,泣不成声,向着虚空处默默念叨。

多少年,多少个夜晚,想起父亲,想起自己因为父亲音信全无给自己带来的痛苦和委屈,陈秀英老人总是以泪洗面。

她的一只眼睛快要瞎了。

太原战役纪实 拿下小窑头

小窑头,阵势一点都不小。小窑头要塞位于牛驼寨之南,太原城小东门正东4公里处,阵地建在10多个山头之上,排列之后,分别为1至15号阵地。其中,11号到15号阵地为整个要塞的最高支撑点,其险要程度一点也不比牛驼寨差。而且,拿下小窑头,即可以钳制东门城壕和环城铁路,是国民党阎锡山太原城防布置的要害之处。

阎军在小窑头投入重兵驻守,火力配置甚强。各阵地均有3到10米的劈坡,劈坡上沿和各死角筑有水泥碉堡,整个阵地交错连环。守军为国民党二七九师一个团,独立十总队一个连及保安第六团一部。本来就有日本人搅和进来,这里的守军都是一些亡命之徒。

第四章 大学生万里寻亲

徐向前(右二)、周士第(右一)、陈漫远(左二)、王新亭(左一)在太原前线。

牛驼寨阵地炮声隆隆,硝烟弥漫,小窑头继牛驼寨激战之后,也打响了战斗。

10月20日,华北野战军八纵司令员王新亭和副司令员张祖谅及二十四旅旅长邓仕俊,政治委员王观潮,第二十二旅旅长胡正平等来到小窑头以东的小北山尖察看地形,研究打法。此役事关重大,甚为要紧,力量需更猛,一个旅要拿下来,守得住,力量显得单薄。他们当即决定,调二十二旅第六十四团归第二十四旅指挥。

王新亭率领的华野第八纵队,打运城,攻临汾,横扫晋中,打出了威名,已经有十分成熟攻城经验的将军都如此慎重,可见小窑头确实是一块难啃的骨头。

攻打小窑头战场上,解放军战士救出在洞中的国民党士兵。

徐向前对夺取四大要塞的准备工作抓得很紧。就在王新亭他们察看地形的第二天,徐即打电话到前沿阵地,询问攻击小窑头要塞的准备情况。二十四旅旅长邓仕俊提出希望多给一些弹药。徐向前很痛快,说:"好,设法多给你们一些炮弹。

送烈士回家

解放军战士帮助老乡清扫街道。

这次战役,我们的炮弹比以往哪一次都要多。不过和敌人相比,还是少得很。所以炮弹还要适当掌握使用。小窑头很重要,敌人非反扑不可,你们的任务也就艰巨了。不过你们一定要把它打下来。只要能坚持到底,胜利一定属于我们。"

1948年10月26日,华野八纵以第二十四旅、第二十二旅第六十四团对小窑头发起攻击。经过近一昼夜的连续进攻,一直到次日下午,全部占领1到6号阵地,歼灭阎军十总队一个连。当日晚,第二十四旅投入第七十一团全部兵力攻击剩下的5个阵地。而这5个阵地的攻取更加艰苦,其中4个是整个要塞的支撑点。

两次都是夜间突击,炮弹在轰炸,照明弹把夜空照得通亮,机枪吼叫,敌我双方争夺厮杀,解放军战士扛着炸药包和集束手榴弹一寸一寸向前移动,一个倒下去,后续的战士又冲上来,刚刚爆炸之后的弹坑就是一个掩体,最后接近碉堡。

28日上午7时许,5个主要阵地终于被拿下。

可是,就在28日中午时分,阎军反扑开始了,一下子集中起3个团的兵力,向小窑头要塞的主要目标发起进攻。在强大的炮火支援下,并施放毒气弹和燃烧弹,霎时间,阵地之上,一片火海,炮弹轮番轰炸,小窑头成为人间鬼域。经过7个多小时的反复拼杀,第二十四旅被迫放弃5个主要阵地。

紧接着,第二十四旅又以所占据阵地为依托,两次向主阵地发起攻击,两次攻击,伤亡过半,都未取得效果。到31日,先后夺回8、15、14号阵地。这时,两个旅损耗过大,王新亭果断下令,八纵二十三旅全部投入战斗。到31日16时30分,八纵诸旅终于夺取小窑头一线全部阵地。

第五章

接力，告慰烈士英魂

心　结

　　时间到了2006年的6月，一个春天过去，又一个夏天来临。华中科技大学继寒假寻亲活动结束之后，暑期又一轮为烈士寻亲的活动开始了。

　　寒假的社会实践活动确认了5位烈士的下落，找到了4位烈士的亲属，这样的结果，大大出乎活动组织者的预料，而且，即便是参加此项活动的172位同学也没有想到会有如此顺利的结局。有的小组尽管没有完成任务，寻访过程中获得的尚不确定的线索时隐时现，最后不得不放弃。然而，不能说这个过程为无功而返。

　　正如华中科技大学团委副书记陈钢说，寻找成功的小组有收获，寻访没有结果的也不能说不成功，在这个过程中，我们的同学们寻找的不仅仅是烈士亲人，而且都寻找到了一种信念，一种责任，更寻找到了一种历史记忆。

　　是啊，这对都刚刚20岁的年轻学子们而言，更重要的，是一次难得的人生体验。

送烈士回家

每一位同学的故事还很多。他们的故事还在继续。

电信系2005级学生肖盾的家在湖北谷城,他们那个小组负责寻找谷城籍烈士萧汗弼的亲属。

萧汗弼,部别:三军八师二十三团五连;职别:见习文教;籍贯:湖北省谷城县太平店村;牺牲时间:1949年4月;年龄:20岁。

烈士牺牲的时候,跟肖盾他们同龄。同样20岁的青春,有着同样频率的脉动。他们在多方寻访未果的情况下,查阅《谷城县志》,县志里有一条记载,将他们的距离拉近了。

1946年,谷城县太平店一批青年应和着解放大军的轰轰炮声,脱下校服穿上军装,集体参加了解放军。

萧汗弼在部队里是见习文化教员,无疑,他应该就是那一批参军青年中的一员。

2006年1月24日,肖盾听说当地有一位非常出名的烈士,籍贯为杨旗营

华中科技大学党委副书记欧阳康在太原祭扫烈士仪式上致词。

第五章　接力，告慰烈士英魂

同学们在知情老人那里寻找烈士亲人的线索。

村，说不定要寻访的人就是他。烈士名叫萧元凯。

四位同学立即赶到该村，然而萧元凯烈士并不是萧汗粥。

萧元凯烈士的后人萧星斗老人告诉他们说，萧元凯烈士并不是牺牲在太原，而是牺牲在当地。萧元凯烈士于1949年领导了解放太平店的战役，结果内部出了叛徒，作战计划泄露。萧元凯在惩处那个叛徒的过程中，不慎把自己的身份也暴露了。敌人将萧元凯抓起来，杀一儆百，在河边的龙王庙燃起大火，一刀一刀将萧元凯凌迟处死，刽子手把零剐下来的肉一片一片全扔进河里……

同学们听着这闻所未闻的惨烈故事，民族血战前行的历史仿佛就生动地呈现在他们面前，一个个默然无语，陷入沉思。

王艾甫在车站欢迎来山西祭扫烈士的湖北客人。

送烈士回家

也是一种缘分，迟迟未露端倪的萧汗弼烈士，仿佛有意引领着同学们重温着一段远逝的历史场景。

寒假很快结束，小组成员彭寅彬同学将寻访的"任务"托付给她在派出所工作的舅舅。舅舅当然不能怠慢，很快就有了结果。彭寅彬"五一"长假期间，再回太平镇，根据派出所提供的情况，最终确认太平镇廓岗村二组的萧元珍是烈士萧汗弼的堂姐。

萧汗弼烈士的亲属最终得以确认。

华中科技大学学生为烈士寻亲社会实践活动所产生的轰动效应是不言而喻的。《人民日报》、《人民日报·海外版》、《中国青年报》、《解放军报》、《山西日报》、武汉人民广播电台、武汉电视台等媒体对此次活动作了专题报道，《武汉晚报》进行了全程追踪报道。

新闻媒体的广泛介入和报道，无疑为寻亲活动推波助澜，起到了至关重要的作用。事实上，没有新闻媒体的介入，寻亲活动得以开展、深入，简直不可想象。正如率先介入寻亲活动的《三晋都市报》记者翟少颖、自愿加入寻亲队伍寻找到第一位烈士的《武汉晚报》记者汤华明、第一位全程记录寻亲过程的太原电视台记者孔进，他们几乎有着同样的感受。

2006年暑假，华中科技大学学生再次开展为烈士寻亲的社会实践活动。图为校办副主任张爱庆和同学们核对资料。

刚开始还是从纯职业角度，冲着这一事件本身的新闻价值和轰动预期介入的，但是到后来，越来越多的人参与进来，越来越多的人在关心这件事，这一事件已经远远超越了新闻本身。它在寻找什么的时候，在呼唤着什么；在倡导一种精神的同时，又在感染着每一位参与报道的记者。

事件本身在发生的那一刻起，就拒绝任何功利的东西，就拒绝任何杂质掺杂进来。王艾甫老人如此，年轻的大学生们如此，敬业的新闻工作者们，也是如此。

至少，在华中科技大学校园里，为烈士寻亲从一张社会实践的报名启事中飘然而出，在那一个充实的寒假之后，成为校园内经久不衰的一个重要话题，似乎成了许多同学心中的一个结，一块心病。

湖北还有4位烈士没有下落，湖北之外，湖南还有，安徽还有，四川还有……

紧张的一个学期显得有些漫长，漫长得有些迫不及待。2006年7月末，又是100多位同学组成的寻亲队伍接过又一份未发出的太原战役阵亡将士名录，从校园里开向湖南，开向安徽。

武汉别的校门口，也走出了类似的队伍。

躺在英烈谱中的烈士——萧启华

华中科技大学2006暑期寻亲队湖南衡阳组成员：彭茜、周志平、刘卉，赵成。

负责寻访烈士：

肃启华，部别：一九七师五八九团三连；职别：班长；年龄：22岁；牺牲时间：1948年12月；籍贯：湖南省衡阳县双苇塘镇。

2006年8月1日，衡阳电视台策划部接待了这样一位同学，一个娇小而干练的女孩子递上介绍信，还有一份正儿八经的公函。衡阳电视台的记者说，女孩儿说是大二学生，怎么看怎么像是在校的高中生，稚气，认真，活跃，有点天真的一本正经。但她的一番介绍让大家对他们刮目相看了。

她叫彭茜，华中科技大学电子学院大二学生。电视台摄影师全青松和记者梁丽方听完她的介绍，马上就表示全力支持他们。不说他们要办的事儿大小，光凭这几张年轻可爱的面孔和真诚的要求，任何人都没办法推托的。

在他们出发之前，彭茜就给家里打电话，家里帮着查询，说衡阳就没有"肃"这个姓，更别说"肃启华"了。7月27日，他们回乡之后，即到

送烈士回家

县档案局查阅相关档案，人家那里也没有"肃"这个姓，不说档案里没有，就是全县也找不出"肃"这个姓的。

再看地名。查阅衡阳县地图，全县没有双苇塘这个村。

姓名没有，地址不对，无从下手，寻访进行不下去。当然，她没有说这几天来的辛苦。

放假归来，身负重任，要出门寻访，四个同学都换了一身讲究的行头。在考察姓名未果、寻访地名受挫之后，四个孩子决定实地踏勘。打开地图，标出县境内带"双"、"苇"、"塘"三字的地名，像大战前夕的总前委一样认真严肃，筛选、分析，最后确定最有可能的两个村，双木塘和又坳塘村；然后，他们想，烈士牺牲的时候是22岁，也就是说，至少在20岁时还在家乡，如果在世的话，就应该在80岁以上，能知道他们的人应该是70岁以上的老人。

当然，这里头有一丝侥幸，希望有奇迹发生。但是，奇迹对他们十分吝啬，两个村子走过，一天下来一无所获。

岂止这些，天气也不帮衬，湘南大洪灾刚过，刚刚接受洪水洗礼的道路湿滑泥泞，更兼老夏骄阳，脚底水泡，头上火烤，在这个时候，即使田里劳作的农民都趁着早晚天气凉快的时候干活，他们在行前没有任何心理准备，穿的新衣服、新鞋子都让泥巴糊了。还好，江南水多，他们热得实在不行了就赶到小溪边，凉快一下再继续赶路。

他们只能打道回府，从长计议，也体会到了，什么叫做大海捞针。

茫然之中，彭茜想到寒假期间寻亲队伍的经验，想到求助新闻媒体，便来到衡阳电视台。

电视台表示要跟踪采访，通力合作。

第二天，彭茜带着其他三位同学来到电视台，电视台提供了一份衡阳当地老红军的电话簿，希望先能从他们那里得到点信息。老红军们大都已是80多的高龄。当电话打去时，老人耳背得根本听不清楚他们说什么，双方问归问答归答，问答两岔，靠家人传递翻译才接上茬。

老红军很热心。

肃启华？

不清楚！

第五章　接力，告慰烈士英魂

信息量等于零。

坐下来总结，还得到档案局查询，还得加强信息辐射范围。彭茜他们又与《衡阳晚报》联系，晚报的记者答应得非常爽快。此前，各地关于寻亲的报道屡见报端，已成热点。有新闻媒体的关注，无疑减轻了一连串失望带来的惆怅。

8月2日中午，他们又随记者一起驱车来到了衡阳县档案馆。档案馆的房间显得很陈旧，从窗口洒进的午后阳光照在一卷卷发黄的资料上，呈现出一份别样的宁静。电扇悠悠地晃着，几个人分别埋头于厚厚的县志中，寻找着线索。奔波的疲惫写在每一个组员的脸上，大家却仍在聚精会神地搜寻。

摇头，摇头，还是摇头。疲惫的脸上又被涂上了一层失望。

正当大家纷纷叹息时，一声惊叹打破了这份沉闷。原来随手翻阅《衡阳县志》的记者无意中在烈士英名录中发现了一个叫萧启华的烈士。因为"萧"和"肃"只差一个草字头，这引起了她的注意。拿出从太原传过的阵亡通知书核对，部队番号和牺牲时间竟然一模一样，完全吻合，"萧启华"就是阵亡通知书上的"肃启华"！从县志中得知萧启华的家乡叫呆鹰岭镇。

水落石出，一片欢呼。

可是，阵亡通知书没有发出去，烈士的名字怎么会出现在地方志的"英烈谱"中？带着这个疑惑，他们首先来到了衡阳县县委，希望能了解烈士认证的程序，以获得更多的信息。在县委办公室里，当年负责编写县志的一位老干部解释说，这个烈士名录是当年省里下发的，认证的工作当然也是在省里进行，具体情况县里并不清楚。

没有想太多，他们马不停蹄地赶到了呆鹰岭镇镇政府。但是，又是一道坎！

经过几十年来行政区划的变迁，现在的呆鹰岭已经不是解放前的呆鹰岭。老呆鹰岭的范围包括现在的7个镇。盯着地图，烈士的家乡像一滴掉在熟宣上的墨汁，一下子洇开了。既然如此，那么老呆鹰镇的"萧"姓村庄应该是集中的吧？可是县政府的干部说，衡阳一县，"萧"姓遍地，无法下手。

四个孩子的脸一下子觉得往小里缩，失望接着困难，困难连着失望，好不容易才得到的线索，如同梦里无端出现的场景，醒来时什么也没有了。

这时天色已晚，只得返程。这种局面，让大人们也跟着急，你一言我

送烈士回家

一语都来安慰他们。一位老人提醒他们，既然县志的烈士英名录中已经录有萧启华烈士的姓名，那么民政局优抚科也许有他家属的信息。

不是不可能。决定第二天再去民政局优抚科寻找线索。

8月3日上午，彭茜再次来到市委大院里，正准备去市委党史办查资料，另一组队员传来了好消息。他们在衡阳县民政局优抚科找到了萧启华烈士家属的资料。她匆匆和报社记者一起第三次来到了衡阳县民政局。与另两个组员会合后，迫不及待地打开了那个封存已久的烈士档案袋，小心翼翼地取出几张发黄的纸片，最浮头一份牺牲烈士证明书，上面详细地记载着烈士家属的具体位置——衡阳县呆鹰岭区集福乡石元片双笔塘村，以及烈士父亲的姓名——萧德仁。这才恍然明白，阵亡通知书上居然出现两处关键性错误，"肃"、"萧"已经讹误，"苇"、"笔"再错，要命的是，这两个字的繁体字十分相像。在那个识字人不多的年代，这样的笔误原也是可谅解的，只是给57年后几个孩子的寻亲带来这么多的麻烦。

可是，档案袋上的地址与登记表里的地址又有不同，档案袋上写的却是"呆鹰岭镇石元乡石元村门前组"。为什么会存在这样的不同？里面有另一个小插曲。

原来20世纪50年代寻找萧启华烈士家属的时候曾经出过一次小小的差错。在衡阳县还有另一个叫萧德仁的老人，他儿子也是参军后下落不明。于是就出现了误领抚恤金的情况。但这个情况很快得到了纠正。资料上还显示，在1955年萧启华的父亲萧德仁和母亲高明贵还领过一次抚恤金。

随后工作人员告诉他们，解放前的集福乡应该属于现在的杉桥镇。衡阳县民政局和宣传部的领导得知情况后，也马上赶来并立刻联系了杉桥镇民政办负责人，要他们派一名工作人员随同学们一同寻找烈士的家属。

此时已是下午2点，天气十分炎热，驱车赶往杉桥镇民政办，民政办的人早就等在那里。民政办的同志对大学生们带来的材料进行了一番分析后，告诉他们说，解放前的集福乡石元村现在已经改为了集福村和石元村，它们都属于杉桥镇。

民政办肖主任领路，先到集福村，集福村村支书说这里没有什么双笔塘，也没有"萧"姓村民。集福村里没有，那就是石元村了。两个村子相距不远，但山路崎岖难行，一路颠簸。

第五章　接力，告慰烈士英魂

他们来到了石元村人口最集中的地方，下车后找当地村民一打听，马上有了回应。村民说这附近确实有过一个叫萧德仁的老人，他家中也出过烈士。不过萧德仁老人已经不在了，但萧启华的大哥萧启富还健在。

一天之内，由阴转晴。好运气来了城墙都挡不住。顺着村民手指的方向，他们看到一片稻田的那边有一座红砖房。那便是萧启华烈士家属现在的居所了。

由村里人领着，在路过一个小卖部时见到了一位老人，这就是要找的萧启华烈士的亲哥哥——萧启富。一群人簇拥上来，老人对这群访客的问话有些摸不着头脑，不知道发生了什么事情，开始的沟通进行得有点困难。村里人说，他们老弟兄四人，分别以"荣、华、富、贵"取名，萧启华是萧启富的弟弟，他们的父亲叫萧德仁。

一切信息都对上了号。同学们便搀扶着老人来到了他的家。在家中，老人的儿子找出了抚恤金领取证，还展开家谱让同学们看，弟兄四人，上有萧启华烈士的名字。

萧启富说，他们家早就享受着烈属待遇，还有一个弟弟也是参加解放战争牺牲的。一门双烈士，这是同学们在寻亲过程中碰到的一个特例，也是一位已经确认为烈士而未收到阵亡通知书的人。因此，萧启华烈士牺牲的具体情况，家属并不知情。

萧启华的侄子说，以前奶奶回忆时总是叹气，说养了五个儿子却只有三个在身边，还有两个看不到了。以前家里只知道萧启华在战争中牺牲了，具体在哪里牺牲，如何牺牲，事后怎么样，他们都无从得知。所以，在修订家谱时，叙述到四叔时只寥寥十几个字：仁公四子，启华，解放战争战场牺牲烈士。

这份迟到的阵亡通知书不再是一份噩耗，而是一份安慰。彭茜心里想。

在接受任务的时候，她曾经听过寒假时同学们的寻亲报告，怕自己承受不了家属们获知烈士消息时的那种悲恸场面，现在，她松了一口气，但是，心里却一点也未见得轻松。

与烈士家属道别后，同学们脚步轻松地走在宁静的青山之间。黄昏的稻田蛙鸣此起彼伏，气氛一派祥和。

彭茜在后来写的总结里，这样评价特殊的寻亲之旅：

送烈士回家

　　这一路走来,我们感受了很多。从前受到的爱国主义教育都是通过书本或影视等渠道获得的。从未经历过战火的我们总觉得那些为国捐躯、先国而后家的事例离自己太远。这次活动让我们越过时光,重温了烈士的生平,了解了烈士的家境。这种最近距离的接触让我们得到了一种最真实的体会。我们开始明白,原来那些可敬的人就生活在我们身边。民族、国家这些概念离我们并不远。这是一次最好的爱国主义教育。

　　这一路走来,我们收获了很多。最后能找到烈士的家属我们很开心。但即便我们未能完成任务,我们这一路的奔波同样很有意义。在一丝一丝分析线索时,我们了解到了大量历史背景,接触到了很多经历过那段历史的人。这样一来,我们就从一个高度俯视了这大半个世纪我们国家的变迁。听到那些震撼灵魂的故事时,我们心情很沉重。历史不容忘却,但我们的铭记不是为了仇恨,而是为了有一个更好的未来。尽管现在没有战争,但这曾经的屈辱就是一份最好的警示。于是在敬佩烈士的献身精神时,我们也更深地感受到了一份责任。

同样的感受,同样的感动——一份《寻亲日记》

　　下面,是一名匿名者上传到网上的一份《寻亲日记》,从日期和叙述的事件来看,作者是华中科技大学暑期寻亲活动的一位参与者,而且是华中农业大学的学生。这个暑期,来自武汉各高校的大学生们呼朋引伴,自愿与华中科技大学的同学组成团队,加入到为烈士寻亲的行列中来。

　　这份《寻亲日记》,应该是他们在寻亲的过程中的一份流水记录,没有假期结束"交卷"的任务,所以写得非常朴实。读着,会让人有一种日常的亲切和感动。

7月29日　　　星期六　　　阵雨

　　常德火车站,一个我熟悉而又陌生的地方,每次乘公交都要路过却从来都没进去。因为没有直达武汉的列车,我去学校一般都坐汽车,尽管相比要贵得多。

第五章　接力，告慰烈士英魂

这次为了买去湘西的火车票，终于到此一游，我们的湘西之行的目的是"为烈士寻亲"。此次活动是由华中科技大学组织的，物理系的好友小三应征成为寻亲志愿者。他联合了西南政法的小四和华中农大的我，组成了三人寻亲小分队。我们的使命是为在太原战役中牺牲的湖南籍烈士寻找亲属，由于这些烈士的阵亡通知书没有送出，他们的家属陷入了杳无音信的沉痛等待之中。正是这些烈士用鲜血奠定了共和国成立的基石，开创了新中国今天的辉煌，然而57年过去了，他们有的仍未魂归故里，生活在幸福之中的我们情何以堪？我们有责任也有义务为英烈正名！

小三手头仅有的资料是华中科大下发的烈士名单，包括姓名、籍贯、部队、入伍时间、年龄等基本信息。为了确定寻访目的地，我们先从烈士的籍贯入手，由于时过境迁，行政区域的划分有了较大变更，并且囿于文化水平，当时入伍登记时的口述难免出现讹误，这些都给我们带来了很大困难。经过走访常德市档案馆和查阅电子地图，我们最终锁定湖南省瓷泥（慈利）县南山坪村（乡）的烈士——孟庆于。

在百度中，我们惊喜地发现《潇湘晨报》的记者曾经找过他的亲人，但当时并无充分证据表明其亲属关系，后来也就不了了之了。记者的相关资料为我们明确了方向，我们决定将这条寻亲之路继续走下去！

7月30日　　　星期天　　　晴

一早5点半就起来了，来不及吃饭，三人就匆匆赶乘去火车站的班车。火车站里空空如也，一个颇为气派的车站却只不过是停留几分钟的小站，我对此颇有微词，何时才有直达武汉的列车呢？在候车厅，只能是傻傻等待，就像痴情男子等待那位不爱他的女孩。突然，广播中传来悦耳的"请您原谅"，我却丝毫没有怨言。

踏上广州—张家界的N710次列车，已经是姗姗来迟40多分钟了，火车票无情地标志着"无座"，我们的湘西之行也似乎被蒙上一层"出师不利"的阴影。庆幸的是旅客在我们常德站下了大半，车厢内的能见度极高。我很少坐火车，坐这样舒适的火车更是少之又少。于是我兴致颇好，一边领略着沿途的崇山峻岭，一边完善着既定的寻亲方案。尽管起得很早，我却丝毫没有睡意，一想到这次使命的神圣，反而更加有激情了！

送烈士回家

一个多小时后，我们在慈利站下了。慈利早先是属常德市直辖的，最近才被划分到了张家界。为了方便寻访，我想买一张当地的交通地图，可是问了好几家都没有，看来我们只有靠问了。在路人的指引下，我们找到了慈利县人民政府，希望在政府相关部门的帮助下获取一些线索。不巧的是星期天工作人员休息，连个值班的都没有。我们又来到民政局、档案馆，同样是闭门羹。在民政局时，还有一个小插曲，当我向门卫打听时，他却反问我是不是登记结婚的（只有结婚登记处周末上班）。有没有搞错？我一时哭笑不得，小三小四狂笑！

我们就在民政局附近找了个宾馆安顿下来了。与此同时，我们在当地的湘运汽车站问好了去目的地南山坪乡的班车，首发时间是10：00，末班是15：30，行程要1个多小时，留给我们寻亲的时间也较为紧迫。为此，我们做好了合理的时间安排，次日的活动规划得紧张而有序。

7月31日（农历七夕）　　　　　星期一　　　晴

早上，常德米粉是吃不上的，我也只能入乡随俗了。8点钟我们准时赶往民政局的优抚办公室，查询孟庆于的相关资料，一听说是找孟庆于的，工作人员立刻帮我们翻阅了一些档案。我寻思着，《潇湘晨报》的记者也应该来过了，他的媒体效应早就覆盖了当地，所以给我们的寻访带来了一定的便利。但是，仍然没有相关信息。另一位经验丰富的工作人员建议我们去当地乡政府查询，那里的资料应该要详细些。

紧接着我们又去了档案馆，昨天拜访过的那位阿姨一见到我们，就热情地招待我们，帮我们翻阅了许多烈士档案，然而记载的大都是抗美援朝中牺牲的烈士，仍没有我们要寻找的孟庆于。我推测，既然孟庆于的阵亡通知书还未寄出，肯定还未被追认为烈士，所以查阅这些资料也是徒劳的。

尽管寻访连连受挫，但我们仍信心十足。来不及停顿，我们又立刻赶往汽车站搭乘去南山坪的班车。一路上的风景的确养眼，突然听到小三惊呼"高粱"！小四诡笑着说"不愧是理科的"！我定睛一看，原来这里家家户户都种植着玉米。四围都是高山，我们就在其间飞驰，却迟迟找不到出口，我似乎又悟出几分生活哲理。汽车在河边停下来，居然是轮渡，我有几分慌神了，游泳还没学会呀！可是到了河边却四平八稳的，也就重拾心情欣赏这青山绿水了。过了河又行驶了一段，便是盘山公路，看着身旁的悬崖，也就没有心情感叹"无限风光"了。终于到了目的地，我悬着的心也落下来了。

我们找到了南山坪乡民政所的谭所长，在说明来意后，他热心地帮我们打电话找来了孟庆于的亲侄儿孟繁志。提到伯父，他显得有些激动，他说从小就听父亲（孟庆凤）念叨着外面有个当兵的兄弟，孟庆于当时只有十六七岁，在岩泊渡（轮渡的地方）挑水的时候被国民党当做壮丁抓走了，从此音信全无。后经80多岁的孟庆云老人证实也是如此，他和孟庆于年龄相仿，对当时的情形比较了解。孟庆云老人很健谈，给我们说了很多，我们一边倾听，一边做记录，生怕遗漏了重要细节。为了进一步证实其亲属关系，我们翻阅了他们的族谱，然而只记载了孟庆于的弟弟孟庆凤和妹妹孟庆元，孟庆于的名字却离奇地从族谱中消失了。没有任何相关文字记载，这无异于晴天霹雳，使我们的寻访陷入了僵局。

孟繁志的盛情难却，我们吃完农家饭后，所剩时间已不多。据了解，清明前夕太原方面曾经邀请他去扫墓，但却因囊中羞涩没能成行。大部分情况都符合资料，我们初步断定这位孟繁志就是我们要找的烈士家属。我们向他许诺会向学校如实反映，一定尽最大努力为烈士正名，为其家属争取优抚待遇。

匆匆告别，我们又赶回了县城。住回了宾馆，却没有心情吃饭。他们俩儿出去逛了，我独自一人看着电视，正巧中央12台播放有关太原战役寻亲活动的《红色档案》。于是，我对这次寻亲有了更理性的认识，确是一件"很有意义"的事！

8月1日　　　　星期二　　　晴

来不及留恋，来不及沉醉，由于小四的日程安排紧，我们又坐上了回家的汽车。一路的风景放眼而去，头脑中有关这次寻亲收集的资料不断地整合，我陷入了深深的思考之中。

为何孟庆于像在人间蒸发却流传在人们的谈论中？我只能这样推测，孟庆于50多年前被抓走后，一直没有消息，以至于撰写族谱的人将他遗忘漏掉了。此外，一个比较特殊的情况是，孟庆于原本是国民党的兵，后来投诚了。入伍时间是1949年3月，当时的年龄是20岁，这些都与孟庆云老人的口述基本相符。老人是不会欺骗我们的，尤其是在这民风淳朴的湘西。

送烈士回家

今天是八一建军节，然而这些烈士还未正名，心里的确不好受，希望有关部门早日将工作办到实处。届时无论这次寻亲能否成功，我们都会回复孟繁志大叔。如果可能的话，我会将这篇文章的稿费寄过去聊表心意。

此次寻亲的目的并不仅仅在于寻，更在于增强我们的爱国主义和社会责任意识。寻亲活动也锻炼了我们的社会实践能力，"读万卷书，行万里路"，正是如此！

太原战役纪实　苦战淖马

攻打淖马要塞的则是华野十五纵队。

淖马要塞位于太原城正东约3公里，它高出太原城300米左右，居高临下，主阵地由1到9号共十多个碉群组成。主阵地为7号炮碉，暗碉无数，都建在劈坡之上。7号炮碉有5层坡劈，一层比一层高，一层比一层陡峭，层与层之间都有交通壕，还布置有散兵线、倒打火点和集团工事。每个集团工事都是由钢筋混凝土与砖砌成的碉群。品字碉、老虎碉、梅花碉不一而足。碉群建在悬崖峭壁之上，外面还埋设了大量的地雷，挖壕沟、挂铁丝网、设鹿砦，防御严整。主阵地与其他阵地之间还有暗道相连，并设有许多伏地碉。阎锡山以其主力精锐部队第八总队另配有保安六团驻守淖马阵地；以三十师全部和四十师两个团组成机动兵团，随时增援和组织反扑；以城东黄家坟、剪子湾、大小东门、双塔寺等炮群作为火力支援。

淖马真可谓是铜墙铁壁，如同摆在陆上的一艘武装战舰。

10月26日，华北野战军第一兵团命令十五纵队配备野炮、榴弹炮13门和120、150厘米重炮6门攻取淖马，然后向靠近太原火车站的伞儿树发展。纵队又把攻克淖马主阵地的任务交给了四十三旅。

时任四十三旅旅长的苏鲁在回忆录中完整地记录了攻打主阵地的全过程。

他们接受任务之后，决定把主攻任务交给一二八团，一二九团二营助攻，一二七团为预备队。

10月26日下午2点整，总攻开始。一声令下，榴弹炮、野炮、迫击炮甚

第五章 接力，告慰烈士英魂

至小炮在内的各种炮火几乎在同一时间向淖马主阵地猛烈轰击，阎军的火力被完全压制。十五纵一二八团在火力掩护下，爆破组头前炸开缺口，突击组带头冲破敌阵，攻克了淖马以东的集团工事，全歼了守敌，为进攻主阵地打开了一条通道。

战士们在坑道内写标语。

敌人失去了一个侧翼阵地，便示威性地向一二八团进行报复，主阵地碉堡四面的射击孔，轻重机枪疯狂地扫射，火苗四溅，浑如蛇信；接着无数炮弹也从几个方向朝一二八团阵地飞来。顿时，弹片、弹头夹着碎砖烂石像冰雹大雨似的撒落下来。

部队是隐蔽在工事里被动挨打呢，还是暂时撤下来再待机前进呢？

进攻之前，徐向前司令员要求各进攻部队"迅速、勇猛、一次成功"，不能给敌以喘息机会。

于是，他们乘敌人指挥思想混乱之机，立即向主阵地发起进攻。十五纵集中所有炮火又一起转向淖马主阵地轰击，在炮火掩护下，部队跳出堑壕向主阵地冲去，很快占领了阎军第一层峭壁工事，在交通壕和敌碉前同阎守军逐段逐碉进行着激烈争夺。

突击组长李全邦率领着突击组甩掉了敌人的纠缠，又勇猛地向第二层峭壁的交通壕前进。敌人失掉了两层峭壁工事后更加恐慌，凭着居高临下的有利地形，利用上一层峭壁的防御设施，拼命使用飞雷、手榴弹构成一道火力拦阻线，把解放军进攻部队压制在两层峭壁下。

敌我双方打得异常艰苦，主阵地失守之后，阎军"执法队"暴跳如雷，将放弃阵地的八总队第一团二营营长姜啸林等20多人当场枪毙。在"执法队"的威逼之下，阎军像一群亡命之徒一样死守阵地。十五纵进攻部队在连续进攻中遭受了较大的伤亡，班、排组织有的已被打乱，又因运输道路被阎军步炮火力严密封锁，弹药送不上去，攻坚指战员们吃不上饭，喝不上

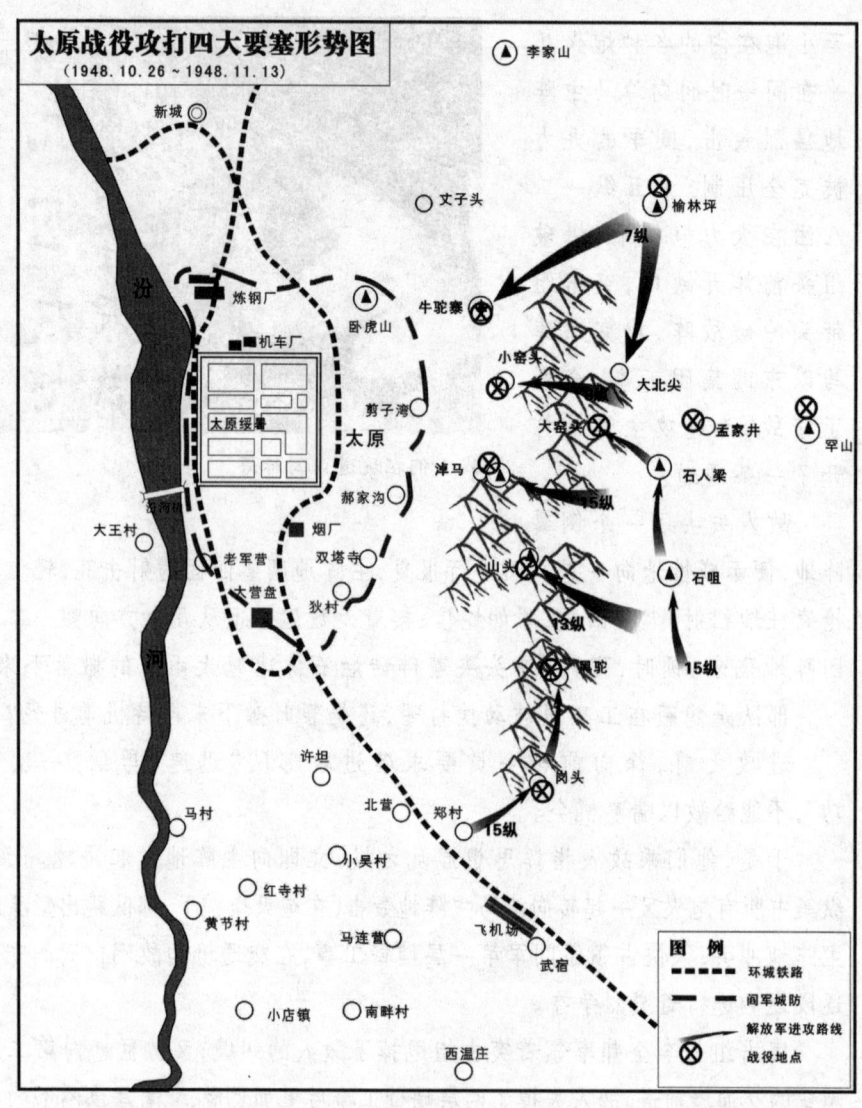

水,体力消耗很大,再加上地形有利于敌,不利于我,继续进攻已相当困难,虽然趁夜间又组织了几次进攻,但均未能奏效。

10月27日拂晓前,战斗暂时停下来。苏鲁亲自跑到前沿阵地,看到一二八团的主要领导都负了伤,在一线阵地上只剩下三营教导员指挥着13名战士。后面还有配合主攻的一二九团一个不完整的连。他仔细查看了每一个干部战士,有的衣服被弹片撕破,脸上泥土斑斑,有的头发眉毛都被烧焦了,

第五章 接力，告慰烈士英魂

有的负了伤，用纱布包扎着，战斗打得多么残酷啊！战士们确实应该休息一下了。

苏鲁忽然想：我们疲累，敌人更疲累，我们困难，敌人更困难。这正是战斗暂时停下来的主要原因所在，如果立即重新发起攻击，一定会拿下淖马来。于是，他向一二八团的几位领导讲了自己的想法，团干部们都很赞成。他对同志们说："同志们！你们打得好，你们是人民的功臣，是英雄！现在你们马上去休息，我把一团（即一二七团）调上来接替你们，向淖马主阵地进攻。"没想到这些经过了昼夜苦战的战士们，经过饥寒、困苦、流血、牺牲，决心和信心仍在，听到要换下他们去休息，几乎是异口同声地说："不！旅长！我们还要打，不打下淖马，决不下战场！"他们又再三恳求："旅长，晋中战役你带领我们坚守董村，打退了在大炮装甲车掩护下六倍于我们的敌人，难道这次一个碉堡我们就攻不下来吗？旅长，请你相信我们！"

攻击淖马主阵地的信号重又发出。

攻坚战又开始了，十五纵的轻重武器振作精神都怒吼起来，成千发炮弹划破黎明的天空，倾泻到了淖马主阵地上。一二八团又稍作了组织调整和突击准备，一二九团一个连也跟了上来。在火力掩护下，几个爆破小组连续摧毁了敌人的集团工事，并且分三层爆破了主阵地的悬崖绝壁。战士们迎着初升的太阳像决了堤的洪水一样，杀声震天地冲上了主阵地，左冲右杀，和敢于顽抗的敌人进行了白刃格斗，终于将阎军第八总队一个团和保安六团全部消灭，把胜利的旗帜插上了淖马主阵地。这时已是10月27日早晨6点钟。之后，其他兄弟旅、团也相继在几天之内攻克了淖马周围的1至9号阵地。

淖马离太原城仅有五六里地，是太原城的最后屏障。淖马得手，不光远射程炮，就是普通山炮也可以打到太原城内；前面是太原盆地，步兵居高临下，乘势踏进平原，多路展开，就可以直捣太原。这对阎军的威胁太大了。攻下淖马主阵地，并不意味着战斗结束，阎军很快会组织反扑，必须马上部署兵力，做好防守准备。随后，调一二七团接防，整修工事，补充弹药，准备迎接更残酷的固守战斗。

果然，从27日上午开始，阎军连续两天对淖马主阵地进行了19次的疯狂反扑。这一次，阎锡山投入第二七九师一个团，独立八总队大部共4000余人，来势汹汹，因为主攻部队准备充分，指挥得当，在给敌以大量杀伤后，打退

送烈士回家

了敌人反扑。

离淖马主阵地不远的淖马西岭上有一炮碉,对一二七团固守阵地构成了极大的威胁。11月10日,一二七团又对该炮碉发起了攻击,激战5小时占领了敌碉。在炮碉阵地上又和敌人展开无数次激烈争夺。几千名敌人在督战队的枪口威逼下,采用"人海战术"向我阵地涌来,前面的倒下了,后面的又往上涌,曾先后4次冲上了我们的阵地。在极端危急困难的情况下,各级指挥员带领战士们与敌人顽强厮杀,子弹打光了就拼刺刀,手榴弹打没了,就用石头砸,做工事用的铁锹、镐头也都成了战士们手中的武器。他们一直坚守了24个小时,粉碎了阎军连续不断昼夜不停的无数次疯狂反扑,毙敌1000多人,伤敌无法计算。整个淖马要塞牢牢地控制在解放军手中。阎军第八总队司令赵瑞在解放军政治争取之下,率部500余人阵前起义,为最后夺取淖马要塞立了大功。

我军攻守淖马要塞的战斗,前后经历了18天,攻得勇猛,守得顽强,攻就攻得下,守就守得住。据统计,在淖马阵地上,阎军八总队一部被消灭,一部起义,又消灭1个总队,3个半营,6个整连。

第六章

魂兮归来

保存了60年的讨饭篮

从2005年11月开始找到第一位烈士亲属开始，好消息陆陆续续从湖北、湖南、安徽、河北、四川、贵州等地汇总至山西省博物馆附近那间阴冷潮湿的办公室里，可是这间逼仄阴暗的办公室内的气氛却始终是热闹的、热烈的，甚至是忙碌的。忙碌得有些混乱。要知道，那是一间还不足10平方米的小屋。

越来越多的媒体聚焦王艾甫发起的为烈士寻亲活动，越来越多的人自愿加入到为烈士寻亲的行列中来。王艾甫似乎是在一夜之间变成了"名人"。可是，只有他和他周围的同事和亲人才明白这一事件是怎样把老汉推上一条无法回头的路上。他走在这条路上，义无反顾。

从各地传来的消息最后几乎都要汇总到他这里。这个程序说起来很简单，但做起来，对他这样一位退休了的老人，一位普通的太原市民而言，里面要费尽周章，甚至还有许多难以言说的苦衷。

送烈士回家

先找出原始资料，核实实际情况和资料记载；然后按阵亡通知书和烈士登记册所记信息找到烈士遗骨安放地；最后，再与太原市民政局取得联系，为家属办理相关烈士证明手续。当然，还有接待来访和祭扫墓地的烈士家属。

别的不说，单说查阅、核对原始记载，整理那84份未发出的阵亡通知书和登记着866名烈士姓名的登记册，当初，王艾甫动用家里所有的亲属前来帮忙，费了很大力气才将这些资料分门别类造表完毕，应该说，查阅起来是非常方便的。可是，自从许多省份的报纸和电视台将王艾甫所在的太原市收藏协会的电话公布之后，一个电话过来，人家在那里焦急地等待着，要在三五分钟之间将要找的人翻腾出来，那种忙乱劲儿就可想而知了。

王艾甫简直穷于应付，可又怎能敷衍塞责？身边尽管有几个工作人员，但是一个民间协会，无编无制，说散伙就散伙了，能把这些人聚拢到一块，全凭大家共同的收藏爱好和共同的志趣，最忙的除了他，还是数他。

这时候有人说，应该搞一台电脑，把这些资料录入Excel里做一个数据库，查询起来特别方便。

一个年近七十的人，电脑对他已是畏途，Excel、数据库更是天方夜谭，一辈子何曾想过这些洋玩意儿？

更重要的，为烈士寻亲，寻找烈士安葬地，说起来是民间行为，落实到王艾甫这里，那就是自己花钱的事。此前此后，王艾甫已经贴进不少钱，仅电话费一项，一个月就是300多元。别人说起来，他还做着文物生意，那可是大生意，可在行的人都知道，所谓生意者，不过是给自己收藏找一个理由，挂一个幌子而已，出多进少，300多元，对一个退休的老者而言，就是一项不小的支出。长期循规蹈矩的公务员生涯，还给他留下一个毛病，抓起电话就打，一个长途拨过去，10分钟、20分钟就出去了。别人说他是人老话多，他说，不信你试试，这种事摊在身上，不给人家一个明确的答复，人家能不着急？

买电脑建立数据库立即列入议事日程，还有，要添置一些其他办公设备。这是一笔不小的开支。

谁都想不到，过了几天，这些东西居然都买回来了。

他贷了款。贷了7万元。用自己的单元楼房作了抵押。

第六章 魂兮归来

家人、朋友们知道之后，都目瞪口呆！这不是自断后路嘛！老汉在太原工作了这么长时间，所有的财产，除了自己认为那些宝贝的藏品之外，就只剩下这一处不动产。谈起贷款这一节，王艾甫没有多说，我猜想，这肯定是他一意孤行瞒着家人办的。因为，早几年间，他承包了太原市文物旧货市场的经营，说是一个承包者，起早下夜打扫卫生什么都干，一家老少，祖孙三代早就搬离原住的单元楼，在市场附近租了一间古旧民宅住下。

这里头有一个空间差可打。我虽然没有点破，稍稍提了一下，王艾甫马上像孩子一样脸红了。他说，哪能呢？夫妻双方都签字才能办下来呀！

他岔开话题，讲述了一个竹篮的故事。你说，我能停下来吗？

在场的人都泪眼婆娑。

2006年4月的一天，王艾甫像往常一样，被守候电话的小李叫到办公室——是有寻亲电话。电话是太原市一位姓雷的年轻人打过来的，名叫雷计晓，是太原市园林局的司机。

他说，从电视台公布的烈士名单里看到了他的外祖父名字，他叫霍小山，山西省代县铁匠营村人。

其时，山西电视台午间新闻、太原电视台"党建"栏目为烈士寻亲活动进行追踪报道。连续报道在社会上产生了非常大的反响，同时，开通热线电话，逐一公布山西籍烈士名单。

王艾甫在866名烈士登记册中找到了这位烈士的名字：

霍小三，部别：六十八军二〇四师六一一团；职别：排长；年龄：31岁；籍贯：山西省山阴县一区王二沟村；入伍时间：1944年2月；入党时间：1944年1月；安葬地：阳曲县新城东94号。

再一查，此前，该烈士墓地已在双塔烈士陵园被找到。

可是，寻亲者所提供的资料与原始记录有两处不同：一、名录上登记烈士为"霍小三"，不是"霍小山"；二、烈士的籍贯为山西省山阴县一区王二沟村，并不是寻亲者所称属于山西代县。

王艾甫如实相告。因为资料不相符，无法确认这名烈士就是寻亲者要找的人。

送烈士回家

对方失望地挂了电话,王艾甫也很歉疚,他知道,对方比他更加失望。

过了10多分钟,电话再一次响起,对方兴奋地告诉他说:刚才,他打电话给自己的哥哥,哥哥告诉他说,他的外祖父家乡确实为王二沟村,王二沟、铁匠营,两村相隔不到3公里路程,是他家所在地。而王二沟村和铁匠营村在20世纪50年代前,确实属于山阴县,后来划归代县。

王艾甫从电话里得知,霍小山的女儿霍玉花现年71岁,仍然健在,心里掩饰不住一阵激动,可以说,这是他自己寻亲以来碰到的第一位烈士直系亲属。在收藏家那里,"唯一"和"第一"是两个重量级的词汇。

但没有贸然肯定,拿出自己收藏的老地图来,一查,果然,王二沟村和铁匠营村在过去确实属于山西省山阴县。他把这个消息给对方传过去,同时告诉他说,霍小山烈士的墓地在数月前已经找到,就在太原市双塔烈士陵园。

对方的反应大出王艾甫的意料,对方那边突然像哑了一样,长久的沉默。王艾甫"喂喂"了几次,那边轻轻的抽泣声音清晰可辨。电话那一头的雷师傅轻轻地说了声"谢谢王老师",就语不成声了。

王艾甫颓然坐了下来,他意识到,这名烈士的背后一定隐藏着一段令人动容的故事,他早有了思想准备,准备迎接这样一次来自历史深处的情感冲击。

2006年6月,河北为烈士寻亲的《燕赵晚报》组织烈士亲属

霍小山烈士的墓地。

来太原祭奠扫墓,王艾甫立即通知雷师傅,说有这样一个活动,他们亲属愿不愿意顺便参加一下。雷师傅非常痛快地答应了。

现在,雷计晓和王艾甫简直变成了忘年交,有事没事总往王艾甫那里跑,对王艾甫的感激他一两句话说不清楚。

大雪封山，王艾甫前往霍小山烈士的家乡送达阵亡通知书。

同在一个太原城，而且自己还是园林局的职工，因为业务关系跟烈士陵园的关系也非同一般，不知道来过多少次，可是，多少年，受母亲之托寻找外祖父的他，居然就没有找到外祖父的墓地，是这样一个素昧平生的老人把自己的亲人那样清晰地装在心里。这份情谊确应铭心刻骨。

王艾甫帮助他们在民政部门办理了相关手续，代县县委、县政府马上为烈士补办了烈士证书，同时也落实了烈士女儿霍玉花的烈属待遇。

又出乎王艾甫意料，雷计晓打电话说，他母亲霍玉花要亲自来太原祭拜自己的父亲。要知道，霍玉花60多年来为了寻找父亲，饱经离乱，这位71岁的老太太的健康状态允许不允许长途奔波？王艾甫

为霍小山烈士补发的烈士证明书。

送烈士回家

出村的盘山公路。霍玉花从早晨4点钟起床，走50多里才到达有公共汽车停靠的地方。

的心已经悬了起来。

老太太真的来了。王艾甫接待老太太的时候吃了一惊。为了来太原，霍玉花挪动一双小脚，早晨4点多起床上路，硬是走了50多里的山路，从村里赶到镇上，才乘上前往太原

王艾甫与烈士女儿一家（左起：王艾甫、霍玉花、霍玉花丈夫、霍玉花小儿子雷计晓）。

的公共汽车。一路走来，毫无倦色，心神不宁，眼睛不住地向外张望，仿佛是听到自己父亲的脚步声似的。王艾甫看见霍玉花木然无语的脸，真切地感受到"望眼欲穿"四个字的含义。

心神不宁，不断向外张望谛听，这样的神态霍玉花保持了60年！

2006年6月30日，河北烈士寻亲团一行10多人如期抵并，太原市民政局领导主持了简短的祭拜仪式，因为烈士墓地分散在四大烈士陵园，只能分组祭扫。王艾甫恰好分到霍玉花所在的双塔烈士陵园祭拜组。

霍玉花拿到父亲的阵亡通知书，60年的思念仿佛在一瞬间被冻结了一样，不知道说什么好。

当王艾甫和电视台记者调集车辆安排大家前往祭扫目的地的时候，霍玉花早已急不可待，催促儿子驾上自家的车已经出发了。王艾甫还担心老太太找不到烈士的墓地，一行人坐车马上就追。

烈士陵园的烈士坟茔纵横交错，别说对一个从未来过太原的山村老太太，就是对陵园布置十分熟悉的人，要在迷宫一样的墓地找到自己的亲人，也实在得费一番工夫。

奇迹！王艾甫事后说起来都感叹这样的奇迹。

当他们一行从屁股后撵上来的时候，只见霍玉花乘坐的小面包车已经开进了陵园，车子穿过长长的甬道，一座座墓碑在眼前掠过，最后车子减速，车子稳稳停下。

车门拉开处，脚边就是霍小山烈士的坟茔。

老太太脚一落地，依然木着脸，长跪下去，三束鲜花款款放定，四个长头磕过，老太太一声长啸：哎——走啦！

宫商角徵羽，阴阳上去入，霍玉花长歌当哭。

送烈士回家

这是来送父亲的。

在农村的旧俗里,如果故去的双亲听不到女儿这一声哭喊,就断不了阳间的牵念,就过不了奈何桥,就是一个野鬼。

想念了60年,寻找了60年,埋怨了60年的父亲霍小山,变成了眼前一块光洁的墓碑,他那英武的身躯此刻就在自己膝下那块不足一平方米的泥土里。

60年的思念,60年的血泪,60年的委屈和刻骨哀痛顷刻之间喷涌而出!时间的重量在这一刻被完完全全地消解了,60年的时光一下子浓缩成一阵微不足道的风。

父女终于团聚。父亲终于可以安心上路了。

在场的所有记者、随行工作人员,还有王艾甫,都陪着哽咽。

2006年11月,随上海卫视"真情·和谐2006"拍摄队伍,王艾甫来到了雁门关外烈士的家乡。

太行山深处的烈士故里——代县铁匠营村。

第六章　魂兮归来

霍玉花向儿子们展示她保存了60年的讨饭篮。

　　铁匠营村，地处太行山北麓，周边大山嵯峨，峰燧相属，不远处的山下，有一处汉大墓群落，这里长眠着1000多年前为守卫边关而战死沙场的数万军士。这铁匠营，也是冷兵器时代的一处军工厂，为军队打造武器箭镞。代州故郡，雁门古关，早在战国时代就是军事重镇，赵国李牧曾在此筑城守卫，汉代卫青踏马雁门，宋代杨家将一门忠烈半家身死，这铁匠营曾是哪一时期的军工营寨已经不得而知。而今天，金戈销蚀，刁斗空悬，关寨尽毁，它只是大山深处一个十几户人家的小山村。

　　去往铁匠营村的道路崎岖难行，因为是冬天，河水涌上路面，结了厚厚一层白冰，一行人几次下来推着车才勉强通过。远远地看见铁匠营村，山洼里，霍玉花家的院落隐隐可见。院子没有围墙，一派寒素。

　　好在烈士证书被精心装框后挂在墙上，给这个清寒已久的屋子增添了一些庄重。

　　霍小山在抗战的时候就是村干部，率领民兵配合大部队在山里打游击，1944年参加八路军。其时，霍小山上有老，下有小，是一个有两个女孩的父亲。霍玉花那时候还小，自从1943年之后，就再也没有见到过父亲，她只知道父亲打日本去了。抗战胜利了，父亲没有回来。后来，解放战争开始了，父亲还没有回来，听说是打太原去了。再后来……

送烈士回家

霍小山是家里唯一的男丁，失去一个男人的家，那种日月可想而知的艰难。霍小山年迈的双亲在无望的期盼中相继去世，妻子拉扯着一双不谙世事的女儿艰难度日，实在没办法，母女三人一边找寻霍小山的下落，一边开始讨饭。雁门关外，八月飞雪，母女三人饥一顿饱一顿，有一顿没一顿，白天讨饭，黑夜只能蜷缩在一种叫做"磕廊"的地方，数着星星度过寒夜，那种地方平常里只是牧羊人临时圈羊的地方。没办法，母亲只好忍痛将妹妹送了人。

母女俩拉扯着，这一讨饭就讨了整整十年。

母亲死在讨饭的路上。

母亲临死的时候，交给女儿的唯一财产，仅是一只用柳条编的讨饭篮子。霍玉花从放杂物的厢房里把这只篮子找了出来，让王艾甫他们看。

王艾甫说，这么多年了，你保存这个东西干什么？

霍玉花眼里透出一种幽怨，霍玉花说，亲老子这生不见人，死不见尸，不知道哪去了。有一段时间就一直在猜想，我老子肯定是坏了良心在外头过上好日月不要我们母女两个了。我就是想有朝一日见到他，让他看看他走之后，我们母女俩过的是什么日子，过得可怜不！

霍玉花说，没想到哇，他在1949年就牺牲了。我是冤枉了父亲。

她将篮子在烈士证书前晃了晃，仿佛要打捞起什么。篮子空空如也。

这一只保存了60多年的空篮子，装了如此多的血和泪，实在超乎王艾甫的想象，也是这一只篮子，一次又一次撞击着他的灵魂。不，是在场的所有人的心，任何一个人看到这一只空篮子，心都会像被铁锥子轻轻划过一样。

此行，王艾甫还找到了烈士霍小山生前的两位战友。战友知道霍小山牺牲在太原的时候，不禁长长叹息。老人说，我感到光荣啊，但也心疼，当年，我们打山阴的时候，死了三个战友，我们营长抱着尸首不住地哭。

如此逝者，如斯生者，一瞬间碰面，生命的意义格外凸显出来。

"编外"烈士

2006年1月，中央电视台《共同关注》栏目播出王艾甫寻亲事迹不久，他接到两个寻亲电话。这两个寻亲者要寻找的烈士名字，并不在他手头的名单里。王艾甫戏称之为"编外"烈士。

先一个,来自山西定襄县。

定襄县郭茂根来电话,说看了电视报道之后,知道王艾甫在做这么一件了不得的事情,很感动,想求王老师帮他找一下他大伯的下落,他大伯也是在打太原之后没有音信的。

他的大伯,叫做"郭培铸"。王艾甫脑子一过,印象里好像有过这样一个名字,但不确切。是哪个烈士陵园有过这样一个名字?想了想,没想起来。他答应先核实一下。

时近腊月,天降大雪,王艾甫和王致甫、张宝珠三个人再一次打出租车跑开了,几个月来,他对各陵园的情况已经了如指掌,可七个陵园跑下来,整整两天过去了。

最后,找到了。

在郑村烈士陵园里,确有一块"郭培绪"的烈士墓碑。这样的阴错阳差早已经见惯不惊了,"铸"、"绪"两个字连笔草写,从字形上确实很像。在墓碑上除了名字之外,还有部队番号,再没有其他任何信息。

郭茂根听到这个消息,多少有些失望,失望得有些烦躁。从话音里听得出,这是一个性子急躁的人。王艾甫实在是太理解寻亲者的心情了,这种情绪之下肯定隐藏着一个家族的悲喜。他安慰郭茂根,如果烈士陵园里的这个"郭培绪"确是他大伯郭培铸,那么就可以肯定郭培铸一定是烈士无疑,当地的民政部门和史志办的英烈谱里会有记载。他建议郭茂根不妨先到当地民政部门查询一下。

郭茂根通过同学找关系在民政部门查询,查询的过程非常顺利,顺利得让郭茂根简直目瞪口呆!英烈谱上不仅详细记载着郭培铸烈士牺牲的确切地址与埋葬地,而且,在档案柜的一个夹子里,烈士郭培铸的阵亡通知书原封不动地保存在那里,完好无损。它就那样在柜子里待了整整57年!

更加意外的是,定襄县烈士陵园镌刻有烈士名字的纪念碑上,赫然刻着郭培铸(原文为"郭培柱")的名字!

郭茂根真是百感交集。这份57年才现身的阵亡通知书实在是让他欲哭无泪。

阵亡通知书上记载着:

送烈士回家

烈士郭培铸生前所在的五六二团二营六连于1949年4月24日攻上太原首义门，第一次撕开太原城，两小时之后，太原战役结束。

郭培铸，部别：十九兵团一八八师五六二团二营六连；职别：战士；年龄：25岁；籍贯：山西省丁乡县音王村；牺牲时间：1949年4月24日；安葬地：太原市狄村北。

阵亡通知书上，还有对郭培铸烈士的简短评语，作战勇敢，堪为楷模，在登城作战中，头部受伤牺牲，云云。

他牺牲的那一天，正是太原战役结束的那一天。

阵亡通知书于1949年5月1日由一八八师政治部发往烈士家乡，但是，这个家乡记载由于笔误，记得子虚乌有，"定襄"误为"丁乡"，而定襄县根本没有这个村子。郭茂根了解到，这份通知书先是发往与通知书上相近的东王村，未果，又发往南王村，也没有郭培铸这么个人。

两个村子距离烈士家乡郑村仅仅7公里之遥。

这7公里走了整整57年。

在阵亡通知书辗转传递的过程中,郭培铸烈士家里正在艰难度日。郭茂根的祖父瘫痪在床,父亲年纪尚幼,郭培铸的妻子带着一双儿女。家里没有顶梁柱,老的老,幼的幼,残的残,病的病,郭培铸的妻子只好将十几岁的女儿童养出去。1949年的腊月,承受不了生活重压的祖母一时想不开,悬梁自尽。1950年的春天,祖父思子心切,一命呜呼。郭培铸唯一的根苗养活不过,只好送人,妻子也不辞而别,远嫁他乡。

郭茂根拿着57年才迟迟现身的阵亡通知书,一直在假设:假如通知书及时送达呢?

及时送达,亲人们哪里会有这样的遭际?岁月尽管艰难,但至少可以有一个活下去的理由,至少可以有一个精神支柱!

郭茂根带着阵亡通知书找到了王艾甫,王艾甫一看阵亡通知书,上面的笔迹清晰可辨,"郭培铸"的那个"铸"字果然写得像极了"绪"字,难怪有这样的误差。而且部队番号也完全吻合。

可以肯定,又找到一位烈士的亲属。

他带着郭茂根来到郑村烈士陵园。

从太原市收藏协会出发,一路南行,郭茂根才体会到王艾甫为寻找烈士墓地所付出的心血。从出发地到目的地,足足有20公里的路程。

郑村烈士陵园位于太原市北营西峰街北侧。因建于郑村境内而名。陵园坐北朝南,占地9.24万平方米,建筑面积8500平方米。陵园始建于1960年,园中立纪念碑,上有毛泽东手书:死难烈士万岁。据说,这是毛泽东当年专门为郑村烈士陵

王艾甫前往山西省定襄县探望烈士的弟弟(中坐者)。图/孔进

送烈士回家

烈士郭培铸还有一个"龙凤胎"孪生妹妹健在。 图/孔进

园题写的。碑前有可容4000余人纪念的广场，纪念碑后中轴线两侧为墓区，埋葬烈士1251名，后部建圆形冢14座，埋葬无名遗骨280名，均为解放太原时牺牲的革命烈士。

苦苦等待了57年的大伯，终于有了着落。

郭茂根是一个有心人，他询问军史专家，同时通过各种渠道找到了当年伯父所在连队的副连长。从他们那里得知，当年他伯父参加的是十九兵团杨得志将军麾下的部队，这支部队曾经参加过著名的平津战役、石门（解放石家庄）战役，后转而打到太原。而郭培铸烈士所在的一八八师五六二团二营六连是太原战役之后中央军委通令嘉奖的十九兵团六十三军两个连队之一，被命名为"猛虎连"。

郭培铸烈士是连云梯队战士，由平津而石门，由石门而太原，郭培铸烈士随着大部队攻城夺寨，一路打到太原首义门下，他肩上扛着的云梯不知多少次搭上一座座固若金汤的城墙，然而在1949年4月24日，他扛着红旗登上太原首义门城楼之后，不幸头部中弹身亡。

战友们说，郭培铸性子急，刚刚消灭城门楼上的守敌，头顶还听得到子弹在呼啸，他就要将旗杆立起来，结果牺牲在太原战役最后的战斗中。他牺牲后不到两个小时，山西省都督府被攻克，守将王靖国、孙楚被俘。炮声顿息，硝烟散尽，太原解放。

王艾甫找出太原首义门被解放大军攻克的历史老照片，插在城头的红旗上，虽然看不清楚部队的番号，但是相关资料显示，攻上首义门的两个连队中，其中一个就是五六二团六连，正是郭培铸烈士所在的连队。照片模糊，那上面留下郭培铸烈士的身影了吗？那个年仅25岁，像猛虎一样勇猛的身影。

接下来的日子，是漫长的奔波。

郭茂根一次一次给他打电话汇报烈士荣誉的落实问题，王艾甫也一次一次打电话过去，传过来的消息总不能让人乐观。实名实姓，有阵亡通知书，有英烈谱的记载，怎么落实起来这么难？

烈士郭培铸的侄子终于找到了伯伯的墓地。

王艾甫仍然不停地安慰郭茂根，要沉住气，57年都等了，怎么还等不了几天？不要着急，民政部门也有民政部门的难处。也难怪，通知书上的烈士籍贯就是个问题，东王村、南王村没有姓郭的，而有郭培铸这个人的村子又与通知书上不符，民政部门多方查找取证，都不敢肯定下来。这中间，郭茂根的老父亲，也就是烈士的弟弟听到哥哥的消息之后，亲自到间壁街上一位知情人那里取证，在回来的路上，已经80多岁的老人心里抑制不住激动，在街上硬硬地摔了一跤，导致股骨骨折。郭茂根为落实伯父烈士身份还没有着落，又陪父亲到太原做手术，花了2万多元。

经过一番周折，当地民政部门确认了郭培铸烈士的身份。

王艾甫深深感到，相对于落实烈属待遇与确认烈士身份而言，寻找烈士亲属远远不算什么难事，难就难在送达阵亡通知书的时候，把那一份本该属

郭茂根代表全家向王艾甫鞠躬行礼。　图 / 孔进

送烈士回家

于烈士家属的荣誉送回去。

这种艰难还不止郭茂根一例，这是后话。

2006年的正月十四，郭茂根驱车带着妻子和女儿来太原为伯父扫墓。这一天，整个中国北部气温骤降，雨雪霏霏，正月十五雪打灯，本来是丰年吉兆，可这一吉兆把郭茂根一家的扫墓计划也给取消了。天上雨雪，地下流水，通往郑村烈士陵园的土路泥泞不堪，他的车子在半道上彻底陷在泥坑里。路上有几个村里的小伙子，专门等在路边看笑话，等着车主叫他们推车，挣的就是这个倒霉钱。

郭茂根一番讨价还价，给每个小伙子60元钱，人家才答应把他的车子从泥坑里推出来。他想起了王艾甫，同是一座太原城，年纪相差那么多，做人的品质也差下一大截。想想2006年1月到10月间，王艾甫为确认郭培铸烈士身份，不辞辛劳两上郑村寻找墓地；郭茂根前来扫墓，因为不是直系亲属得不到民政部门的接待，是王艾甫把他接到自己的妹妹家住下；再想想那一次祭扫仪式完毕，来自各地的记者、烈士亲属，都是王艾甫一个人开饭，早午晚的流水席，每天1000元下不来的。你一个退休的老汉总是这样贴钱能贴得起？

郭茂根曾经想把饭钱给王老师留下，可是王老师拒绝了。王老师说了，你不用感谢我，是我得感谢你们。

天知道，他感谢我们什么？

望着天上落下的雪花，雪花落在脸上就成了一片一片的冰凉，郭茂根心里偏偏热了。这一年来，他找到了光荣的伯父，更重要的，遇到了像王艾甫这样好的好人！人活一辈子，有这样的经历，有天大的委屈还能说什么？

2006年1月，王艾甫又开始计划实施一个大的主题行动，这个行动跟他的收藏毫无关系，或者说，是为烈士寻亲活动逼着老汉做了这么一件了不起的事情。

每一次传来找到烈士亲属的消息，王艾甫都要千方百计寻找烈士的安葬地，确确实实找到阵亡通知书上烈士的墓地。因为，如果仅仅将死讯送达烈士亲人那里，没有烈士遗骨的下落，等于没有什么意义。或者，意义也将折扣一半。

太原市除了牛驼寨、双塔、黄陂、阳曲、清徐烈士陵园之外，还有周

第六章 魂兮归来

边各县区设立的小型烈士陵园,而且,1949年之后国家建设不断征地,烈士陵园几经搬迁,原始记录上的安葬地几经核实考证才最终得以落实。有时候,为了找寻一位烈士的墓地,王艾甫要跑遍大大小小若干个烈士陵园才能最后落实,有的烈士陵园年久失修,杂草丛生,墙垣倒塌;有的烈士陵园人迹罕至,一派荒凉。有好几次,王艾甫甚至得翻墙而入,在一人多高的蒿草间寻寻觅觅,而且常常是驱车百里,最后空手而归。

最后,他发愿要亲自绘制一幅烈士陵园烈士墓地坐标图,将烈士的墓地用图标的方式一一画出来,以方便找寻。要知道,七大烈士陵园共有3000多座烈士墓地,王艾甫都一一标注出来。

工程刚刚启动,这个工程的效果马上显现出来。

2006年9月底,王艾甫又接到一个寻亲者的电话。是寻找自己父亲的。

仍然是出于收藏爱好者的职业敏感,王艾甫心里头一振。自从为烈士寻亲以来,亲生儿子寻找自己父亲的例子少之又少。况且,这是自己亲自接待的第一位。电话来自广东佛山市。王艾甫心里头又是一振,未发出的84份阵亡通知书上那两名广东籍的烈士,莫非有了眉目?

然而,不是。寻亲者名叫祁震,寻找的烈士名叫祁克。

84份阵亡通知书未闻其名,866名烈士登记册里也没录有名讳。

又是一位"编外"烈士。

但祁克的名字怎么又是这么熟悉?王艾甫想了半天,知道了,这个名字出现在牛驼寨烈士陵园。但是,祁震提供的烈士信息与墓地记载有些离谱,王艾甫不敢肯定这个祁克是不是他要找的祁克。

一查电脑,电脑上立刻显示出祁克烈士的具体信息。

然而,墓碑上只有祁克烈士的姓名。根据烈士儿子提供的信息,这位祁克是一位级别不低的军官才对,怎么会只有姓名?莫非是重名?

他打电话通知祁震,说明了太原这边寻找的结果,希望他核实一下。

这位祁克烈士果然是一位了不得的英雄,在东江纵队纪念馆里和东江纵队的相关史料中有如下记载:

祁瑞和(1918—1948),原名祁和,又名祁克,东莞犁川人。1933年就读于广州中大附中,1936年离校,参加东北军张学良的学生队,

送烈士回家

同年10月,加入中国共产党;西安事变后,到延安"抗大"和中央党校学习。不久被派回东莞,先后任县委组织部干事、中心县委特派员、清塘区委书记、东莞模范壮丁队分队长、虎门中队(第一中队)副中队长、东江纵队司令部教育科长、战教科长等职。

祁瑞和所在的连队有不少战士是不识字的,他抓紧战斗的间隙时间,自编《连队支部工作纲要》和《连队党员须知》,为战士们上文化课和党课。1943年底,他参加了东江纵队举办的训练班学习后,留在司令部训练科任军训教员。他凭自己在延安时见过三角刺刀的印象,把它仿造出来,使东纵主力部队都配上了三角刺刀。1944年在沙井的战斗中,我军以白刃肉搏战斗解决了伪军一个中队的兵力,创造了东纵以一个中队不发一枪而歼灭日伪一个中队的典型战例。

1945年1月,祁瑞和调东纵第三支队任参谋长。同年4月,他参加指挥的第三支队和第五支队在博罗、龙门交界处,同国民党顽军作战,连续攻破敌人的公庄、柏塘等据点,炸毁杨枚水碉堡,敌人伤亡惨重,退出博罗县境,而东纵司令部也顺利地移驻罗浮山。1946年6月东纵北撤后,祁瑞和到华东军大学习。

1948年春,调华北军大教育部任战术教员。同年10月,不幸牺牲在太原战役的前沿阵地上。

祁克烈士所在的晋察冀军区军政大学(即华北军大)在1949年1月即获悉烈士牺牲在前线的消息,学校为他举行了隆重的追悼大会,同时通知了烈士的妻子。1948年10月,祁克和另外一位战友作为军事战术教员被派往太原战役前线,他们的任务是在战役中总结具体战例,为军大编写教材搜集材料。1948年11月17日,在太原战役第一阶段惨烈的要塞攻坚战中,他和战友前往小窑头战场,不料遭敌机轰炸,壮烈牺牲。

祁克牺牲之后,徐向前特别嘱咐一定要将东江纵队的战友保护好,安全送回去。然而,尽管记载详细,烈士到底安葬在什么地方,一直没有任何具体信息。祁克烈士的亲人、原东江纵队和烈士的家乡一直有一个愿望,要找到烈士的安葬地。近60年来,烈士的妻子和他的战友都通过组织渠道,致函山西省有关部门。

答复是没有找到。

这么多年来,对寻找到父亲的墓地,祁震和他的母亲,包括祁克烈士生前的战友都不抱什么希望,因为有政府有关部门的答复在那里放着,还能有什么希望?

一直到2004年,烈士的妻子叶萍去世,这位资格很老的老革命最终没能和丈夫葬在一起。

是王艾甫为太原战役烈士寻找亲人的电视报道再一次勾起了儿子寻找父亲下落的念头。那一天,祁震在家里看电视,凤凰卫视中文台《冷暖人生》栏目正播放关于王艾甫为烈士寻亲的事迹,他只看到专题片的后一半,第二天才抽空把电视专题片从头至尾看完。

"太原战役"、"烈士"、"寻亲"几个字将他吸引住了。他出生于父母转战大江南北的军旅之中,父亲牺牲的时候他还很小,只有四个月大,其时,他正随母亲在山东,没有见过父亲一面。父亲祁克烈士的事迹却在东江纵队旧部广为流传,是一个传奇式的人物。今天,祁震已过知天命之年,对父亲的思念却越来越重。不由分说,他把电话打到山西这边。

他听到王艾甫传过的信息,兴奋得不得了,马上通知父亲的战友。当年父亲的三个警卫员还健在,他希望他们和他共同分享这个好消息。

祁克烈士的儿子祁震和王艾甫一起阅读东江纵队战史中关于祁克烈士的事迹。

送烈士回家

几个叔叔有些不相信这消息是真的,多少年来,他们通过组织渠道找了好多年,都说没有,这么多年后怎么会有了消息?祁震告诉几个叔叔,王艾甫是一位有20年军龄的老兵,转业时已经是一位营职干部,他的消息应该不会有误的。一听也是一个老兵,兵和兵,心相通,几个叔叔当下悲喜交集,又是兴奋,又是悲伤。

祁震是一刻也等不了了,他要亲自到太原来看个究竟,虽然不能一时确定是不是父亲的墓地,既然父亲牺牲在太原,即便找到的不是父亲的墓地,也应该到太原烈士陵园祭拜一下成千上万同父亲一起牺牲在战场上的战友们。

在叔叔们眼睛里,祁震依然是一个小孩子。行程在即,叔叔们——当年父亲的战友们还是千叮咛万嘱咐,南人乍北来,诸多不适应,吃啊住啊的,都要格外小心,他们像送一位第一次出门的小伙子那样又是欢喜又是担心,为了保险,还让他们的一双儿女陪同祁震一同前往。

而祁震呢,长期生活在南方都市,又是企业干部,平常从母亲那里得到的教育就是尽量不要给别人找麻烦,等到王艾甫知道他来的时候,祁震已经入住太原的宾馆。谁知道,他这样的客气,竟然在王艾甫那里造成了不小的误会。若在往常,王艾甫会组织欢迎队伍到机场或车站迎接的,他愿意将这事情闹得像一回事,毕竟是烈士的亲属嘛!另一层,影响越大,知道的人就

牛驼寨战斗遗址。

越多，知道的人越多，寻亲的机会就越大。这些年来，他懂得信息放大之后的新闻效应。

第二天，祁震他们找到王艾甫，王艾甫问他们是不是通知媒体？因为各媒体正在作追踪报道，他们和王艾甫有约定，一旦这里有信息，一定要通知他们的。

57年之后，祁震父子终于团聚。

祁震拒绝了，在祁震那里，一向低调做人，对媒体一来不熟悉，二来不想太过喧闹，他只想亲自到墓地看一看。其实，祁震和他的母亲，以及老东江纵队的战士们，在过去几十年的风雨中，有过许许多多的坎坷与磨难。这是王艾甫不知道的。只有经历过历次政治运动的人，才能明白其中曲直酸楚。

先是来太原没有通知王艾甫，后是拒绝媒体追踪，一来二去，王艾甫真的以为别人在一个劲误解他，不信任他。

2007年1月1日，在清华大学房地产总裁F18班学员捐助之下，专门为烈士寻找亲人的《中国寻亲网》正式开通，开通还没几天，有一个小伙子在论坛里发了一个寻找祖父下落的帖子，他的祖父当年在忻口会战的时候参加八路军，后来下落不明。刚好，收藏协会负责网站维护的女孩子不熟悉电脑操作，服务器又出了问题，帖子两天没有回答，结果，那个小伙子马上在论坛里板砖横飞，破口大骂，"现在小的骗人，老头也在骗人"。王艾甫把这个帖子在论坛里留存了好长时间，给工作人员作一个警示。

王艾甫还是组织协会的人马，陪着去，临行还买了鲜花，准备祭拜烈士之用。

到了牛驼寨烈士陵园，熟门熟路，很快就找到了祁克烈士的墓地。

祁震缓缓蹲下去，慢慢的，仿佛面对一位熟睡的老人，怕惊扰了面前的父亲。

血浓于水，已经对父亲的历史了如指掌的祁震，一看到"祁克"两个字，

送烈士回家

就不能自已,双手轻轻抚在光洁的大理石碑面上,他说:这确实是我父亲。没错,这就是我父亲。

父亲,儿子来了。

隔了整整57年之后,儿子看你来了。儿子带着南粤故土的椰风海韵,儿子身上汩汩流淌着您的骨血,儿子看您来了。

父亲,您地下有知,您还好吗?您的妻子,您的儿孙,您的战友,东江纵队一直在惦记着您,没有忘了您啊!

祁震缓缓跪下,从王艾甫手中接过鲜花,恭恭敬敬献在墓碑前面。

简短的祭拜结束之后,王艾甫带他们到民政部门办理了相关手续。在太原市民政局优抚处和陵园的烈士英名录中找到了祁克烈士的具体资料,但资料同样笼统不详。

登记册上,记载着祁克烈士牺牲的具体地点,为太原东山,身份也对,系华北军大教员。烈士的籍贯只是登记着"广东"两个字。

仅凭这两个字,祁震就确定无疑,牛驼寨烈士陵园的"祁克"就是他的父亲,因为在广东,只有东莞的犁川一地有祁姓,其他地方都没有。

这样,在太原的烈士陵园和民政局之间来来往往,一天过去了。王艾甫始终陪着祁震,祁震本来不想给老人增添太多的麻烦,没想到老人还是这样一天陪了下来。一位素不相识的老人,为与自己并不相干的陌生人花那么多的心血和辛苦,为了落实一位烈士的身份投注这样大的热情,在军营里长大的祁震感到既陌生,同时,老人身上的那股精神头儿又是那样熟悉。

祁震感动之余,确实有些不落忍。

斜阳西照,办完事情,两个人敞开心扉坐下来说了好多话。王艾甫哈哈大笑,说,你们南方人这一客气,就闹得我不知道该怎么好了,来的都是客嘛,你怕麻烦,结果是越麻烦,我以为你们不信任我这个山西老汉呢!

祁震对他讲,哪能不信任?他说信任他是从知道他是一个老兵开始的,连那些叔叔们一听到他是一个老兵,都说没问题没问题。王艾甫说,兵这个词,是人生经历特别赋予自己的一个符号,是嵌进骨肉里的东西,没有当过兵的,理解不了。

我们都是兵啊!王艾甫说。

祁震对王艾甫的那份感激不知道该如何表达。找到墓地,并不是他一个人的心愿，也是烈士故乡、烈士生前所在的东江纵队战友们的心愿。而帮助了却这桩心愿的，就是面前这位平平常常的山西老汉。

这平凡，无疑有了种高度。

他将家人与战友多年寻找父亲的迫切愿望，以及其中曲折——说给王艾甫听，仿佛在自言自语，仿佛在倾诉。而此刻的王艾甫是再合适不过的一位倾听者。他能听见自己心跳的声音。

他终于松了一口气——又找到一位烈士的亲人。

眼前的烈士儿子在那里倾诉，老汉的心思又重了一层。还有多少烈士的亲人在翘首企盼着57年前的亲人归来？还有多少？

临行之前，祁震将从广东带来的父亲资料都留在王艾甫那里，还赠送了一面锦旗和1000元钱。但王艾甫死活不接受这个钱。自从寻亲以来，王艾甫就为自己立下一条规矩，凡是烈士亲属的赠款概不接受。祁震说，就算我给收藏协会的，你管不着吧！

祁震一行要离开太原了，这北方的老城边上埋葬着父亲的骸骨，更因为这老城里有王艾甫这样一位侠肝义胆的好人，祁震有些依依不舍。王艾甫则非要将祁震一行送到机场不可，从市区打车到机场有20多公里的车程，两人在车上还有许许多多说不完的话。他一直将这几位南国来的客人送到登机口。

候机大厅每天都重复着上一天的繁忙场景，可在祁震那里，多少次出门远行，多少次登机回家，都没有这一次让他刻骨铭心，这样难舍难割。

此后，祁震每年清明都来太原祭拜，而且，每年祭拜完毕之后，都要到王艾甫这里坐一坐。

"感谢党，感谢政府"

王艾甫直到现在也说不清楚，到底是自己的"贪婪"给自己惹来了不安，还是即便不"贪婪"也会有这样的麻烦！

他说，凡是搞收藏的人哪，就有这个毛病，什么都要，就是不要脸嘛！见个想要的东西，总要千方百计搞到手，搞不到手哪怕一见也就心甘了。

他说的，是一份入伍通知书，这份入伍通知书勾起了他的"馋虫"。

话还得从2005年12月说起，王艾甫接到北京来的一个电话，打电话的

送烈士回家

孙耀烈士生前所在的六十七军五九二团冲锋队正准备出击。

是一名叫做朱敏的女士。她说,从电视上看到王艾甫的事迹之后,请王大爷帮助查一查看有没有她外祖父的名字。

朱敏从始至终称王艾甫为王大爷。这让王艾甫很高兴的,出门三辈小,孩子懂礼貌,是个孝顺娃娃。直到他到内蒙古之后才知道,他比人家的父亲小多了,顿时有些不好意思。

她的外祖父叫孙耀,她家住在内蒙古乌兰察布盟(今乌兰察布市)察右中旗乌素图镇。

王艾甫一查,登记册上果然有一个叫孙耀的烈士。

孙耀,入伍时间:1948年12月30日;部别:一九八师五九二团四连;职别:战士;年龄:36岁;籍贯:绥远丰镇梅桂井村。原安葬地阳曲县麦平村。评语:平时各项工作都很积极,给房东挑水,战斗中服从命令,是一名很好的军人。

其他没有什么,只是籍贯有问题,除了村名能对上号,其他一概不相吻合。电话在十几分钟后再一次响起,朱敏打电话征询兄弟姐妹,从他们那里得知,他们家所在的村落在20世纪50年代前隶属绥远省丰镇县管辖,后来划归内蒙古乌兰察布盟察右中旗。而外祖父的籍贯就是一个叫做梅桂村的小村子，那是她母亲的娘家。王艾甫对照过去的地图，实际情况与朱敏说的一模一样。

名册上的烈士就是朱敏要找的外祖父。

电话一来一往之间，朱敏的一句话让王艾甫眼睛一亮，朱敏说，她母亲的手里还保存着外祖父当年的入伍通知书。

寻找到的烈士亲属中间还从未有过入伍通知书！

60年前的入伍通知书是什么样子？王艾甫作为一个20年军龄的老兵很想看看；把阵亡通知书和入伍通知书合二为一，作为收藏家的王艾甫更是求之不得。

转眼，到了2006年，湖北、安徽等地的寻亲者陆续来太原祭扫，王艾甫又要联系民政部门出面组织，又要接待来访的烈士家属，还得配合媒体朋友采访，忙得不可开交。孙耀烈士的事情暂时放了一段时间之后，王艾甫通知朱敏，2006年4月，湖北烈士家属要来太原祭扫烈士墓，看她的母亲孙秀峰能不能来一下。

接着，王艾甫有些不好意思地说，能不能，看方便不方便，把孙耀烈士的入伍通知书也带来，让我看一眼。

又是收藏人心里那点小九九在作祟。若在平时，王艾甫早就跑到内蒙古亲自寻宝去了，可是，下湖北，访孝义，到介休，委实花费不少，再上内蒙古，力不从心。

朱敏那里传过来的消息让王艾甫的心一下子揪了起来，他这时候才了解到，孙耀烈士的女儿孙秀峰，此时正在内蒙古3月沙尘肆虐的天气里奄奄一息，正因为如此，几个月来，朱敏一直向母亲瞒着外祖父的下落已经初露端倪的消息。

她得的什么病？王艾甫问。

肺心病。根本出不了门，只有好天气才敢挪到窗台前照照太阳，平常连门都出不来的。一到冬天，老人一刻也离不开氧气瓶。朱敏告诉王艾甫。

有农村生活经历的王艾甫倒吸了一口凉气，他太清楚农村那些被肺心病折磨的老人在冬春两季的生活状况了，顿时为自己的唐突感到万分愧疚。朱敏说她要征询一下老太太的意见。

没想到，已经71岁的孙秀峰听到这个消息之后真的要来太原。此前，闺女们曾经向她透露过外祖父下落的事情，老太太起初还不大相信，这一回，老

送烈士回家

太太真的激动了，她要亲自到太原来扫墓。

朱敏给王艾甫打电话火上房一样求援，希望王艾甫说服老太太取消太原之行。朱敏说，她的身体状况真的很差很差，从察右中旗到太原，上千公里的路程，万一在路上有个山高水低，她的罪过可就大了。

我妈是太想我姥爷了，为了寻找我姥爷，受了一辈子罪。

朱敏幽忧地告诉王艾甫。

王艾甫在电话里没有任何犹豫，对朱敏说，你告诉你母亲，我亲自把孙耀烈士的登记表送到内蒙古，让她不必心焦。

太原这头许多杂事安排停当，日子定在2006年4月17日，王艾甫联络好新闻媒体的记者，从太原出发了。

这一天，孙秀峰所在的乌兰察布市察右中旗的家里，朱敏他们兄妹七人都回到家里，侍奉着老太太，等待着太原来的客人，等待着太原带来的关于外祖父孙耀的消息。

老太太坐在炕上，收拾得干干净净，由一群儿女围着，气喘如风箱，鼻孔里插着须臾不离的氧气管。儿女们盼着王艾甫一行太原客人的到来，但实在难以预料他们到来之后，身体多病命运多舛的母亲会有怎样的反应。几个女儿看着母亲那样子，互相看上一眼，几次偷偷背过身去擦抹眼泪。

母亲57年寻找外祖父的悲苦血泪，实实在在构成他们兄妹七人成长的背景，简直可以写成一本厚厚的书。

57年前，也是3月，1948年的一天，父亲又要出远门，父亲每一次出远门后的日子，是孙秀峰最难挨的。孙秀峰4岁丧母，父亲给她娶了一位促狭异常的后娘，父亲一不在家，后娘就千方百计地"磕打"她，干不完的活，受不尽的气，挨不完的打，村里人谁见了这位已经14岁的小女娃，都要掬一把同情的泪，长叹一声。

这一天，父亲要帮村里一位生意人到张家口讨账去，孙秀峰把父亲送出大门，送到出村的大路上，每一次，她都希望跟父亲多待一会儿，多待一会儿就意味着少受一会儿气。父亲是她的天。父亲说："乖女儿，听话，爹很快就会回来，少则6天，多则8天。"

父亲走了。6天之后，父亲没有回来，8天之后，父亲仍然没有回来。父亲再也没有回来。

春天去了，夏天来了，父亲仍旧没有回来。孙秀峰听人说，过了集宁，再往兴河，兴河那边是丰镇，得过了丰镇出大同府走两天才可以到张家口的。父亲这次出的是远门啊!想来后娘是知道父亲的下落的，后娘要送孙秀峰到后娘的姑姑家干活，孙秀峰当然不愿意，后娘说："你爹死在外头不回来了，他不回来，你就得养着俎娘！"

这年冬天，田里没活干了，这个瘦干丫头成了累赘，她被撵了回来。父亲走了，还有爷爷，爷爷总比不得父亲，爷爷也做不了后娘的主，怕她受气，1949年，15岁的孙秀峰就许给了乌素图镇一家朱姓农户，财礼是1头牛，10袋麦子。冬天，她和丈夫朱元结了婚，她15岁，他22岁。随后，后娘因为父亲没有下落，改嫁走了。

1949年，部队给孙耀的家里寄发了入伍通知书，这才知道，父亲当兵走了。入伍通知到达之后，当地政府很快给孙家颁发了光荣军属牌，享受军属待遇。可是，20世纪50年代，土改运动开始了，就在运动当口，这个牌子莫名其妙被收回去了，理由是，如果孙耀还是解放军，那他就应该打封信回来，这么多年没有音信，肯定是出了问题。人家什么都想到了，叛变了，投敌了，犯错误了，就是没想到他牺牲了。事实上，当这封1949年1月颁发出的入伍通知书到达孙家的时候，太原战役已经结束，孙耀的名字再一次被师政治部填写进了一个表格，这个表格就是王艾甫手里的"阵亡将士登记册"。

部队发信之时，孙耀刚刚成为解放战士，家里收信之日，孙耀早就牺牲成为烈士。

光荣军属的牌子收回之后的漫长岁月里，运动不断，阶级阵线势同水火，好人坏人泾渭分明，孙家在村里一下子抬不起头来，谣言四起，墙倒众人推。孙耀的父亲一到农闲下来，就拄着棍子拿着当年部队颁发的入伍通知书到外边寻找儿子的下落。可是一直到死，也没有任何进展。

20世纪60年代后期，入伍通知书从爷爷传到了孙秀峰的手里，她开始了漫长的寻找过程。不找寻实在是没有办法！因为父亲下落不明，因为围绕在父亲周围的谣言挥之不去，她和她的家人被怀疑有莫须有的"内人党"嫌疑。为了子女们的前途，也为父亲洗刷冤屈，辉腾锡勒草原风霜雨雪的背景下里出现了这样一位倔强的农妇，大字不识，一口土话，她的足迹出现在距乌素图镇60公里的察右中旗民政局、100多公里外的乌盟民政局，然后是张家口、北京、呼和浩特、济南……

送烈士回家

迎接她的总是惊讶、厌烦、推诿甚至戏弄,当然,也不乏好心人的同情,劝她说:都多少年的事情了,怎能找得到?

村里的介绍信换成乡里的,乡里的换成旗里的,旗里的换成盟里的,孙秀峰就这样一年一年地演绎着一出《介绍信漂流记》,这样的介绍信孙秀峰攒了一个包袱。有一年,从张家口民政局又拿到一张介绍信,不识得纸条上的字,沿路问着寻到目的地,到了那里就被关了起来。

那张介绍信直接把她介绍到了收容所。

儿女们大了,儿女们要成家。可是这个家穷得有些不近情理,大女儿朱美鱼直到出嫁之前,就从来没有穿过袜子。孙秀峰每一次出门,几乎就是家里的一次劫。这个倔强的农妇啊,要把家里的猪、兔子、鸡蛋都卖掉,一次一次上路,一次一次失望而归,一出去少则几天,多则一月,身体一天差似一天。一看见母亲在锅里烙饼子,儿女们就知道母亲这是又要出门找她爹去了。

与烈士家人的合影,前左一和左三为烈士孙耀的两个堂侄,前排左二是烈士女儿孙秀峰。

第六章　魂兮归来

儿女们自然担心母亲的身体，反对，劝说，阻拦，都无济于事，孙秀峰依然我行我素。儿女们当然知道外祖父下落不明给母亲带来多大的伤害，但他们却难以体会这种伤害给母亲心里造成的创痛。

直到几年前，冬天如期而至，孙秀峰躺在炕上喘得无法再动弹，这才断了出去寻找父亲的念头。也不是断了，是找不动了；也不是找不动了，是心冷了。她想，父亲可能在外头发达了，在外头混成大官了，有了人家的儿女，不要她了。想着，无尽的思念变成了无尽的怨恨。有一天，她哭着把这些年来攒下的那些介绍信都填进火炉子里，呼呼的火苗仿佛能将她这一辈子的冤屈苦难全部舔噬，悲痛着，欢喜着，欢喜着，悲痛更进了一层。当孙秀峰要将唯一留存着父亲影子的入伍通知书塞进炉膛的时候，女儿疯了一样一把夺过来！

旁边坐着的儿女和老伴一起陪着她哭。

自知时日不多，孙秀峰说：也好，留着吧，把这东西放进我的棺材里。

王艾甫从电话里曾经断断续续地知道孙秀峰为寻找父亲下落这些年来遭的罪。

王艾甫来了，当他推开门的时候，一屋子的眼睛刷地投向他的时候，好像一个庞大的东西黑黑地在眼前一晃，他几乎难以承受！

硕大的氧气瓶立在墙角，不用说，氧气管子的那一端就是烈士孙耀的女儿。还不待王艾甫说什么，孙秀峰伸出了干枯的手，眼泪哗哗地流出来，就那么哗哗地流。王艾甫连忙拉住孙秀峰的手，把孙耀烈士的登记册复印件送过去。孙秀峰用手划着王艾甫不远千里送来的东西，贵贱说不出一句话，看看好人王艾甫，看看父亲的阵亡登记表，王艾甫清晰地听得见孙秀峰的肺喘得跟破风箱一样。

持续了足有半个小时，孙秀峰说出了第一句话，让在场的人都有些猝不及防，惊愕不已：

"感谢党，感谢政府对我的关怀！"

王艾甫惶恐不已，他握着烈士遗孤干枯的手，心里在滴血，不，是在淌血。不愧是烈士的女儿，这么多年的磨难，结晶出了这么一句话。

这句话怎么让他当得起！贪天之功，受之有愧。王艾甫不由一声浩叹！

这样的女儿，这样的身体，这样的家境，从此成了王艾甫心头的一块心

送烈士回家

病，他决定亲自帮助孙秀峰落实烈属待遇。临行前，他向孙秀峰提出要把孙耀烈士的入伍通知书一并带回太原，以便办理相关手续，办完之后，完璧归赵。

说出这个话的时候，王艾甫自己都感到有些奇怪，心里头收藏家那点毛病居然跑得无影无踪了。

这一回，是由衷的。

朱敏担心地看着母亲，她知道，外祖父的入伍通知书是母亲一生唯一的财产，任何人都休想染指。可是，母亲却十分爽快地答应了，从箱子里取出一个布包，一层层地展开，王艾甫牵念已久的孙耀烈士入伍通知书呈现在眼前。

入伍通知书

　　查孙耀同志于一九四九年一月　　日光荣参加中国人民解放军，决心全心全意为人民服务，为了全民族的解放，为建设新中国而战斗到底！除在政治上、生活上及各种待遇与本□（字缺）其他人员相同外，尚望该同志努力学习军事政治，提高阶级觉悟，服从命令，执行政策，遵守纪律，做一个光荣的革命军人。

　　　　　中国人民解放军华北野战军司令部第三兵团政治部
　　　　　　　　　中华民国三十八年一月　　日

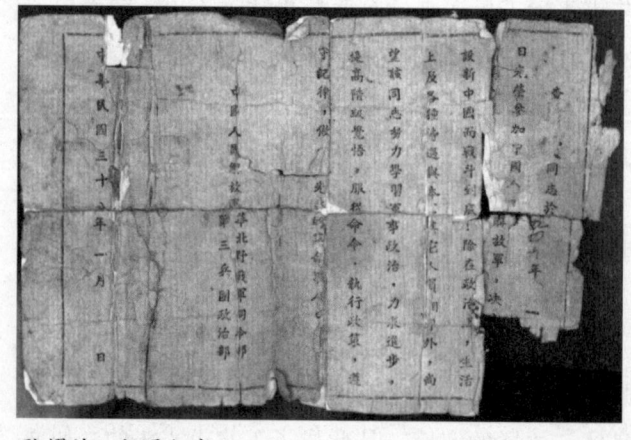

孙耀的入伍通知书。

这封入伍通知书已经残破不堪，共折为七块半，右下角磨伤破缺。王艾甫轻轻抚摸着这残破的入伍通知书，上面的军徽鲜艳依旧，他感到一种崇高一种悲壮从心底升腾而起。

从内蒙古回来，王

第六章 魂兮归来

艾甫自然要把这份入伍通知书给朋友们看，朋友们说，咱们把它修整一下，品相会好一些。王艾甫满心苍凉，他说：不必修了，这上面的每一道折痕都记载着57年来烈士女儿寻亲的磨难，保持原样更好。

拿着阵亡登记册和入伍通知书这两件具有说服力的证据，王艾甫找太原市民政局，民政局的同志也十分惊奇，这两样东西在57年之后会奇妙地会合在一起。为烈士及烈属办理相关证明并没有费太多的周折。

王艾甫惦记着孙秀峰的身体状况，怕她紧记太原这边各种手续办理的进展情况，王艾甫一天一个电话，及时将信息传递过去。临末，总是问朱敏，你母亲的情况怎么样啊？

朱敏总是回答：还行。但有一天，王艾甫敏感地感到，朱敏回答这句话的时候，语气明显不一样，再三追问之下，朱敏才说：母亲已经送到了呼

太原市民政局干部代表太原市政府向烈士亲属表示慰问。

盟医院抢救了。朱敏说，自从王艾甫走了之后，孙秀峰的病情突然加重。他们一行一出门她就张着嘴无法呼吸，皮肤变青变紫，儿女们七手八脚将孙秀峰送到离家100公里以外的乌兰察布市医院抢救。

朱敏说，她都后悔把外祖父的消息告诉了母亲。

王艾甫心里其实也不安，在从孙秀峰家里出来的时候，这不安已经种在了心里头，这才应了当初别人劝他的那句话：人家心上本来就有一道伤口，将烈士牺牲的消息送达的时候，不啻于在伤口上撒了一把盐。

从医院里出来，孙秀峰变得有些絮絮叨叨，每次看到电视里的战争场面就会流泪，她对老伴朱元说，你听那些炮声，那些枪声，杀声震天呢，父

· 151 ·

送烈士回家

话别时与烈士女儿一家合影。

亲可能就是被那些枪炮打死的。

再也不能耽搁了。内蒙古那边,烈士的女儿奄奄一息,如果不能及时办理确认烈士的相关手续,孙耀烈士的女儿到死也难瞑目啊!太原市民政局优抚处的同志听到这个消息之后,同王艾甫商量,烈士是为太原解放而牺牲的,尽快让烈士家属安心是他们义不容辞的责任。他们决定,与王艾甫一起二上内蒙古。

2006年6月17日,王艾甫和太原市民政局优抚处尹副处长一同再次前往内蒙古,同时,带着从太原市民政局开具的各种烈士确认手续直奔乌兰察布市民政局。太原民政局来人,乌兰察布市民政局体现出了相当的热情,安排了接待事宜。但是,主人从公路上迎接他们,也没有让到机关办公室坐一坐,直奔饭店,直奔预订的包间,仿佛他们是从山西跑过来的一群吃鬼。从山西省检察院退休的王艾甫十分敏感地体会出,这个热情的接待场面下面的潜台词。对方避而不谈孙耀烈士确认的事宜。

一位优抚科的工作人员直眉瞪眼问王艾甫:你跟她家有什么关系?

王艾甫说没有关系,心平气和地把他为烈士寻亲的来龙去脉讲了一遍。

那名工作人员很奇怪地看了王艾甫一眼，好像一个陌生人莫名其妙地闯进一场盛宴里一样，鄙夷和讨厌明明确确从眼里射了出来。

之后，一行人才前往孙秀峰的家，乌兰察布市民政局优抚科还特地派了一名工作人员前往陪同，这个后生，就是质问王艾甫的那个人。一行人当然是代表太原市民政部门对孙秀峰表达慰问之意的。尹副处长代表太原市民政局向孙秀峰送上2000元的慰问金。慰问完毕，王艾甫顺便将孙秀峰视为命根子一样的入伍通知书完璧归还。之后他们提议合影，那名工作人员摆摆手，退避三舍，说：别别别，等我们以后落实了再说。

王艾甫明显感到，为烈士确认身份和为家属落实烈属待遇不是一件容易办到的事情。

慰问仪式草草结束，但至少给奄奄一息的孙秀峰一丝多少年来未曾得到的安慰。在回太原的路上，王艾甫心气难平，他说：即使现在没有烈士称号，至少他们是军属，你不该看看吗？按照中国人的良心说，她是一个病人，你至少也应该说两句话啊！

但是，那名工作人员居然那样冷漠，那样冷淡，没有任何表示。

又是将近一个月，孙秀峰的病情越来越重，王艾甫每天都要打电话过去，这几个月来，就这一件事，电话一往一还，王艾甫设在太原市收藏协会的寻亲热线电话的电话费，由300多元陡涨至800多元。

其实，在此期间，王艾甫几次想拔腿就走，直奔内蒙古，能为烈士亲属办一点什么事情，减轻他心里的一份愧意。可是，经济本来紧张，此时更加紧张。收藏协会的王女士好几次听见王艾甫念叨内蒙古这边的情况，一边念叨，一边在地上打转转：这家伙，再卖点啥？再卖点啥？

谁都知道，王艾甫是视收藏品如命的人，现在，他不得不出卖收藏品来筹集资金了。

这件事，实在是放心不下。王艾甫说，这是他一辈子做下的一件最塌底、最为不安的事情。

果然，朱敏兄妹拿着太原市民政局开具的证明前往乌兰察布市民政局办理手续的时候，不仅碰了一鼻子灰，而且遭到了一通辱骂，并将他们兄妹推搡出来。最不能让他们接受的，是民政局优抚科科长居然说："你姥爷死在太原，就找太原！找我们干什么？"

送烈士回家

2006年7月10日，因为申请革命烈士称号必须在牺牲者所在地或家属居住地办理，王艾甫第三次来到内蒙古，随行的还有中央电视台、上海电视台的记者。

王艾甫和朱敏一起来到乌盟民政局优抚科，他们拿着太原民政局为孙耀开具的在太原战役中牺牲的证明、当地政府开具的孙耀与孙秀峰的父女关系证明，还有孙耀的入伍通知书和阵亡登记表。

王艾甫这一次的到来，远没有上一次那样风光。他面临审问一般咄咄逼人的质问：

你一个收藏协会管这么多事情干什么？

你那个登记表上的公章呢？

吃饱了没事干，净给我们找麻烦！

王艾甫面对这位优抚科长的质问，仍然据理力争，对他讲，因为登记册的公章在封面上，所以没有公章，而且，前一次，太原市民政局的尹副处长都来了，还不能说明吗？

又是一通质问：谁知道那处长是真是假！现在假的多啦！想骗谁？

王艾甫还是据理力争：即便不能确认是烈士，按照中央文件，孙耀也应该按解放战争的失踪人员来对待，办理相关手续。

科长振振有词：中央哪个文件？那个文件过期作废啦！

科长把对朱氏兄妹说的那番话原封不动端了出来：他是死在太原嘛，又不是死在我们这里，死在太原就找太原。

见随行的有电视台记者，科长如临大敌，吆五喝六招呼部下：把这几个记者的车扣住，别让他们跑了，看他们是真还是假！

王艾甫这时候真是怒不可遏，他当兵20年，在省级机关工作又是20多年，还从来没有见识过这等狂妄得连国家公务员最起码的教养都没有了。

如果他们不是事先与乌兰察布市军分区取得联系，有军分区的汽车在那里停着，怕连人身自由都难以保障。

他被逼到了墙角，气得脸色煞白，悲愤至极：你真是白披了一张人皮！

然后，很不冷静地骂了一句脏话。

上一次陪他们去孙秀峰家的那个小伙子见领导被骂，立即从后边蹿出来狠狠踹了王艾甫一脚,王艾甫一时性起,真的打算此行要将老命搭上,两人很快扭在一块。随行的电视台记者被挡在门外不让采访,听见里面动静不对,忙冲进去七手八脚将王艾甫和那个小伙子拽开。小伙子不解恨,义愤填膺:要不是看你是一个老汉,我一脚踹扁你!

辉腾锡勒草原的云彩在天上飘荡,草原上空的太阳正朗照着。这一只年轻的脚掌就这样轻易地踹了出来,踹在一位年近七旬的老翁身上。这一脚,踹得枉不枉国法,违不违党纪?党纪和国法怎么会管到这只年轻有力的脚掌之上?但至少有违道德吧,尽管他踹的是一位来自别的省份来办一桩与自己并不相干的事情的老汉。

这一脚踹出来,踹丢的是什么呢?这一脚,踹丢的,还有起码的良知和起码的人性。

这个场面让随行的电视台记者目瞪口呆。大家都不明白,这个来自山西的善良的老人,到底冒犯了谁?冒犯了谁的什么东西?所有的人想都不敢想。

一行人出集宁城,前往孙秀峰家,记者还买了许多慰问品。孙秀峰的家孤零零地伫立在察右中旗夏日的原野上,残破、低矮、老旧,依然靠吸氧度日的孙秀峰一双殷殷期盼的眼睛,会将每一位善良人的承受能力推向极致的。

记者拍摄着,泪水不由得涌出来,几次三番打湿前襟,镜头模糊了。

也许是一个特例,但愿仅仅是一个特例。

随后,他们来到察右中旗民政局优抚科,这里的情况要好多了,一名工作人员接待了他们。

王艾甫几乎是央求:你看这家人已经成这个样子,老太太命悬一线,能尽快帮忙办一下吗?

这位同志非常为难,非常无奈。他从抽屉里取出一份文件,上面规定着关于烈士确认的若干程序。他说:烈士是为解放全中国而牺牲的,我也真的想给老太太尽快办成这件事,但是,我说能办那是哄你。你看看这个烈士确认程序,三年五载能办下来吗?你说!

这个程序不能说错,甲乙丙丁,ABCD,可当过兵的王艾甫怎么看怎么扎眼。此程序大致有三。其一,直系亲属提出申请。其二,须有两个或两个以上被申请烈士牺牲现场证明,并写出详细牺牲经过,加盖原单位公章。其三,由县(旗)民政局搜集整理好相关材料,报当地县(旗)委、县(旗)

送烈士回家

政府，经常委会讨论，出具证明，上报所在市（盟），经市（盟）常委会讨论会，出具文件上报上级民政厅……一级一级，直到省（区）党委常委会讨论通过，才最后确认。

烈士为国家而牺牲，现在变成了一己之事，须家属申请；想当初，戴着红花走到军营的时候，哪一处墙上不是刷着"一人当兵，全家光荣，一人当兵，全村光荣"的标语，现在，不算话啦？如果不申请呢？一位57年前的烈士，要找到两名或两名以上的现场证明人，谈何容易，况且，百万大军一声冲锋号就冲杀上去，哪里能容得留下三分之二以上的兵员在后方看着前面的战友是怎样倒下的？一个贫穷的农妇，让她如何一级一级走过那么多的程序才能换回红头文件？

现实是一种具有想象力的存在，它的想象力要超过任何人的预想。

王艾甫不止一次夜里失眠了，难道我错了？如果我错了，为什么那么多人那么多部门都不遗余力地参与到寻亲当中；如果我没有错，怎么为烈士落实政策这看似简单的事情竟然这么难？而且，让别人这么讨厌，自己真的是给政府添麻烦？可是，作为民政部门，他们不办这个"麻烦事"，成天又在干什么？

没有哪一位烈士家属找到之后让王艾甫如此伤心，从此，内蒙古乌兰察布市察右中旗乌素图镇这个名字就收藏在王艾甫的心里了，不，是刻在心里了，伫立在辉腾锡勒草原上的那一溜泥墙老屋，屋顶上面仿佛架了一盏功率强大的射灯，灯光穿过一千多公里的距离，时不时地划过王艾甫的眼际，让他牵念，让他揪心。

太原战役纪实 血染山头

山头要塞位于城东南5公里处，由山头、大垴山、黑驼三个点组成。几个阵地之间有交通壕连接。大垴山在东，地势较高，山头在西，与黑驼村北梁方碉呈掎角之势，三点成面，互为支持。碉群构筑与牛驼寨、淖马与小窑头大致相同。

所不同的是，这里的兵力配置甚多，阎锡山独立十总队、第七十三师一个团、第二六七师和独立第八总队各一个营。后来,蒋介石命令从榆林空降国民党中央军一个旅。

承担攻击山头要塞任务的部队为华野第十三纵队。十三纵三十九旅负责攻打黑驼,三十八旅奉命占领大垴山与山头阵地,三十七旅为预备队。

10月26日,第十三纵三十八旅向山头主阵地发起攻击。旅辖3个团加1个炮兵连,配备马拉旧式铁轮山炮4门投入战斗。一一二团夺取大垴山,一一三团夺取山头,一一四团为预备团。

然而,各团接到命令前往阵地前沿观

突击队破城之后,担架队第一批跟上。

察之时,一一三团指挥员误踩地雷,副团长李兴汉当场牺牲,政委受轻伤,没有发起进攻便受挫。

一一二团在临汾攻坚战中,负责夺取临汾城垣外壕战斗,一一二团七连战士李海水在第一次攻打东关时负伤,未及时撤出外壕,与部队失去联系。他当即隐蔽在战壕内,将其他十多名伤员组织起来阻击敌人。十多个人,战斗打了整整一天半,打退了数十倍敌人的9次进攻,最后大家撤出外壕,返回部队。前线指挥部为表彰李海水英勇顽强、机智灵活的战斗精神,命名七连为"李海水连",号召全纵队向他们学习。

这是一支特别顽强特别灵活的团队。旅党委在大战前夕给他们送来胜利红旗,群情振奋,大家表示一定要将红旗插上大垴山阵地。

10月26日下午,在震撼山谷的炮声中,夺取大垴山的战斗开始了。炮兵连猛轰大垴山右翼碉堡和伏地碉,硝烟笼罩了整个山头。团长在观察所里看到敌阵地前的暗堡大部被摧毁,便命令七连和八连发起冲锋。

黄昏,冲锋号响,八连的战士迅速攻占了敌阵地前沿土塄上的3个暗堡,并沿第四道塄坎向右翼方碉攻击。七连突击队在硝烟中冲上斜坡,直扑东西梅花大碉。被授予"人民功臣"称号的八班班长率突击队扑到外壕前,将炸药包投进暗堡里爆炸了,两名战士又跨过鹿砦、铁丝网攻占东南角野战工事的缺口。阎军拼死顽抗,扔出燃烧弹,燃烧弹一爆炸,开始并不是火海一片,而像是在半山腰呈扇形铺开淡绿的毒汁一样,蔓延开来,顿时火光冲天;手榴弹一个接一个地在战士周围爆炸。但是,战士们坚持战斗,掩护后续部队九连插入纵深,将敌集团阵地分割包围。七连指战员利用壕沟向前运动,爆破手们会合到梅花大碉的几个暗洞附近,对周围的暗堡进行连续爆破,然后一举攻占梅花大碉,首先把红旗插到大垴山上。到28日,全部占领大垴山。

  10月28日,三十八旅旅长王海东、政委王贵德亲自来到一一三团,介绍了山头要塞的火力兵力布置情况,并通报一一二团攻击大垴山的经验,要求他们尽快制定拿下山头要塞的3号主阵地的作战方案。

  当天下午5时,一一三团从距离山头主阵地十五六里的驻地出发,其时,下起了雨,秋雨浸骨,眼前的一切都陷入一片迷蒙。他们踏着泥泞的山路冒雨前进。部队通过石咀子到大垴山的羊肠小道,迅速进入了大垴山阵地。团指挥所设在大垴山一个大型碉堡内。

  第二天天刚亮,在破烂不堪的残碉上,平整道路,清除敌人残留的铁丝网,扫除地雷,修筑工事。临战前战斗准备工作在紧张进行。

  8月30日下午3时,发出攻击命令,30余门大炮首先猛烈地轰击敌阵地。顷刻,尘烟飞腾,敌人主阵地和碉堡周围六七米高的劈坡,被炮弹轰得一片片塌了下来。突击信号发出后,数十挺轻重机枪构成火力网,封锁了敌人的射击孔,火炮延伸向敌阵地纵深轰击,步兵发起冲锋。二营的突击队冲向敌人1号和3号阵地(三营助攻),一举攻占了阎军前沿3个火力点。但由于数道劈坡未能彻底摧毁,突击队攀登困难,后梯队又未能及时支援,遂被阻止停留在突破口下。敌3号阵地掷出燃烧弹,5号阵地侧射(阵地号系我们编),加上阎军远射程火炮轰击,给攻击3号阵地部队以很大的威胁和杀伤。敌人反扑下来,突击部队被迫撤出战斗。

  31日下午5时,发起第二次攻击。当火炮延伸,突击队开始冲锋时,敌人一排重炮打来,把突击队携带的百余斤炸药击爆,遭受重大伤亡。二梯队

解放军二〇二师六十六团向太原西北炼钢厂发起攻击。

接续冲上3号阵地,敌我展开激烈争夺,手榴弹打得硝烟弥漫。四连后梯队还来不及参加战斗,敌人又疯狂反扑。一营攻敌5号阵地,受敌火力侧射,也未能打下,全团遂又撤下来。

两次失利,主要原因是误将主阵地判断为次要阵地,以致只派一个团的兵力前去攻击。他们发现山头阵地相当复杂、坚固。敌人又增来援兵六十九师二〇六团,夺取山头的任务更加艰巨了。旅、团总结了经验教训,决定投入一一四团,再次组织攻击。

山头战斗开始后,敌人的单引擎小飞机,每到白天就来轰炸扫射。

11月1日拂晓,在一一四团的配合下,发起第三次攻击。突击队刚发起冲锋,敌远、近炮兵群即猛烈轰击拦阻,部队突击受阻,攻击力量仍显薄弱。

纵队首长亲自前往山头阵地,旅、团召开会议检查了三次攻击失利的教训,决定以3个团全部投入战斗,集中全力总攻山头。

7日,纵队指挥部电话指示:三十八旅继续攻取山头。并说,山头争夺战经过几天激烈战斗,阎军遭到很大杀伤,凶焰已被我军打下去了。

3个团于当晚又发起攻击。一一三团的三连首先爬下沟,翻上5号阵地前沿塄坎,连、排及部分战士经过反复观察地形,选择了冲锋道路,测量和标定了爆破点。由于敌人工事坚固,防守严密,3个团的攻击仍无进展。

8日零点,各团检查了战斗准备,继续发起攻击,又未能取得进展。9日上午7时,全旅3个团开始总攻,50余门火炮轰击敌阵地,数十挺轻重机枪压

送烈士回家

制敌火力。阎军在重弹强压之下，阵地顿时成了火海。

炮兵连一发大口径的重型炮弹正中5号阵地中央的碉堡，给阎守军以毁灭性重创。突击组战士冒着炮火烟雾，勇猛地冲上敌阵，迅速向西发展。二梯队也及时跟进，以两挺机枪压制、封锁敌人东南阵地，并迅速向左翼迂回。两支突击队正要会合时，隐藏在阵地后的敌人反扑过来，3个突击组的手榴弹已经打完，情况十分危急，爆破手陈天元猛冲上去将手中的五六斤炸药投向敌人，就在炸药爆炸的危急关头，一一三团某营三排送来八箱揭开盖子的手榴弹，接二连三地投向敌阵，把敌人打了下去。敌人二次反扑，战士们把手榴弹连续扔向敌群，端起闪光的刺刀，与敌人拼杀，敌连长见势不妙，带领十余人逃离阵地，当时生俘20余名敌军，17具尸体横七竖八地躺在阵地上。

少顷，阎军复又纠集了约两个连的兵力，第三次疯狂反扑。在这万分危急的时刻，五班长杨天岭奋不顾身，向敌群扔进35公斤的炸药包，炸得敌人血肉横飞，七八十人倒在战壕里。残敌败下阵去，5号阵地巩固了，但全旅3个团伤亡也很大，攻击任务仍没有完成。

下午5时左右，一一三团在战壕里突然发现山头方向尘烟腾起，敌人又增援兵。

在连续受挫的情况下，各团指挥员分析失利原因时，都有些情绪，说步兵打光了，不能再打了。旅向纵队和兵团作了报告。兵团首长坚定地说：坚决打下山头，要不惜一切代价，完成任务。并再次强调战场军纪，只许前进，不许后退。

9日夜，敌人先是盲目地打炮、投弹，以后就沉寂下来了。一一三团等敌人熟睡后，发起攻击，突击队悄悄地摸上3号阵地，3个组分左中右三路前进。敌八十三师二四七团40多人在熟睡中被活捉。左翼四组前进到40多米处，被敌机枪阻拦。六组战士毫不畏惧，冒着弹雨，把炸药包放在敌机枪阵地的一个三层水泥碉堡下。轰的一声巨响，碉堡和里面的阎军守军飞上了天空。3号阵地终于被完全占领。

三十八旅打下山头要塞3号阵地之后，纵队一面命令坚守阵地，一面命令二十六旅一一〇团迅速增援接替，乘胜扩大战果。因受沟壑阻隔，部队运动困难，直至10日上午9时，一一〇团才上去两个排，阎军乘接替部队立足未稳，

第六章　魂兮归来

以国民党中央军空降八十三师一个团的兵力,在猛烈炮火掩护下,由1、2号阵地向3号阵地疯狂反扑。霎时,整个阵地尘烟腾腾。三十八旅和三十七旅的指战员,连续打退国民党军5次反扑,守住了阵地。敌人强攻不下,便改变了战术,于当天下午4时,从2、3号阵地接合部之壕沟、暗道前来偷袭。由于守阵地官兵只注意正面防御,忽视侧翼警戒,使敌人乘隙袭上3号阵地,向解放军侧后迂回,已经占领山头3号主阵地的解放军守军被迫撤出战斗,山头3号阵地又落敌手。

当日,三十七旅一一〇团决定乘敌骄横之时,于黄昏以两个连兵力,发起突然袭击,夺回3号阵地,然后乘胜扩大战果,夺取山头要塞全部阵地。

3号阵地是敌通往其他三个阵地的咽喉,为了保住山头,国民党军一直在此用重兵把守。当攻击部队快接近阵地时,一道3米多高的陡坡拦住了去路。突击班立即组织搭人梯,一个踩一个的肩膀,攀过陡坡,前面就是20米布满火力点和各种障碍物的开阔地,守敌大多数都在碉堡里;左前方10米处,十几个敌兵正围成一团吃东西。突击班班长王德钧带领3名战士悄悄绕到碉堡底下,从射孔里塞进炸药包,只听轰的一声巨响,碉堡里的敌人全部被炸死。与此同时,副班长赵世梧带领2名战士消灭了敌人的警戒,又炸掉了敌人的一个工事。

轰炸声将阵地上的敌人全惊动了,瞬间,探照灯、照明弹将阵地照得如同白昼,周围敌碉堡里的各种火器也一齐向外发射。王德钧的胳臂被弹片炸伤,仍坚持不下火线,他一面组织火力还击,一面指挥战士们继续爆破。敌人弄不清一一〇团上来多少人,只顾躲在碉堡里乱打枪。趁此机会,另一个突击班连续炸塌了5个碉堡和工事,活捉敌人11名,缴获了冲锋枪4支,步枪7支。这时,后续部队也冲上来了,残敌狼狈溃逃。经过30分钟的激战,3号阵地又回到攻击部队手中。

11月11日,进攻1、2号阵地。从3号阵地到2号阵地,相距200多米,中间为深壕所隔。后来在一堆乱草丛里找到了暗道口,战士们在暗道里抓住两个俘虏,俘虏说这条暗道直通2号阵地。从俘虏那里,又了解清楚了国民党守军的兵力、火力配置及当晚口令、联络信号等情况。根据新的情况,首长命令突击班继续沿着暗道向2号阵地摸索前进,并派一个排配合他们在暗道里消灭了敌人的哨兵,俘虏了30多个正在熟睡的敌人。

送烈士回家

出了暗道口，袭击了正在补修工事的阎军守卫部队，打哑左前方一挺机枪，完全占领了2号阵地。1号和4号阵地的国民党守军见2、3号阵地尽落解放军之手，顿时兵败如山倒，放弃阵地仓皇逃窜，山头要塞终于攻克。

夺取山头要塞的战斗，是太原战役中最激烈最残酷的战斗之一。山头要塞的几块主阵地上，都是弹痕累累，草木尽摧，地面松土盈尺，壕堡已不成形，弹片、弹柄敷地一层，交通沟、掩蔽部到处为敌尸充填。就在这块阵地上，阎军8个师的番号约7个整团被全部歼灭。

到11月12日，华野第一兵团攻击四大要塞的作战结束。攻击四大要塞的战斗，是太原战役从开始到结束的一个关键性战役，也是从开始到结束最惨烈最残酷的战役，双方反复争夺阵地，打了整整27个昼夜，共歼灭国民党军1万多人，而华野部队的伤亡也达8500人。

第七章

燕赵悲歌

涌动在河北大地上的寻亲潮

2006年5月22日,王艾甫应燕赵晚报社邀请,前往河北省会石家庄参加报社举办的"为河北烈士大寻亲"特别行动读者见面会。

王艾甫到达石家庄,来自社会各界对为烈士寻亲活动给予的关注与支持让王艾甫着实感动。这时,石家庄迎来暮春时节的一场细雨,但是,并没有影响见面会的热烈与热情,许多读者冒雨赶到报社,与这位山西老人面对面交谈、交流。

2006年4月底,在中国教育电视台记者的帮助下,王艾甫与《燕赵晚报》取得联系,并将84份未发出的阵亡通知书烈士名录给报社传真过去。5月11日,《燕赵晚报》在头版头条的显著位置刊登《山西老人帮河北烈士寻亲》的新闻,并在A4版对王艾甫偶得阵亡通知书和寻亲的历程进行了详细报道,同时,配发84份阵亡通知书中3位烈士名单。分别是:

送烈士回家

　　张彦亭,年龄:29岁;部别:六十八军二〇二师六〇五团三连;职别:文书;籍贯:河北省怀安县城内北街;入伍时间:1948年12月;安葬地:太原市新城东边。

　　贾老巴,部别:六十八军二〇二师六〇五团;籍贯:河北省安新县关城村。

　　赵献,年龄:23岁;部别:六十八军二〇二师六〇五团四连;职别:副政指;籍贯:河北省正定县朱河村;入伍时间:1946年。

　　报道见报当天,石家庄日报社党委书记、社长王贵海立即作出批示,要求将寻亲活动做大,争取帮更多的河北籍烈士找到亲属。《燕赵晚报》编委会立即责成专题部门具体负责该组报道,并推出了"山西老人帮河北烈士寻亲"报道追踪。

　　首批公布的3名烈士中,赵献、贾老巴烈士的亲属很快找到。

　　5月11日,记者刘勇峰和另外一名摄影记者来到太原拜会王艾甫,希望从王艾甫那里挖掘更多的新闻线索,帮助王艾甫为烈士寻亲活动再扩大影响,再寻找到更多的烈士亲人。这时候,刘勇峰才了解到,在王艾甫手里,除了已经公布的84份未发出的阵亡通知书之外,还有一份载有866名烈士的阵亡将士登记册,据他们掌握的新闻材料来看,在此之前找到的近30名烈士亲属中,有一半多就在这份登记册中,也就是说,这份载有866名烈士的阵亡将士登记册中,仍然有相当一部分烈士的亲属不知道烈士的下落。

　　王艾甫把这份登记册取出来,当四大册阵亡将士登记册

燕赵晚报社领导在车站迎接王艾甫到石家庄参加读者见面会。

第七章 燕赵悲歌

在读者见面会上，几位被为烈士寻亲的义举所感动的读者与王艾甫合影。

放在两位年轻记者面前的时候，他们感到非常震动。此前，只是在新闻报道里只言片语知道有这样一件东西，可是真的见到这四大册泛黄的本子，历史无言而真实地呈现出来，来自内心的震动更无法言说。

烈士名册中，有很多河北籍烈士。《太原战役阵亡将士登记情况》的866名烈士中，王艾甫经过多方调查，与太原市四大革命烈士陵园名录核对，初步确定其中671人很有可能是陵园里的无名烈士，而其中河北籍烈士所占比例最大，有286人。

但是，很多烈士的籍贯登记不够详细，例如，范占魁烈士，籍贯为河北石家庄，这个石家庄是否为现在的石家庄市？尚难以断定。另外，还有很多烈士的籍贯只写到县一级，再有就是很多烈士的籍贯尽管是河北，但因行政区划变更，有些现在已经不属河北管辖，比如河北通县，现在应该是北京通州区。还有一些是不知名的县，比如河北郑县、河北柳县、河北清云以及河北元朝等，而旧属察哈尔、热河两省的许多县份则后来划归河北管辖。

另外，《太原战役阵亡将士登记情况》中，通过收藏资料与革命烈士陵园名录校对后填补籍贯名录表的烈士有222人，这些烈士在太原革命烈士陵园中，有同名登记，王艾甫初步分析其中绝大多数应是同一人。这其中，河北籍的烈士也最多，为79人。

· 165 ·

送烈士回家

2006年6月30日,《燕赵晚报》报人和烈士亲属代表前往太原黄陂烈士陵园祭扫烈士。王艾甫和烈士路焕文的家属在一起。

综合各种情况加以推断,这份烈士名册中间,可以肯定确属河北籍的烈士计365名。

说到这份名册,还有一个小插曲。刘勇峰来太原之前,晚报社已经退休的前任总编辑谷双喜托付他们一件事。谷双喜的叔叔当年也是牺牲在太原,但他那时候小,叔叔到底是怎么回事,都是听老人们讲的,希望小刘到山西之后,在王艾甫那里查一查,看有没有他叔叔的名字。

小刘把随身带来的谷总编辑叔叔的情况向王艾甫一说,王艾甫随手一翻,真的有!小刘很是惊喜,马上感到这份名单的分量和将要起到的作用了。

记载明明白白:

  谷庆保,部别:六十八军二〇二师六〇五团九连;职别:副班长;年龄:21岁;籍贯:河北高城县北大章村;何时入伍:1948年;何时入党:1945年;安葬地:新城东北机场路北。

小刘马上把消息传回报社,谷总编辑非常激动,称赞王艾甫做的是一件天大的好事。

同日下午,王艾甫带着小刘他们到市区的四大烈士陵园,落实已经找到的两位烈士的墓地。根据名单一一对照,其中双塔革命烈士陵园安葬的河北籍烈士只有贾老巴1人;牛驼寨革命烈士陵园安葬着70位河北籍烈士;黄陂革命烈士陵园安葬着24位河北籍烈士;郑村革命烈士陵园安葬的河北籍烈士最多,为114人。此外,阳曲县安葬有33位河北籍烈士。

刘勇峰带着从王艾甫那里得到的可以确定的365名河北籍烈士名单，回到石家庄。5月19日，《燕赵晚报》以《365名河北籍烈士待找亲属》为题，详细报道了特派记者刘勇峰采写在太原寻访太原战役牺牲的河北籍烈士见闻，报纸不惜版面，将365名太原战役牺牲的河北籍烈士名单随报道整版登出，一连登了4天。

这365名烈士名单登出的当天，报社的日常工作立即陷入一片忙乱之中，电话铃声此起彼伏。用王艾甫的话说，那真叫炸了窝了。

这份名单在社会上产生的轰动效应，大大出乎报社领导和记者的预料。5月22日，王艾甫和山西卫视、黄河电视台记者赶到燕赵晚报社，参加的是一个"为河北烈士大寻亲"活动的启动仪式，配合新闻追踪报道，河北新闻网开设论坛，启动手机短信平台收集读者感言，利用一切可利用的互动手段形成强势新闻攻势。仅仅几天，伴随着寻亲活动的日益深入，仅短信就收集到1000多条，石家庄、保定和公布的烈士所在地的街头巷尾，"寻亲"成了那两个月来老百姓嘴里的高频词。

风萧萧兮易水寒，壮士一去兮不复还！报社和其他新闻媒体的行动，再一次将燕赵大地拉回到那一个激情充盈的年代。

从5月22日至6月30日，《燕赵晚报》组织的"为河北烈士大寻亲"活动共推出23个专版，计2万字的新闻追踪报道，热心人提供线索，烈士亲属打来电话，记者亲自下基层寻找，通过各种方式，一个多月的时间，公布的365名河北籍烈士中，共找到34名烈士的亲属。

寻到的烈士下落虽然不到十分之一，但是，这一行动本身已经远远地超越了寻亲本身，变成了一个全民参与的重温历史的行动。

6月30日，在中国共产党建党85周年前夕，《燕赵晚报》和10名烈士亲属代表前往太原郑村烈士陵园祭扫烈士英灵。在祭拜仪式上，《燕赵晚报》副总编辑赵速中代表报社宣读祭文，这篇祭文，实际上就是对此次"为河北烈士大寻亲"活动的一个非常好的总结。

祭文曰：

浩浩汾水，巍巍太行，烈士忠骨，万世流芳。公元2006年6月30日，中国共产党建党85周年之际，《燕赵晚报》报人、太原战役中阵亡

送烈士回家

2006年6月30日,在河北亲属为烈士寻亲祭扫仪式上,王艾甫向所有帮助烈士寻找亲人的人们表达谢意。

的河北烈士后人,一行共20余人致祭于太原战役阵亡烈士墓前。

57年前,中华大地风云激荡,人民军队高歌猛进,千万子弟兵浴血奋战,祖国山河回到人民手中——其中,解放太原之战役尤为激烈。这一战,惊天地,泣鬼神,汾水为之变色,太行为之惊魂,无数英雄儿女流尽了最后一滴鲜血,他们把年轻的生命奉献给了新中国的解放事业,他们把对党和人民的赤胆忠心铭刻在了血染的丰碑上。

青山处处埋忠骨,英雄不计身后事。在太原战役中,还有众多英雄没有留下自己的名字。他们在激烈的战斗中遗失了自己的姓名籍贯,成为默默无闻的无名烈士。如今,57年风云变幻之后,还有一些烈士的家人不知道烈士的音信,他们在泪眼中等待了半个多世纪,日夜期盼着亲人的消息。

可敬山西老人王艾甫,他以68岁高龄,辗转祖国大江南北,发起为各地烈士寻亲之义举。《燕赵晚报》与三晋同行联手,在燕赵大地发动了"为河北烈士大寻亲特别行动"。一时间,燕赵大地掀起为烈士寻亲之热潮,上自80多岁的老战士,下至中小学生,纷纷为"大寻亲"奔走呼吁,竭尽所能。近两个月来,在社会各界的努力下,已经为30多位太原战役阵亡的河北烈士找到了亲人。

57年来，很多革命烈士的亲属一直在苦苦找寻烈士的下落。他们饱受了失去亲人消息的痛苦，一些烈士的母亲和妻子，已经带着难圆之梦离开了人世。今天，我们有幸找到了部分烈士的家人，并与他们一同来到烈士们当年战斗、牺牲的地方，追思革命先烈的英灵，缅怀他们的功绩，寄托我们的深切怀念和无尽哀思。在此，请允许我代表河北烈士的亲属向王艾甫先生表示感谢，向山西各界关心和支持"为河北烈士大寻亲"行动的人士表示感谢！

57年，岁月荏苒；57年，我们国家的面貌已经发生了翻天覆地的变化。没有先烈的流血牺牲，就没有我们今天的美好生活。烈士已经离开了我们，但他们的精神永远留在人间。"大寻亲"过程中，先烈的丰功伟绩时时激励着我们，先烈的光辉事迹时时震撼着我们。对今天的我们来说，这是一次刻骨铭心的革命传统教育，更是一场震撼人心的心灵洗礼。

无数先烈为新中国的解放献出了生命，而建设新中国的历史使命要靠我们一代代后人来承担。今天，我们站在烈士墓前，抚摸着曾经洒满烈士鲜血的土地，追想着烈士的音容笑貌，心潮澎湃，感慨万千。我们唯有不遗余力地弘扬先烈之精神，为中华民族的伟大复兴贡献自己的一切，才能告慰先烈于九泉之下，才能告慰先烈在天之灵。

一位烈士，两处坟茔

从2006年5月11日由《燕赵晚报》发起为河北烈士寻亲之后，首先找到的一位，恰恰是公布的三位烈士中信息量最少的一位烈士亲属。

这位烈士的名字叫贾老巴。

5月12日、13日连续两日，通过当地民政部门了解到，贾老巴早在1949年当年就被当地政府确认为烈士，而且，烈士遗骨也迁回故里安葬。接着，烈士的侄儿贾志刚打电话给报社，让报社转达他对王艾甫十多年来为烈士寻亲义举的谢意，同时说，他的父亲，也就是贾老巴烈士的哥哥贾英，仍然健在。

送烈士回家

贾老巴烈士在家乡的墓碑。

5月17日,记者刘勇峰将这个消息带到山西太原,王艾甫非常惊讶,他以为是一时记错了,翻开他采集的烈士墓地登记册,在双塔烈士陵园,也有贾老巴的墓地,而且,这个贾老巴无疑就是在河北找到的那个贾老巴,不会是第二个人。这是怎么回事?

为烈士寻亲的道路,常常出现这样出人意料的事情,是一种诱惑,至少对于王艾甫来说,为一个个烈士寻亲的过程,就是由这样一个个难以阻挡的诱惑构成。

王艾甫此行来河北,也想解开这个谜团。

不想,这个谜团里包裹着的,是一位让人十分钦敬的大英雄。而且,贾老巴烈士是王艾甫收藏的阵亡通知书中牺牲的年龄最小的一位烈士。

来到石家庄之后,刘勇峰递给他一份材料,这份材料是中国人民解放军六十八军军史编写组于1985年编写的《英雄模范史册》油印本,是在河北省人大招待处工作的苏先生专门送到报社的,里面详细地记载着小英雄贾老巴的事迹。

贾老巴,又名贾福良,冀中军区独七旅二十四团五连(六〇五团五连前身)班长,河北省新安县关城村人,贫农出身,1932年3月生,1946年7月入伍,1947年11月入党,历任通讯员、战士、班长等职。

第七章 燕赵悲歌

贾老巴入伍时，刚刚15岁，但他英勇机智，第一次参加战斗就生擒敌人一个排，初显神通。以后，又在1947年1月的万庄车站战斗和6月的李家堡遭遇战中，连续两次荣立大功。在冀中群英会上，年仅16岁的贾老巴被授予"战斗英雄"的光荣称号，成为冀中闻名的战斗小英雄。

参军的第二个月，贾老巴就在攻打徐水车站的战斗中初露锋芒，一个人生擒敌人一个排。那一天，全连被阻在一个小沟坎里无法开展进攻，小小的贾老巴向连长、指导员请战，只身一人摸到站房门口，拿着手榴弹大喊一声，快投降，不然炸死你们！一排的敌人还没反应过来，就束手就擒了。战斗结束之后，贾老巴荣立大功，这个小娃娃活捉敌人一个排的事迹在部队里广为传颂，成为全旅的头号新闻。

1947年1月，五连攻打万庄车站。敌人两个地堡横在主攻道路上阻挡了部队的前进，这个被称为"富有战斗经验的老战士"主动请缨，用集束手榴弹炸掉一个地堡后，扔进第二个地堡里的手榴弹被推了出来，机枪再次响起，而且，增援敌人旋即就会聚拢过来，贾老巴扔出两块石头砸伤残敌，单枪匹马硬是把敌人的机枪从地堡里拽过来，扫清了冲锋的障碍，万庄车站被攻克。

1947年6月，贾老巴所在的二十四团参加胜芳保卫战，当他们的部队穿插至李家堡时，与一排敌人遭遇，此时，敌人掳来村里20多个妇女在一座四合院里寻欢作乐，贾老巴巧妙避开敌人火力，从另一座院子上到房顶，扔下手榴弹把敌人打得晕头转向，接着，趁着烟雾掩护，他冲进院子，解决了残敌，把架在房顶的机枪夺了过来，解救出20多名被掳妇女。战后，贾老巴又一次荣立了大功。

入伍刚刚一年，年仅16岁的贾老巴连续荣立两次大功。在1947年秋季的冀中群英会上，贾老巴被正式授予"战斗英雄"的光荣称号。他的事迹被编为歌曲，在军民中广为传唱，这首歌叫做《歌唱英雄贾老巴》。

> 七旅二十四团第二营，
> 出了个战斗小英雄，
> 哎嘿嘿，贾老巴，小英雄，
> 战场上英勇机智显威风；
> 徐水车站第一仗，

送烈士回家

英雄首先上站房，
俘虏敌人一个排，
哎嘿嘿，小英雄，显神通，
顽固兵个个吓破了胆；
……

读着军史上生动的记述，王艾甫对这位小英雄的钦敬之情油然而生。其实，也不能说对贾老巴不熟悉，在他收藏到的《烈士大功功臣及干部生平事迹登记》中，有贾老巴的名讳，里面有如下记载：

大功功臣贾老巴事迹（六〇五团）

一、在津武县李家堡、万庄开展爆破运动时爆破成功，奠定了大家对爆破的信心。曾立过两大功。

二、定真战斗机智勇敢，带领一个排，解决敌人一个排，自己身先士卒，第一个冲在前面，评为"功（臣）"。

三、太原战役，带领一个排，身先士卒，冲在前面，打退敌人反突，与我军打开前进道路。最后光荣牺牲。

该同志思想纯洁，忠诚和蔼，团结，勇敢，同志们都爱护他。

登记册中，还特别标明有一首《歌唱贾老巴》的歌曲。早知道他是一位大功英雄，没有想到贾老巴竟然是年纪这样小的大功英雄，他推算了一下，这个小小年纪的英雄，牺牲的时候才18岁。

在刘勇峰的带领下，王艾甫一行见到了烈士的哥哥——78岁的贾英老人。其时，他已经离休在家，住在石家庄一个干休所里。

贾英在言语里对这位牺牲57年的弟弟疼爱有加。他说，他们家住在白洋淀旁边的一个村子里，家里弟兄5个，老巴是老五，所以叫老巴，老巴老巴就那样叫着，他的真名倒不为人所知了。1939年，日本人到村里"扫荡"，一家人坐船跑，后面追上来的日本人就用机枪扫射，他们弟兄亲眼看到自己的母亲被射杀，当时老巴才7岁。后来八路军在当地建起根据地，弟兄两个参加了儿童团，当时老巴是儿童团里最小的。老巴当兵的时候，个子

第七章 燕赵悲歌

不高，部队首长嫌他小不收他，他非当不可，问他为什么这么坚决，他一口咬定就是要为娘报仇。首长犟不过他，他终于入了伍。在部队里是人见人爱，大家都当他是小孩子，1947年立大功的时候，上级要提拔他当排长，别看他打起仗来虎虎生

和烈士贾老巴的兄长贾英一起翻阅六十八军军史。

威，可平时在部队里就是一个少不更事的顽童，哪能领导了别人，后来只好作罢。到太原战役开始之后，他好像也就是个副排长。

太原战役的时候，贾英是另外一支部队的医生，弟兄两个同时开赴太原战役战场。在战前，贾老巴曾经给哥哥去过一封信，从他的来信看，贾老巴年轻气盛，情绪十分高涨，他说，部队以"排山倒海之势而来，攻打太原胜利在望"。

没想到，这一封信之后，贾英再知道弟弟贾老巴的消息时，弟弟已经牺牲了。太原战役前的这一封书信，也成了哥俩儿的最后一次联系。

当时，哥哥贾英就在距离其战斗打响处15公里外的战地医院，他也知道六〇五团打到北边来了，好几次都想抽空去看看弟弟，可始终没有抽出工夫来，而贾老巴也因为战斗任务紧而脱不开身，有老乡路过，急匆匆地捎一句话过去，弟弟那一头再捎一句话过来。

战斗打响后，贾英一直在等候弟弟的消息。可是六〇五团传来的消息说法不一，有说贾老巴重伤住院，有说贾老巴已经牺牲了。两个消息一对比，立即意识到这肯定不对，肯定是出事了。一直到太原战役结束，六〇五团开赴大同作战，贾英一直守候在部队行军必经路上等着，希望能看到弟弟。那一天是1949年的4月27日，一直从上午等到下午两点多。部队一队一队开过去，始终看不见弟弟生龙活虎的影子，路过的同志说的也跟前些天得到的消

送烈士回家

烈士贾老巴的兄长贾英敬赠锦旗。

息一样。凶多吉少,弟弟肯定是牺牲了。

他不甘心,找到老巴所属部队的战地医院,这才准确地证实,贾老巴确实是牺牲了,同时,医生还告诉他,贾老巴牺牲之后,埋葬在太原城北新城飞机场。

哥哥贾英像疯了一样不能自持,他怎么也不相信这一个弟弟会牺牲,他勇敢,他机灵,他大胆,他机敏,长眼的子弹都射不到他的,他怎么会牺牲?当下,贾英强忍着悲痛借了一辆自行车,骑了3个多小时到达飞机场掩埋烈士的地方。那里到处都是插着木牌牌的烈士坟墓,一进墓园,他就扔下自行车,趔趔趄趄穿行在坟冢林立的墓地,天上的太阳一忽儿黑,一忽儿红。终于,在墓地的中央找到了贾老巴的坟墓。见到弟弟的坟墓,贾英再也控制不住悲痛之情,趴在弟弟的坟前大放悲声,然后,静静地坐在那里抽烟,抽一口烟,看看身边的弟弟,仿佛小时候两个人坐在白洋淀水边的样子,看着天上云彩飘过,听任水鸟从眼前掠过,看渔舟迤逦驶过,谁也不说话,各有各的少年心思,各想各的少年心思。可是,现在,弟弟长眠在他乡的汾河岸边,再也闻不到白洋淀苇荡里散发出来的那浓浓的鱼腥味儿了。

贾英点着一支烟,轻轻放在贾老巴的坟头,恋恋不舍地离开。此时,残阳如血，大地一点一点地冰凉下去。

因为战斗紧张，贾英把老巴的死讯托人捎回家乡。老父亲于1949年10月套着马车亲自来到太原，把老巴从墓地里起出来。老父亲领着儿子回家了。

可能在起墓的时候，没有将老巴墓前的木牌一并起走，后来集体迁墓的时候，就按照原样又给贾老巴烈士在太原立了一块墓碑。他的遗骨葬在家乡，英名却留在了太原，这不是一个很好的象征吗？

事实上，参加太原战役的六十二军、六十八军中有许多河北籍战士，太原战役结束之后，通过战友们传递消息，烈士家属大都知道了烈士牺牲的消息，好多人都被家属从安葬地迁回原籍，而当地政府也按照处理战争失踪人员的政策，确定了他们的烈士身份。

之后，王艾甫一行驱车前往贾老巴的故乡。当时，这个地方刚刚被中央电视台曝过光，王艾甫和电视台的记者一来，全村的人像躲瘟神一样躲着他们，他们一开口就被冷冷地回绝了。恰在这个时候，来了一位年轻人，王艾甫赶忙拦住他，待说明来意，年轻人顿时释然，说，你们早说嘛，贾老巴，那是我们这里的战斗英雄，大功臣！我带你们去。

在路上，小伙子才解释人们躲避他们的原因，是因为当地人刚有一件事在全国丢了脸，不能再丢脸了。

贾老巴烈士在太原双塔烈士陵园的墓碑。

送烈士回家

贾老巴故居门楣上"人民功臣"匾额。

在贾老巴的故居前,"人民功臣"的牌匾虽然历尽风雨,可是挂得端端正正。村口,矗立着英雄贾老巴的纪念碑,他的墓地则夹在村中两处房子中间,大约有10多平方米见方的地方,墓园修整得齐齐整整,周围打扫得干干净净。问小伙子,这墓地可有专人管理?

小伙子说,没有的,反正每天总有人前来打扫,打扫得干干净净,这是我们村里神圣的地方。小伙子说,他读书的时候,每年清明节,老师总要带着学生前来扫墓,这个传统一直保持到现在。

这样的英雄,这样的乡亲,燕赵多慷慨悲歌之士,是因为有这样慷慨悲歌的土地和老百姓啊!王艾甫心里感慨道。

战友啊战友,亲爱的兄弟

2006年5月到6月,河北为烈士寻亲的热潮有增无减,随着一篇篇感人至深、催人泪下的寻亲故事刊登出来,吸引了越来越多读者的关注和参与,《青岛日报》、《保定晚报》等报社编辑也给记者打来电话,表示有意加入到"寻亲"行列,晋冀两省报纸、电视台等媒体联合行动的同时,中央电视台、上海电视台、湖南卫视、凤凰卫视、山东卫视等多家电视台也对晋冀两省为烈士寻亲活动进行了专访和追踪报道,为烈士寻亲活动迅速波及全国各地,越来越多的人都知道了山西老人王艾甫的义举。

然而,感受最特别也最深的,恐怕还是那些亲身经历过战火洗礼的老兵们。河北石家庄某干休所里,有许多老同志是中国人民解放军六十八军的官兵,当记者找到他们的时候,老同志们兴奋地说:你们可算找对人了，找到六十八军的老窝了。老同志们面对公布的365份名单，里面的烈士或是昔日的战友，或是同乡，竟能找认出大半儿，并提供了不少寻亲线索。有的老同志彻夜难眠，连夜画出太原战役的作战形势图，希望报社刊登出来，让更多的人了解那一场悲壮而惨烈的战役。有的老同志流着泪读完新闻，马上沉浸在回忆之中。

翻开当时《燕赵晚报》，报纸还专门辑录了几位老同志的口述实录。虽然时间已经过去半年多，读起来仍然让人血脉贲张，激动难抑。

张树桂：（78岁，原六十八军六〇五团五连司号员）

打太原时，我们的部队一夜间奔袭60里，开到了新城机场附近的阳曲县青龙镇（音）。当时，我们和胡宗南的那个师激战，反复拉锯，部队伤亡很大。拉锯战打了一天一夜后，我的腿上挂花（受伤），但当时没有下来，三天后伤口化脓，才下了火线。

那时候，我是连部的司号员，和贾老巴、马保安、赵献都在一个连。马保安、赵献是我的入党介绍人，我们三个人曾在老乡家住一铺炕。赵献是

前来扫墓的河北籍烈士亲属寻到亲人墓地后泣不成声。

送烈士回家

我们的副指导员,他当过教员,有些内向,但人非常好,他个子比我矮,左眼有些模糊……

最激烈的战斗发生在北门外,我受伤没有赶上,贾老巴、马保安、赵献他们都是在那时牺牲的。我养好伤后回到部队,才知道他们牺牲的消息,那时已经过去了两个月。太原战役相当残酷,我所在的医院大部分伤员都是六〇五团的,这个团9个连长有的牺牲,有的负伤。

后来,我参加了解放大西南的战斗,并两次入朝作战,抗美援朝胜利后转业。我当兵11年,绝大部分时间在打仗,能活下来,本身就是幸运的。常常想起睡在一铺炕上的战友,他们把年轻的生命献给了新中国的解放事业,永远地去了。这么多年了,我想念他们,却没有办法,只有在梦里见到他们……

李根茂:(79岁,太原战役时机动连民工兵)

我是武委会民工团的,太原战役前,在天津往前线运粮食,组织看我有经验,所以打太原时就让我去了。当时我们村一共去了12个人,都是20岁刚出头的小伙子,受党教育了好几年,什么都不怕。

那时候,我们是晚上挖战壕,白天飞机一直在上面飞着,如果看到下面有动静就扫射。挖的时候我们身体都是斜侧在地上,手拿着东西往外面铲土,从天一黑到第二天天蒙蒙亮才结束,一晚上不停手地干。经过三条防线才能到南门城墙,我们的战壕挖了好几天。

战场就是杀场,不定什么时候就牺牲了,所以上战场的士兵,身上的衣服各处都写着姓名,像袖口、领口等。战斗的时候,我们就从战壕中弯着腰跑到前线把伤者背到安全的地方,那里有卫生员待命。阵亡的烈士,不论职位高低,团长、连长、排长还是战士,被背回后方后,卫生员都会擦干净他们身上的血迹,然后用干净白布包裹好。我看到埋葬烈士的地方,都插着一个小木牌,上面用毛笔写着烈士的名字。

报纸拿出整版的篇幅连续公布烈士名单的那些日子里,干休所一位老同志显得非常特别,他每天戴着老花镜仔仔细细读完,然后用铅笔在报纸上勾勾画画的,大家虽然知道他也是六十八军的老战士,但谁也不明白他内心里翻腾

第七章 燕赵悲歌

的波涛。

报纸刊登完365名烈士名单的那天下午，老人把自己关在屋子里，抱头痛哭。老人叫杜明学，这位78岁的老人，就是当年太原战役"处烈队"的副队长。

"处烈队"全称为处理烈士后事工作队，实际上就是负责组织战士和民工掩埋烈士遗体。

当年"处烈队"副队长杜明学确认烈士登记册中的战友名字。

公布的名单，有111名是经他的手掩埋的烈士。

太原战役开始，时任宣传队队长的杜明学被抽到"处烈队"担任副队长，"处烈队"由12人组成，都是从师、团宣传队抽调上去的，他还记得他们的老队长，师里有名的"老八路"，名叫陈孝儒。仗打在哪里，"处烈队"也跟在哪里。在战前动员会上，杨成武司令员专门作了指示，给他们定下若干条规定。

一、烈士从火线上背下来只许用担架抬，不许用车拉；二、对烈士要详细登记，名、尸准确，籍贯无误；三、记下所有特征，以防重名混淆，又便于无名烈士的查对；四、移动烈士要轻手轻脚，不可碰撞；五、烈士伤口要包扎，要用热水净身净面，不许留有血迹；六、团首长要到烈士墓进行慰灵式；七、给烈士穿、脱衣服要轻喊其名字；八、在可能的情况下，入殓、安葬要接近地方风俗；九、对无名烈士必须查出真名实姓……

老人说，这份登记册里，有111名烈士是他亲手给他们脱血衣、擦洗身体、包伤口、穿寿衣、入殓、下葬、竖标牌、对生死簿、查无名烈士的真名……登记册上二〇三师、六〇七团、六〇八团、六〇九团的烈士都是经他亲自掩埋的，上报烈士名单也是他填写的。

在太原城外西村，他们安置了第一批烈士的遗体。8位战友牺牲得异常悲壮。先从他们的上衣兜里找出写着烈士姓名、籍贯的纸条，登记在册，换下血衣，全身擦洗干净，穿上寿衣，装进棺材，做好标牌，然后把他们埋葬。他们处理的第一位烈士叫李大海，他的头部中弹，面目全非，"处烈队"队员们一边给他换衣服，一边喊着他的名字："大海，侧一下身；大海，抬一下腿……"喊着喊着，泪水模糊了眼睛。还有一位烈士牺牲的时候就坐着，他的左手抓着一顶敌人的军帽，右手死攥着一个带肉的眼珠子，浑身血迹……

太原战役结束那天拂晓，烈士们被陆续送到营盘广场，这时候，"处烈队"队员进入了最忙碌的阶段，有的指挥摆放烈士，有的仔细登记，有的给烈士净身、穿衣。队长从烈士的上衣兜里摸出条子，报喊着姓名、籍贯、特征，队员们用毛笔把队长报的姓名、籍贯写在标牌上……虽说天冷，但队员们脸上淌满泪水和汗水。有的烈士身上没有纸条，队长只好报喊无名烈士，尽可能多记录下特征。

太原战役中无名烈士较多，有两个原因：一是战前通知每个指战员都要写个有姓名、籍贯的条子装在左上兜，但有的战士认为写条子是不祥之兆，所以没有写；二是太原战役炮伤多，容易把上兜炸毁，有的则干脆被火焰喷射器烧毁。

有的人连个囫囵尸首都没有，就是一堆肉。听战地医生说，某连在最后攻城战斗中，爆破班往城墙上垛炸药包炸城墙，不小心把引信给墩着了，城墙一样堆起来的炸药包轰地炸开，一个班的战士在瞬间飞得无影无踪啊！平常人说血肉横飞——那哪能看见血肉啊！

老人至今还记得，登记到第二十五名烈士时，只见他眉开眼笑，表情愉快安详，含笑而逝。杜明学猜想他可能是出色地完成了自己的任务，或者是听到了胜利的消息；第三十四名烈士双眉紧锁，左眼微闭，右眼仍旧注视前方，满脸红紫，上牙紧咬着下唇，双手仍然保持着射击的姿势；登记到92号时，揭开被子，只有一件破军袄包着一堆血肉混杂的土，用军服和布条缠绑着，布条头上用钢笔写着："魏占山，三连六班。"

当年，在太原战场上，处理邢发奎烈士遗体时，杜明学忍不住哭出声来。邢发奎是深泽人，当新兵时，他们曾在一个班。杜明学后来知道，在攻打太原城时，他第一个登上云梯，攀到城墙沿，用手雷、冲锋枪打开一个缺口……

邢发奎的母亲曾经到部队看过他，临走前这样嘱咐他："奎呀，当兵就不能怕死，要豁出去。当兵就要立功。我在家里等你的喜报。我可不是那想不开的人。你活着我当军属，你死了我当烈属，尽忠就是尽孝……"

这就是解放区的母亲。

太原战役过去50年之后，1999年，杜明学去了一趟邢发奎的家，他的老母仍然健在，已经92岁高龄，一家人热情地招待了他。日子富裕了，餐桌上很丰盛。老人的女儿、女婿、外孙等围圆了桌子，桌边给发奎留着一个椅子，桌子上留着一碗他最爱吃的面条，他把一包烟放在了碗边。端起酒杯，老人说："每逢过节，我就掉眼泪，我总闻着这酒里有发奎的血肉味……"

娘疼孩子呀，哪能不疼呢？

王艾甫在石家庄拜会杜明学的时候，自始至终流着泪，他感到震动、感动，这种震动和感动来得如此直接，如此具有强烈的现场感。搞收藏这么多年来，只是从图片、收藏品中品味那场战争的惨烈与悲壮，此刻，王艾甫和所有在场的人，仿佛都亲身穿过57年的时光，回到了硝烟未散的战场。

战友们的遗体被集中起来，趁着片刻的休息时光，杜明学看着一字排开的棺材，他一个个抚摸过去，他希望某一位战友只是暂时累倒了，不是牺牲了，能有什么动静，把他再救过来。但是，一圈走下来，没有一个活的。

他就纳闷，就不相信，怎么这么多人就没有一个活的，都是死的？都死啦？就不兴你们中间哪怕有一个能忽然坐起来，我递一根烟，你点一个火，咱们坐下来唠唠，说说前线的事，说说部队的事，说说家乡的事……可是，眼前尽是牺牲的兄弟们。

兄弟呀，好好躺着，好好躺着，你们安息吧。

杜明学老人离休之后，在写一个关于"处烈队"的话剧剧本，这个剧本一写就是十几年，写着写着就写不下去了。

送烈士回家

烈士啊，我心中永远的爱人

河北省晋州市庄合寨村的路平锁在河北为烈士大寻亲活动中，算是情绪起伏最大的一位。

他的父亲路焕文在他不满两岁的时候就当兵走了，听母亲王沧言讲，父亲在开拔到河北省蔚县的时候还给家里来了一封信，说是部队要开到山西去，此后就再无音讯。

20世纪50年代，按照政务院处理战争失踪人员的政策，当地政府给家里发了一张烈士纪念证，母亲王沧言也一直享受着烈属优抚政策。可是母亲是一个非常倔犟的老太太，接到烈士证书的时候，怎么也不相信丈夫已经牺牲了。

是死在哪里了，怎么死的？政府说不清楚，谁也说不清楚，活要见人，死要见尸，这什么也见不着，怎么就说是死了呢？既然说不清楚，你为什么给我送来这烈士证书？

一连串儿谁都答不上来的疑问。

甚至，有一段时期，有人传说丈夫在外头成了家，不回来了，王沧言将信将疑。不管怎么说，王沧言怎么也不相信丈夫就死了，说他牺牲了，是因为这么多年不见他的音信，政府为了安慰她才说他牺牲了。

她要等他回来。

这一等，就是将近60年。

王沧言比路焕文大3岁。女大三，抱金砖。刚婚配的时候，人都说这是好婚，好婚怎么来了个烈士证？多少年来王沧言就是想不通，搞不懂。路焕文离家当兵前，路平锁刚刚出生，名字还是他父亲给起下的，他嘱咐妻

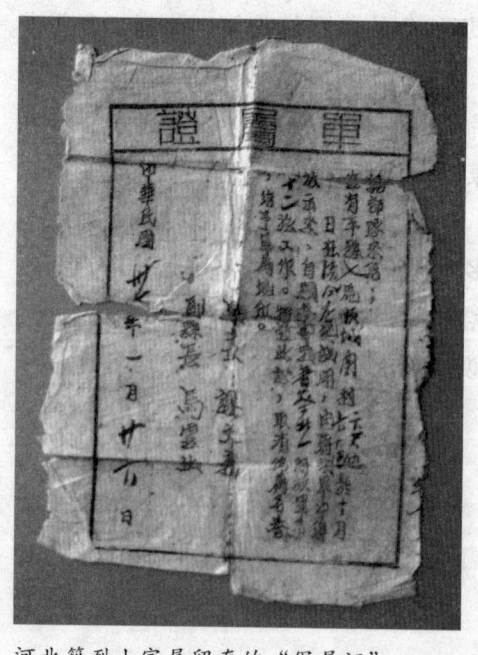

河北籍烈士家属留存的"军属证"。

子要好好带儿子长大，还特别跟妻子交代了一句话。他告诉妻子说，他们一家是山东人。

原来，路焕文的父亲有弟兄四个，日本侵略军占领山东后，为了活命，路焕文奶奶提议，兄弟几个各奔前程逃命去

烈士路焕文的儿子路平锁向王艾甫献花致谢。

吧，老弟兄几个背井离乡，洒泪告别家乡。在临行之前，他们约定，等赶走日本鬼子，老弟兄几个一定再回故里，侍奉娘亲。

路家的故里，在山东无棣县。可是，路焕文的父母亲在战乱中相继去世，他们在去世前，把老路家弟兄四个的约定传给了路焕文，路焕文在参加解放军之前，终于盼到了路家的第三代，又把这个家族的约定传给了他的妻子，让他告诉儿子，将来一定要回到山东去，回到娘亲的老屋前。

正因为老路家一直处在离乱之中，所以才一代一代守护着这个朴素的让常人不可理解的诺言。而这个诺言却仿佛像一道符，一道咒，产生的时候是离乱，传递的时候总是不祥。

在部队开拔太原前夕，路焕文曾给妻子打过一封信来，说他们正在蔚县休整，能不能带着儿子到蔚县，让他看一眼儿子，小家伙现在长什么样儿了？他这个做父亲的在梦里都构思着儿子长得像谁，像你多一点，还是像我多一点？

到处兵荒马乱，从晋州到蔚县，那得多远？起兵发马，赶到那里部队还会在？况且孩子还小，带在路上总也不方便啊！没承想，这封来信竟然成了夫妻之间的一次诀别。

那一年，王沧言是一个 27 岁的年轻媳妇，膝下只有一个不满两岁的儿子。这个刚强的年轻女人独自一人挑起家庭的担子，把孩子拉扯成人，现在已经是儿孙绕膝。但是，比生活重担更重的是思念，比岁月流逝更为结实

送烈士回家

王艾甫向黄陂烈士陵园主任刘凤真移交收藏的烈士登记册。

的是疑惑,到2006年,王沧言已经是84岁的老妪,这位在企盼中生活了57年的老人,终于挺不住了。2005年的一天,含辛茹苦一辈子的王沧言老人不慎摔了一跤,从此卧病在床,身体一天不如一天,在生命快要走到尽头的时候,脑子虽然时醒时昏,但她经常念叨着丈夫。

儿孙们就是在王沧言这样的念叨中长大,儿子路平锁也已是年过花甲。多少年来,母亲一见他闲下来就让他到外边寻找父亲的下落。由母亲一手拉扯大的路平锁当然知道母亲思念父亲的那些日日夜夜,几十年来,一点儿也不敢怠慢,他四处打听,请亲朋好友帮助找寻,他到过山西,下过河南,到过山东,可是,几十年下来,一无所获。父亲,永远寄存在母亲的脑子里,他是什么样子,路平锁一点也想不起来,在他那里,父亲就是母亲彻心彻肺的绵绵思念。

他心疼母亲,他曾经在村边修了一座假坟,哄老人家,这里就葬着父亲路焕文。可母亲是什么人,一双眼睛洞若观火,哪里是好哄的?当年政府颁发的烈士证明她都不相信,会相信突然冒出来的一个土堆?

可是理智告诉路平锁,虽然不知道父亲的下落,有政府颁发的烈士证书,就说明父亲确实是牺牲了。路平锁是把座假坟当成真坟,那里面空空如也,但不妨当做一个安慰,一个念想。清明节,要去扫墓添土,七月十五,去焚香祭拜,每年的十月初一,他又上"坟"去送寒衣……他想着,索性假戏真做了吧,等有了父亲的下落,就把父亲的遗骨接回来,在这里,与母亲合葬在一起。

2006年5月,从报纸上获知为烈士大寻亲的活动,路平锁赶紧打电话请报社帮助查找,有没有父亲路焕文的下落。

没有。报纸上公布的84份未发出阵亡通知书和公布的365名烈士名单里,都没有这个名字。

路平锁哑然无语,不过,记者告诉他,把信息发到太原王艾甫老师那里,看他那里能不能找到线索。

路平锁根本不抱什么希望,他看着报纸上连篇累牍的寻亲报道,与家人团聚是别人的事情,别人怎么那么幸运?

谁知道,打完电话还不到12个小时,他的手机响了。

他接着电话半天说不上话来:他的父亲路焕文有下落了。

王艾甫接到河北传过来的信息,立即着手查找,结果在登记的黄陂烈士陵园烈士名册中找到了路焕文烈士的名字。为了不出差错,又带着收藏协会的几个人亲自到黄陂烈士陵园实地核实——结果准确无误。

近60年的寻找,近60年的辛苦,在一瞬间就浓缩了,路平锁简直不相信自己的耳朵。他详细记下报社通报的消息,马上就回家告诉自己的母亲。

白发皤然的王沧言一听这个消息,顿时两眼放光,强撑着坐起来,悲喜交集。多少年,她已经哭干了眼泪,她已经不会哭了。但是,她想哭啊,想大哭一场。谜底揭开的时候,是最兴奋也是最失落的。老人流着泪,只说了一句:这下,可就能合葬了!

知道了父亲的下落,孝顺的路平锁立即在街上花800元租了一辆小车,带上一双儿女,上高速路,过井陉,出旧关,进娘子关,风风火火,不到4个小时就赶到太原,直奔父亲的安葬地而去。

那一天,王艾甫突然接到黄陂烈士陵园主任刘凤真的电话,刘凤真在那一头大声说,河北路焕文的家属来陵园扫墓了,你不知道?

王艾甫马上通知电视台的朋友,马上通知太原市民政局,等他们驱车到了黄陂烈士陵园,只见路平锁已经带着女儿和儿子进了陵园,带着鲜花和香

送烈士回家

烛，三人一进陵园，鬼使神差地一路走过，好像来过多少次似的，直接就到了路焕文烈士墓前，几个人扑上去抱住墓碑就恸哭起来，一边燃起香烛，一边烧起纸钱。

按照常规，陵园内是绝对不允许燃烧纸钱的，工作人员要上去阻止，被刘凤真主任拦住了，刘凤真也陪着流泪，说，就特准他们烧吧，迟了60年了，让他们尽情地哭一场。

路平锁对王艾甫说，没有想到，在我的有生之年还能得到父亲的下落。感谢王老师，感谢您这样的好人。

刘凤真自始至终看着这一幕，非常感动。他代表陵园管理处给烈士家属送上500元的慰问金。

2006年12月底，从27岁开始等待丈夫归来的王沧言老人溘然长逝。在生命的最后半年，她终于遂了心愿。

在河北涌动的寻亲大潮中，还找到一位烈士的妻子。她就是烈士赵献的妻子梁贵兰。

赵献，六十八军二〇二师六〇五团四连副指导员，1943年入党，1946年入伍，牺牲时23岁，籍贯：河北正定县朱河村。

评语：一、他15岁就参加了革命工作，残酷的"五一"扫荡中他抢救革命干部。一贯工作积极、埋头苦干。1948年经过两次远征。刻苦精神好，团结每个同志。二、在战斗中勇敢、不怕牺牲，在负伤后还鼓舞大家，我死了是为了革命，也是光荣的，只要你们完成任务。

这是继贾老巴烈士亲属找到之后的第二位河北籍烈士亲属。2006年5月13日，报社接到来自正定县一名镇武装部长打来的电话，他叫肖吕辉，他看到报纸公布的名单之后，抓起电话就打过来。赵献烈士的家乡就是他所在的乡镇。

刘勇峰立即驱车赶往烈士赵献的家乡——正定县诸福屯镇朱河村。在肖吕辉的带领下，他们径直找到朱河村村委会，不一会儿，赵献当年的妻子梁贵兰出现了。刘勇峰看到，老太太进门的时候，身子发软，眼睛发红，她在来村委

王艾甫探望赵献烈士生前的妻子梁贵兰老人。

会的路上按捺不住心里几十年的悲伤和激动。

梁贵兰老人说,那年九月(农历),俺就从太原把他接回来了。话说到一半,梁贵兰老人满眼含泪,再说不下去了。

原来,赵献烈士的遗骨早在1949年10月就迁回了原籍。

刘勇峰提议到家里坐坐,看看烈士有什么遗物没有,老人欣然同意。刘勇峰上前搀扶着老人一路来到家里。梁贵兰拿出赵献烈士的"革命烈士证书"。证书由正定县人民政府补发,证书备注一栏注明为补发新证,发证日期为1983年5月。

证书记载,赵献烈士生前在第六十八军二〇二师六〇五团四连任副政治指导员,1946年8月参加部队,1943年入党。赵献同志在1949年解放太原市北固碾村时牺牲。

1949年4月,正定县政府批准其为革命烈士。老人说,直到现在,她还享受着烈属待遇,当地民政部门每月为梁贵兰发放243元的烈属抚恤款。

梁贵兰今年80岁,与赵献烈士同岁。

1945年农历三月,赵献与梁贵兰经人介绍认识,认识10多天后就结婚了。结婚不到一年,赵献便应征入伍。梁贵兰说,赵献走的时候,已经是区上的一名干部,那时候的干部都处于地下状态,并不公开。他当兵走,梁贵兰也没有去送他,因为村子当时还没有解放,安着炮楼。到这时候,梁

送烈士回家

贵兰才知道赵献的党员身份。其实,那个时候,梁贵兰也是一名党员。党内的纪律硬,夫妻都快一年了,谁都不知道谁的底细。

赵献当兵走的那一年,正好20岁。新婚燕尔,又都是党员,两个人的感情一下子好像升华了许多,也亲密了不少。赵献入伍之后,经常打信来,两个人就这样书信往来着,在书信里说些工作的事、前线的事、家里的事,在书信里盼着早早打完仗,回家安安生生地过日子。

在六十八军开赴太原前夕,部队驻扎定县(今保定定州市),梁贵兰前往驻地探了一回亲。夫妻俩在戎马倥偬的间隙有这样一段短暂的团聚,她在那里陪着丈夫住了10天。

那是一段一生都铭记在心的甜蜜日子。但是老人伤心地说:"我去见他时,他经常给我讲部队的事儿和打仗的事儿。他跟我说,看着院子里跑着的孩子们,他就想哭,他说说不定哪天他就会为革命献身。我知道,他是希望我能给他生个孩子。

"可是,这一别就再也没见个面,没给他留下一根苗……"老人哭了。

1949年4月份以后,频繁的书信往来突然中断了,梁贵兰等不来丈夫的消息,心急如焚。她是个党员,又是村干部,不能把这情绪流露出来,可恰恰在这个时候,常有村里在外当兵的人牺牲的消息传来,这越发加重了她对丈夫的担心。

实在憋不住,就到区里打听,工作队的人总是说,现在还打着仗,会有消息的,你慢慢等着吧。听口风,怎么听怎么不对劲,也顾不得许多,就跟他们哭闹开了,到底他在哪里,这么长时间总不会不知道吧?那么大个部队,就不知道开到哪里去了?

其实,他们早就知道了消息。实在瞒不住,才告诉我说,赵献在太原牺牲了!

老人絮絮地说着,她说的时候,仿佛是在抚摸着过去那些岁月之水流过的痕迹,有起有伏,那样清晰。

知道丈夫牺牲的消息后,梁贵兰不顾家人的劝阻,坚决要到太原去探望丈夫的遗体。1949年10月份,在赵献烈士牺牲半年后,梁贵兰赶往太原。按照善后部队提供的信息,她找到了安葬丈夫的墓地。

也奇怪,那一天随行的人都在墓地里转悠,她茫然地跟着转,走着走

第七章 燕赵悲歌

着，觉得脚底下被什么东西给绊了一下，一回头，丈夫的坟就在身后。丈夫的名字写在一块木头牌牌上，黑字。

她一下子瘫在那里。她有心上前去把那土刨开，她感觉那里头的那个人是睡着了，还不忘跟她开个玩笑，绊她一下子。他根本就没有死啊！手伸出去，要刨那座结结实实的坟，哪怕刨得指甲出血，她也要刨。可是，手上竟然发不出一点点力气，她是怕刨伤了在那里长眠的丈夫。当随行的人要下锹起坟的时候，一直没有哭出来的梁贵兰不顾一切地扑到坟头上，长啸一声，撕心裂肺，大恸大悲。

那一年，他23岁，她也是23岁。

这位坚强的女共产党员，套了一架车，把丈夫接了回来。

赵献牺牲后，梁贵兰起初坚决不同意改嫁。一年以后，在驻村工作队的说服下，她才改嫁给了现在的丈夫（已去世）。

改嫁后，每逢清明时节等纪念节日，梁贵兰都会来到赵献的坟头，烧上几炷香。后来，梁贵兰年纪越来越大，走不动了，就嘱咐自己的儿女们去给赵献上坟祭奠。赵献虽然不是儿女们的亲生父亲，可是他们从来不违逆母亲的意愿，他们觉得，坟里埋着的那个英雄，是母亲身上不可分割的一个部分，或者说，从来就是和母亲一个整体的。

梁贵兰的大女儿杜美琴对刘勇峰说，我妈做梦时经常梦到他，好几次还病倒了。可我妈从来没有梦见过我爸。

说着，梁贵兰老人从箱底里拿出一个皮夹子，小心翼翼地取出一张泛黄的证书，证书折成几折，折痕处有些破损，展开看，证书少了一截，显然不知道抚摸过多少次了。她把这东西递给刘勇峰，说这是当年发的烈士证书。她女儿觉得特别奇怪，她从来没有看到过这件东西。

杜美琴对刘勇峰说，老人难受的时候，都是背着孩子们偷偷哭的。

梁贵兰郑重地对刘勇峰说，俺想拿回他的阵亡通知书！

5月22日，王艾甫把精心装裱过的阵亡通知书送达正定县赵献烈士的家乡，他们到达朱河村的时候，刚进巷口，就看见梁贵兰流着泪等在那里了。

她站在那里，流着泪。站着的，是一个持续57年的爱情经典。

送烈士回家

太原战役纪实　绝地孤松

毕竟,战争就是战争,战争就意味着牺牲生命。尽管在战役打响之前,中共中央指示徐向前争取和平解决太原问题,未能取得效果,但是,人民解放军从来没有放弃和平解决的努力。在战役进行的过程中,通过政治攻势和心理战术,许多阎军将士或逃跑投降,或阵前起义,弃暗投明。在攻击四大要塞战役紧张而残酷的过程中,也为争取国民党军队起义做了大量工作。策动黄樵松率部起义便是太原战役中另外一场战争。

黄樵松,河南尉氏县人,早年参加西北军学兵团,由排长任职起,一步一步做到师长。抗战军兴,他率部参加过台儿庄会战、娘子关保卫战。1945年南阳保卫战,他身为军长,身先士卒,抬一口棺材在前线阻击日军,一时声动海内,是抗日战争期间有名的爱国将领。西安事变爆发,他拥护张、杨的联共抗

在环城铁路边等待攻击的解放军六十军战士。

日主张,跟中共早有接触,也对中国共产党有一定的了解。

1948年,为死守太原,蒋介石电令胡宗南,将黄樵松的国民党中央军三十军空降支援阎锡山。三十军到达太原之后,阎锡山非常高兴,三十军在对日作战中屡建战功,声震中外,战斗力强,他极力拉拢黄樵松,希图他为守卫太原卖命出力。但是黄深知阎的为人做事风格,始终与阎保持一定距离。逢阎锡山母亲寿诞,许多高官都送礼敬贺,惟有黄一人称病未往。

黄樵松本来就反对打内战,此次率部北援,早有厌战情绪。他喟然叹息:"厮杀半生,如今还要打内战,国家何日得安定,人民何日得更生?"更何况,早在此前临汾攻坚战中,三十军一个旅被徐向前歼灭,忧国忧民忧军,他非常痛苦。

抗战胜利之后,他曾作诗:"十年戎马久离家,踏遍关山与水涯。待到功成归故里,携儿月下种梅花。"他希望人民能够罢兵息战,休养生息,安居乐业。可是,国民党燃起的内战战火很快就把他拉了进来。

1948年8月中旬,蒋介石急电胡宗南令三十军空运太原增援。三十军军直部队和戴炳南的二十七师(总计4个团的兵力)奉命集结西安机场等待空运,黄樵松则称病住进渭南西关一家医院,以图躲避。胡宗南先后三次派人催促,最后一次还命副官长带着他的手谕亲到渭南促黄北上。黄樵松见实在躲不过去,只好应命。

黄樵松身不由己地到了太原,他面对孤城一座,四面楚歌,内心十分苦闷、彷徨。正在这时,他收到了原西北军将领高树勋的一封信。高树勋信中推心置腹地谈到全国解放战争势如破竹和太原危如覆卵的形势,谈到中国今后的前途,"忧心如焚"地关心他这位老友的命运,劝他"当机立断,毅然举起义旗,坚决回到革命方面,创造自己的前途"。信后附有注意事项,要求"速派负责人来取联络"。

高树勋此信,是受徐向前之托写的。高在起义之前,任国民党第三战区副司令长官,也是西北军出身,是黄樵松的老长官。

当天,黄在住处找来二十七师师长戴炳南。戴炳南,山东即墨人,自1932年起就跟随黄樵松,深得黄的赏识重用,从营长、团长一直提拔到师长。黄对戴深信不疑,向戴透露了"来一个突变"即率部起义的想法。戴炳南表示"赞同"。

送烈士回家

随后,他电询在南京、上海等地同僚故旧,探寻济南吴化文军长起义的详情。11月1日,黄樵松派谍报队长王震宇、队员王裕家穿越火线,到解放军阵地,给徐向前司令员送去表示决心起义的信。徐向前亲笔复了一封信,信中说:"贵军长为早日解放太原30万人民于水火,拟高举义旗,实属对山西人民一大贡献。向前保证贵军起义后仍编为一个军,一切待遇与人民解放军同。惟时机紧迫,为更缜密计,事不宜迟。"高树勋也复了一信,强调"见面后速令王回来,以便确定我们见面地点"。

黄阅信,当天再派王正中、王玉甲出城,与华野一军团八纵接洽,表示愿意在攻打四大要塞之同时,将三十军守卫之东、北两城门,接应解放大军入城。

11月3日,王正中、王玉甲再次出城,到八纵司令部,要求解放军方面派代表进城,与黄共商起义的具体行动方案。徐向前经过慎重考虑,决定派第八纵队参谋处长晋夫,于4日晨随同进城联络,以便里应外合,夺取太原。

本来,第一兵团政治部主任胡耀邦主动请缨,愿意进城亲自与黄接洽商谈,但胡耀邦作为兵团主要领导,不可轻易出行,换成晋夫代表解放军进城与黄接洽。

晋夫,原名吕金印、吕守成,1917年出生于河南洛阳市郊西吕庙村。1937年10月在河南新乡参加八路军,翌年加入中国共产党,1939年赴延安抗大学习参谋业务。

前敌委员会立即将此情况电告中共中央军委。中共中央军委于4日回电:一、同意你们所提意见,望按情机断处理。二、迅速整理部队以便协同动作。

然而,没有想到,此时,太原城内的情况突变。11月3日晨,黄樵松用电话把戴炳南召到宿舍,出示徐向前、高树勋的信件。不料戴炳南看后神色大变,借口家属在西安国民党手中,劝黄将起义计划推迟几天。黄明白告诉他,已派王正中等人前往联络,要戴将起义事迅速告诉各团长。当晚戴炳南回到师部,非但未向各团团长传达,反而说服他的把兄弟旅长仵某把各团长集中看管起来,自己驱车赶往绥靖公署向阎锡山告密。

戴来到阎锡山绥靖公署,阎已入睡。戴双腿跪在床前,把黄樵松准备举行起义的经过与计划全部告诉了阎锡山。

第七章 燕赵悲歌

黄樵松一向信任有加且一手提拔起来的戴炳南将他出卖了。

阎锡山一听,如晴天霹雳,大惊失色,半天没说上一句话来,他都不敢相信自己的耳朵,待戴将事情经过再说了一遍,他才缓过神来。

晚10时,黄樵松突然接到阎锡山要他立即到绥靖公署开军事会议的紧急通知。黄素来为人爽直而简单,既未想到戴炳南会出卖他,在此关键时刻,也未察觉此行的凶险。等他赶到绥靖公署,阎锡山立即逮捕了他。

次日,太原前线激烈的枪炮声趋于沉寂,平静得有些异常。当黄部联络员王正中、王玉甲和解放军代表晋夫、翟许友刚跨入阎军战壕,就被五花大绑捆了起来。

阎锡山惊魂未定,想立即杀掉黄樵松。但考虑到黄系"客军",又是胡宗南的中央军,再一方面,万一杀掉黄樵松,势必会造成三十军军心不稳。他与蒋介石电报往还,于11月6日,将黄樵松、晋夫等一行5人用专机押往南京处置。

11月27日,黄樵松、晋夫、王震宇三人终被枪杀于南京江东门外中央军人监狱刑室。

黄樵松起义虽然没有成功,但在太原国民党守军内部产生了极大的震动,在外围作战中,共有5400余人起义或带械投降。

黄樵松烈士的骨灰于1979年迁往举义地太原。中共山西省委、省人民政府、省军区、省政协及省城各界举行了隆重的骨灰安放仪式,薄一波、程子华等领导人送了花圈和挽联。王益民代表山西省委致悼词,称赞黄樵松烈士是一位有正义感、有民族气节的军人,是一位爱祖国、爱人民、爱和平的爱国人士,他为解放太原献出了宝贵的生命,虽死犹生。

第八章

送归荣誉，找回记忆

荣誉高于一切

故事是讲不完的。每一位烈士的名下都写着许许多多的曲折和悲壮、眼泪和热血。

找到的每一位烈士亲属都有一个愿望，能亲眼看一看亲人生前洒下热血的土地，能亲自到失散了57年的亲人墓前献一束花，寄托哀思，表达怀念。

2005年11月22日，王艾甫迎来第一批阵亡通知书中烈士的亲人。烈士把鲜血洒在眼前这片土地上，他们的亲人尽管姗姗来迟，然而这迟到的祭奠，似乎并不迟。王艾甫从每一位亲人的脸上都读出了一份庄重、庄严和崇高。

他们是湖北烈士郝载虎和安徽烈士李漠元的亲人。同行的，还有当地民政部门的干部，甚至，郝载虎烈士所在村庄的年轻村支书郝朝阳也风尘仆仆地陪着来了。这说明什么？

王艾甫从火车站把一行人接下来，心里按捺不住激动，两拨人都在嘴里说，谢谢，谢谢。王艾甫是真心的，他从

第八章　送归荣誉，找回记忆

山西省民政厅领导代表省长慰问王艾甫（左一为太原市民政局副局长李福章）。

这一行人中间找到了自己想要找的东西。

王艾甫想起当年他穿上军装披红戴花走进军营的时候，村里那热烈的欢送场面。想起挂在村头醒目的标语：一人当兵，全家光荣；一人当兵，全村光荣。

送走是光荣，这样迎回去的，也是光荣。

因为报纸在前一天发布了烈士亲属前来祭拜的消息，太原数百名市民自发地赶到牛驼寨烈士陵园，一起参与了这一次过了57年才姗姗来迟的祭奠。

分管优抚工作的太原市民政局副局长李福章听到王艾甫的汇报之后，从始至终忙前忙后，亲自主持烈士祭拜仪式。

2006年4月2日，华中科技大学校团委和烈士亲属代表、参加寻亲的大学生代表抵并祭拜在解放战争中牺牲的5位湖北籍烈士，太原市委、市政府高度重视，为了不影响从湖北来的同学们回去上课，决定在当年的清明节前夕提前举行祭扫活动，除市委、市政府四大班子成员之外，还有来自社会各界近3000名群众、武警官兵和公安干警，盛况空前。

中共山西省委常委、太原市委书记致词，句句激昂，字字铿锵。

他说，太原是一座富有光荣革命传统的城市，在这片土地上，安息着很多革命先烈，他们为了民族的解放抛头颅，洒热血，换来了今天的和平、进步和繁荣。抚今追昔，饮水思源，烈士英魂虽逝，高尚精神犹存，他们的英名将永远铭刻在太原市民心中。缅怀先烈，就是要以先烈为榜样，做到胸怀祖国，忠于理想；就是要以先烈为榜样，做到无私奉献，奋发进取；就是要以先烈为榜样，做到真抓实干，兴并富民。

2006年6月30日，河北燕赵晚报社和烈士亲属一行20人前来太原祭拜，在黄陂烈士陵园举行了隆重的祭扫仪式。

送烈士回家

2006年10月18日,安徽籍烈士李振才侄子和安徽阜阳市民政局副局长来并祭拜,因为烈士刘克功的侄孙远在外地打工,阜阳市民政局和阜阳市广播电视局记者代亲人敬献花篮并三鞠躬。
……

亲人们从湖北、湖南、安徽、河北、贵州、四川

庄严祭奠仪式上的武警战士。

等地赶来,前来探望远逝的亲人,每一次到来,不仅仅牵动着许许多多太原市民,牵动着太原市民政部门,还有那些老战士、老将军。每一次大型的祭扫活动,他们不顾年老体迈,不论是雨雪纷飞,还是骄阳似火,总能看见他们挺立的身影。老将军们难道仅仅是要重温那些战火纷飞的岁月吗?是,又不全是。

这是军人对军人的礼敬。

实际上,上面列出的自2005年11月以来的祭扫活动,都是从各地媒体挂在网上的新闻中翻拣出来的。奇怪的是,在王艾甫那里,除了相关的图片,居然没有任何记录,每说起一次,都费半天劲儿才想起大概的日子。对于一个收藏人而言,这也太反

在学生寻亲的热潮中,湖南籍烈士张勋力的亲属终于在太原找到了烈士的下落。图为张勋力烈士的弟弟和侄儿来太原祭扫亲人。

常了。所以,当我将从新闻报道中一次次各地赴并祭扫统计交给他的时候,他就乐了,那种乐是天真的,也是真诚的,显然,我的作为给了他不小的惊喜。

是他不看重这些仪式吗?

他断然说,我不是看重,而是很在乎,很看重。

要的就是这样的一个结果。王艾甫脸上的笑容顿时消失,严肃起来。他一边看着统计表,嘴里一边念念有词,点头,脸色稍显凝重。我知道这是又搔到老汉的痒处了,但我马上噤声不语。

王艾甫说,从某种程度上讲,我要看到的恰恰就是这样一个结果。我们给烈士亲人送回去的不是死讯,而是光荣,这种荣誉只能在这种场合、在这个仪式上才能体现出来。

所以,他把这样的仪式看得很重,很重,不容轻慢。所以,每有大型活动,他总是千方百计地通知散居各地的烈士亲属,能不能来太原参加一下仪式。这种口气有时候是一个需要帮助的人在求助别人时的口气。

他曾经为此而号啕大哭过。

有一位烈士非常特殊,他就是贵州籍的烈士龙华章。这位烈士亲人是《贵阳晚报》记者找到的,得到信息之后,王艾甫才知道,这位烈士的特殊之处,不仅在于他是84份未发出阵亡通知书中唯一的贵州籍战士,而且也是这里面唯一的一名少数民族战士。他是苗族。

龙华章于1939年被国民党抓丁当兵走后,就再没有音信。得知儿子被国民党抓去,龙家老妈妈一路哭着跑到当时的乡政府找

贵州籍烈士龙华章的亲属前来太原寻访烈士下落。

送烈士回家

儿子，但没有找到。第二天，他们在县城一个叫"中南门"的地方，终于看到被国民党关押的儿子。当时，龙华章被当兵的押着出来洗漱，龙家妈妈看见儿子就放声大哭，龙华章一听到妈妈的哭声，赶紧就喊"妈——"母亲不顾一切冲过去，把四个粑粑塞给他。

龙华章带走了母亲塞给他的四个粑粑，也永远带走了他的音讯。之后的几十年里，一家人跑过许多地方找寻他的下落，但没有任何结果。由于过分思念儿子，龙家老妈妈后来变得疯疯癫癫，精神失常，她每天拿着渔网在院子里喊着儿子的名字，把渔网撒出去收回来，好像她手中的渔网可以把儿子网回来。一晃，半个世纪过去了，家中的长辈先后离世。寻找叔叔成了79岁的龙和生的心病，他曾托人多方打听叔叔的消息，但都没有结果。抱着一定要把龙华章找到的心愿，他们整个家族把寻亲的事一代一代传下来，一直传到烈士侄孙女这辈。

龙和生看到了贵州当地媒体报道的有关为烈士寻亲的消息，刊登的龙华章烈士就是他的亲叔叔，于是他委托女婿给记者写信说，报上登的龙华章烈士

龙华章烈士亲属在烈士墓前祭拜。

和他叔叔的情况相似。后来查看家谱,与有关部门核实,地址、年龄都相吻合。

在得知有了老爷的线索后,侄孙女龙爱莲就和她的丈夫跑东跑西地与记者联系,帮民政部门进行调查、核实。经过多方努力,最后

大功臣刘克功墓地。 图/龚利敏

确认王艾甫收藏的 84 份阵亡通知书中的烈士龙华章,就是他们要找的老爷。

2006 年 3 月 14 日,龙爱莲和她的丈夫从 1800 公里外的贵州赶到太原,代她父亲祭拜龙华章,同行的,还有铜仁市民政局的干部杨建生。

王艾甫热情地接待了远道而来的客人,然后驱车赶到烈士陵园龙华章烈士的墓前祭拜。

王艾甫总是乐观的。他说,他总算看到,好多人并没有忘记咱们的烈士,上至政府,下至百姓,在这次为烈士寻亲的过程中,投注了太多的热情,大学生投入进来了,民间百姓投入进来了,民政部门把这件事当成一件了不得的大事,认为给当地找回一位烈士,就是找回一份荣誉,找回一份光荣。

安徽阜阳市烈士刘克功、李振才的寻找过程,集中体现着这一切。

《江淮晨报》在刊登出两位烈士名单之后,记者亲自下乡寻找线索,华中科技大学学生刘炎炎在暑期寻亲中,会同他的高中同学一起找到了刘克功烈士亲属的下落。而找到李振才烈士亲属,则得益于一位民间收藏家徐志远的努力,他根据手中的藏品,找到烈士的线索,在刘炎炎同学和阜阳广播电视台记者的共同努力下,最终得以落实。

刘克功,系六十八军二〇二师的大功臣,在追晋大功的记录里,有如下记载:

送烈士回家

晋大功功臣刘克功

刘克功同志是六〇四团一连副排长,安徽省太和县刘小桥村人,现年27岁,贫农成分,农人出身。1946年10月入伍,1948年5月入党,该同志在每次战斗中都很勇敢,其事实如下:

一、在凉城攻坚战斗中,他是登城第一名。

二、在北营阻击战中(阻击增援清丰店之敌)他任班长,因他连失掉一个重要阵地,刘克功当即率全班向敌人反突肉搏,最后夺回阵地,给敌以很大杀伤。

三、太原战役新城战斗中,带全排冲在前面,在攻炼钢厂时,部队被敌火密集封锁,自己去和后方部队联系,介绍情况,孤身向敌搜索,并得枪两支。

李振才烈士的侄子李金山则道出了隐藏在烈士背后的故事,这个故事更是感人至深。李振才烈士兄弟三人,他行二,当年被抓丁走的时候,本来点的是他的兄长,但是兄长是家里的主要劳力,又到了娶亲的年龄,到点卯出发的时候,他就顶了哥哥的名字加入到队伍里。所以,一直到他牺牲,他用的都是他兄长的名字。

安徽阜阳市烈士李振才的侄子拉着王艾甫的手,向他表示感谢。 图/龚利敏

"我叔叔是为了我父亲去的,是顶了我父亲牺牲的啊!"所以,叔父的下落,是父亲一生想起来都心疼的心结。李金山一见到王艾甫,知道就是这样一位面容慈祥的老人为他圆了这个寻亲之梦,眼睛顿时红了,突然给王艾甫下跪致谢。

烈士的下落找到了,或者说,在太和县居然

第八章 送归荣誉，找回记忆

安徽阜阳市民政局和烈士亲属在刘克功烈士墓前鞠躬祭奠。 图/龚利敏

找出两位57年前的大英雄，一时间，整个太和县都为之轰动，那种轰动一点也不亚于在当下冒出一位英雄人物。2006年10月18日，由阜阳市民政局优抚科科长吕迎新和太和县民政局局长崔奇带领，阜阳"新闻广播"记者龚利敏和李振才烈士侄子李金山一行6人，前来太原祭扫烈士墓。

太和县民政局局长代表刘克功烈士的亲属，郑重地将烈士的阵亡通知书接过来。李振才烈士墓没有下落，他的侄子李金山沿着长长的墓园找了一圈也没找到，非常失望，流着泪，穿过长长的墓廊，在无名烈士墓前用红巾包裹了一抔黄土，长跪不起。

王艾甫说，这里面既有亲情，更重要的，是亲人把烈士的荣誉看得还是很重，他们没有忘记，作为我们这些战争的幸存者，更不能忘记。

在农历丙戌年腊月的那一个夜晚，经过两天的长谈，王艾甫总算对自己和许许多多参与寻亲行列的人们有了一个明确的总结。

他说，有的烈士已经没有亲人了，亲人早就散失了，但是，当地的人还是要把那份迟到的阵亡通知书带回去；有的烈士亲属明确表示，他们什么待遇也不要，只要知道我们这里曾出过这么个英雄，出过这么一位烈士，让

送烈士回家

我们对子孙后代有一个说法，对历史也是一个交代；有的烈士亲属已经享受到了烈士待遇，但是，他们都很自觉地生怕给政府找麻烦。这荣誉对一个军人、对军属，比什么都重要。

我们送归的是荣誉，找回来的是历史的记忆。过去，总是有意无意地拔高英雄的形象，使得活生生的英雄成为一种抽象的概念，历史也成为一种说教，在寻亲过程中，几乎所有的寻亲者都仿佛亲身体会到了战争的惨烈，从而真切而具体地感受到了今天和平安定环境的来之不易，那些牺牲了的年轻的生命，其实就可能是我们中间普通的一分子。

在凤凰卫视采访王艾甫的时候，他和一位20多岁的年轻记者前往远郊一个荒僻的烈士陵园探访。这位年轻的记者面对湮没在萋萋荒草中的烈士陵墓，不胜唏嘘。这个年轻人说，有些东西我们是可以放弃和忘记的，唯独为了国家而牺牲的这些烈士，我们不能忘记和放弃。

寻亲，就是为了重温历史。温故而知新。对历史的漠视和无知，我们将不知道自己从哪里来，到哪里去。

一个民族是不能忘记历史的，须臾都不能忘记。

这一个收藏协会

相对而言，王艾甫对历次前来祭扫烈士的活动记载不全，他对纷至沓来的荣誉好像也不怎么在意，一副懵里懵懂的样子。2006年年底，他入围"感动中国2006"人物评选活动候选人，我告诉他这消息的时候，他正在村里忙着和当地农民在那里糊灯笼，他抬起头来，连问三句，说，"是吗？刚评完怎么又评，咱忙得哪能走开？"

可是，对参与和帮助过为烈士寻亲的人和事，王艾甫都仔细地记在一个小笔记本上。

我翻开他贴身带着的笔记本，开首就是一个名单。

北京清华大学房地产总裁F18班学员捐助：20000元人民币
山西省民政厅慰问捐助：2000元人民币
北京清华大学高杰捐助：4000元人民币

太原面粉厂王爱萍捐助：500元人民币

西安王新宽捐助：500元人民币

广东省祁震捐助：1000元人民币

甘肃省陈福林捐助：500元人民币

日本张晓楠捐助：1000元人民币

山东省赵尚志捐助：300元人民币

山东省李曼华捐助：500元人民币

……

这份名单，实际上记载着王艾甫这位七旬老人的一份不安，事情是自己"惹"出来的，麻烦记者朋友，记者朋友们跟着他跑前跑后，没有记者朋友们的帮助，为烈士寻亲活动得以开展实在不敢想象，这已经让他过意不去，所以，每一位记者来，他总是热情地招呼人家吃饭。王艾甫是最怕落下别人亏欠的，他常常说，这欠下的人情可咋还哪。而每一份捐款上面附着的一份感动的同时，还有着一连串的故事……比方说，太原面粉厂王爱萍，本来就是一位下岗女工，再就业之后一个月的工资才七八百元，一下子就捐来500元。还有，自己过去的同事，在他最艰难的时候，总是这些老朋友无私地伸出援手帮他渡过难关，他说，这几年糟害自己过去的朋友太多了。没有车，朋友们应声而至；没有钱，朋友们再难也给拿过来。比方说，他为村里筹办这个工艺品厂，就是自己当年的同事、山西省检察院的政治部副主任张志云借给他1万元才得以启动的。而且，这位老朋友还专门把关于王艾甫的事迹转在自己的博客上以扩大影响。他的博客叫做"知云短语"。（http://sxsjcy.fyfz.cn/blog/sxsjcy/）

我发现，所有的捐款都入在了太原收藏协会的账上。他说，这是大家为烈士寻亲捐的钱，不能记我个人的账上，大家的事大家办，大家的钱公家来管，财务要公开。

这个协会是个什么协会呢？当然是一个民间组织，它运作的全部资金来源，除了少量的会费之外，靠的就是王艾甫经营的太原市文庙文物旧货市场，说白了，是一些文物旧货商在他那里的租金，再说白了，就是他自己靠承包市场挣得的一点零头全部补贴进协会里来。两个打字员，一个秘书长兼会计，还有一个打杂的，一个月近3000元的工资都得从他的腰包里掏出

送烈士回家

太原收藏协会全体成员合影。

来。在他的名片上，还有一个《收藏与旅游》报的主编，他接管收藏协会之后，把这一份小报改造了一番，四色铜版纸印刷，每月一期，免费赠送，供藏友们交流收藏信息。这一期下来，不说稿件编排、采写这一套，光印刷费就是3000多元，这个主编真是个受罪的"官儿"。

为烈士寻亲活动启动之后，又是购置设备，又是雇人录入，又是开办网站，又要上烈士陵园核对名单，还有，迎来送往，从外表看，办公室简陋归简陋，但是气派和效率却不输哪一个公家正规单位。可谁知道，他和那位老秘书长兼会计是怎样掐算着手里的银子，我曾经偶尔撞见他跟老会计合计陪一位烈士亲属到陵园扫墓的情景，怎么去，怎么租车打"的"，怎么着才能省出一点钱来管中午这顿饭。

那位秘书长兼会计的老人也姓王，跟王艾甫相交几十年了。两个人伏在阴暗的办公桌前这样一分一厘地算计，让人看着，心里不由发酸。在采访过程中，有几位烈士亲属几次提到，他们到达太原之后，王艾甫是怎样招待他们，吃、住、行几乎包下来了。郭培铸烈士的侄子郭茂根说着就在电话里哭了出来，他说他有一次跟王艾甫说，你一个老汉总干这死要面子活受罪的事，你说一声，我们又不是掏不起这个钱。我真担心这么下去会吃穷他，他怎么能撑得住。到了大冬天，王艾甫住的家还烧的是煤块——现在人家谁家还烧煤取暖？

郭茂根的担心是有道理的。王艾甫这几年下来，真是几乎到了倾家荡产的地步。除了满屋子盛都盛不下的藏品，没有什么积蓄。我曾经也说过，"你这样可不行。"谁知道老人竟天真地说，"我还有工资呀，我退休工资也不少哩！"

你能说他什么？

收藏协会的王大姐是自愿来协会帮忙的，她内退之后，从电视和报纸上得知王艾甫为烈士寻亲的事迹后，主动找到王艾甫给他帮忙整理资料。显然，王大姐的到来，在很大程度上缓解了王艾甫的工作压力，不然真的腾不出身子来做许多事情。一来，寻亲的电话

收藏协会每天要接待前来寻亲的群众。

送烈士回家

接受记者采访是扩大寻亲信息的一个重要手段。图为接受山东电视台记者采访。

每天要接十几个;二来,接电话的时候还需要格外的耐心,解释、查对、询问、联络,这是一项担子不轻的差事。

2007年的春节过去了,这个春节晚得有些不近情理,正月十七一过已经是公历的3月份,本以为,为烈士寻亲的热潮在持续了一年多之后已经过去了,该找的已经找到,没有找到的大概只能永远停留在收藏品里。没想到,我刚刚在那间窄小的办公室里落座,电话就从来没有停过。一位山东寻亲者从报纸上公布的无籍贯烈士名单中指认说,那是他的伯伯。因为资料不全,一时不能确认,山东汉子脾气大,对方的情绪一下子上来了,在电话里听得出激动得不得了。王大姐耐心地询问他相关的细节,几分钟过后,对方才平静下来,慢慢地把所知道的情况讲完。王大姐显然是适合的人选。

为烈士寻亲,使得这个小小的民间组

清华大学房地产总裁班同学赞助开办寻亲网站。

织听起来跟一个正规机构似的,所有的工作人员都按部就班,工作井然有序,而且,从这间小小的办公室里常常传出一阵阵令人振奋的欢呼声。每当这种欢呼声从小屋里荡出来,连在外头开饭店的小老板都知道,今天又会增加一笔小小的生意,因为每当一位烈士的身份得以确认,他们总会钻到饭店里庆贺一番的。钱花得不会多,老板也不多要,十块二十块,两样小菜,一盘过油肉,以茶代酒,碰得丁零当啷的。

好消息总是有的,好消息总是让人振奋。2006年,随着烈士寻亲的深入,社会给予王艾甫本人的荣誉也纷至沓来,在电视上频频露面,在没有事的时候,协会办公室里两个小姑娘会打开电脑把电视台寄过来的光碟翻来覆去地看,指指点点,这荣誉里头,的确有她们的一份,这也成为她们将这份待遇并不丰厚的工作坚持干下去的一个理由。

更好的消息还有。

2006年4月,中共山西省委常委、太原市委书记代表市委、市政府看望王艾甫老人,对王艾甫多年来坚持不懈收藏红色文物、帮助烈士寻找亲人的义举表示赞扬和肯定;2006年10月,山西省民政厅厅长马景龙,受山西省省长的委托前来慰问并看望为烈士寻亲作出贡献的王艾甫老人,送上2000元慰问金;2006年11月,太原市民政局从办公经费中拨付50000元设立"寻亲基金",用于支持王艾甫把为烈士寻亲的工作继续做下去;2007年1月,由清华大学房地产总裁F18班全体学员捐助的20000元开办网站专款全部到位,"中国寻亲网"(www.xunqinw.com)开通,将全部现有数据和资料上网公布,为给烈士寻亲工作提供了更好的平台……

2007年2月1日,从中央电视台"2006封面作品"十大人物评选现场得知,中央办公厅王刚主任、山西省省长于幼军、民政部李学举部长就王艾甫为阵亡烈士寻找亲人的事迹作了重要批示,总政组织部和各省民政部门都在积极寻找阵亡人员的亲属。

王艾甫脚步匆匆,这一件偶然"揽"在身上的事情做得如此执著,他说,这是他后半生做的最大的一件事。

这一个老兵,太知道这一件不同寻常的义举之中所蕴含的社会意义了。

送烈士回家

太原战役纪实　并州城下三军会师

攻占四大要塞作战之后,华野一兵团伤亡较大,急需休整补充。而且,国民党军又调来第八十三师增援,阎锡山趁东山鏖战胶着之际,在汾河以西红沟、圪撩沟、万柏林、三角村、城北炼钢厂和附近抢修了5个新机场,其外援通道一时难以切断。迅速攻克太原已不可能。

1948年11月8日,东山要塞战役胜利前夕,前委致电中共中央军委:"为争取早日打下太原,避免旷日持久,增大消耗,特提议在可能条件下增加两个纵队兵力,以免牛抵角,从敌人弱点上突破,便利防线配合东山主力,迅速解决战斗。"

此时,平津战役即将开始,中央军委曾考虑以华北军区第二兵团的第三、第四纵队及第八纵队第二十四旅参加太原战役,但从全局出发,于11月16日致电徐向前、周士第指出:"估计到太原攻克过早,有使傅作义感到孤立,自动放弃平、津、张、唐南撤,增加尔后歼灭困难。"根据中央军委意见,前委决定:以巩固东山之牛驼寨、小窑头、淖马、山头四要点继续向前推,再打下数要点,以利有力围困敌人与展开政治攻势。另以晋中军区三个分区部队攻占河西重要阵地,以炮火确实控制机场,我东山部队即准备在东山过冬,加做窑洞并开井修路、克服运粮困难。

这样,华北野战军第一兵团与其他太原战役参战部队,开始了对太原城垣长达半年的围困。

正如中共中央军委电文所说,太原战役的节奏与推进速度,对于正在进行的平津战役与淮海战役乃至整个战局有着全局性

红旗插上太原城头。

的战略意义。

时隔半年之久的围困,时间推进到1949年,国共两党逐鹿中原的胜负已定,辽沈战役结束,平津战役结束,淮海战役结束,东北全境解放,国民党部队在中原、华东地区的精锐部队损失殆尽,华北地区的国民党军只剩太原、大同、安阳、新乡以及绥

罗瑞卿、杨得志等十九兵团首长在研究攻打太原的作战方案。

远的董其武部,而蒋介石国民党的统治中心南京、上海、武汉等地处于解放军的直接威胁之下,国共两党在军事力量的对比发生了根本性的转变。

其时,绥远董其武部正在酝酿起义,太原阎锡山四面楚歌,孤立无援。这时候,中共中央军委决定,对被围困半年之久的太原发起总攻,给阎锡山的统治以最后一击。

平津战役之后,根据中共中央军委1948年和1949年1月关于统一全军部队番号序列的决定,华北军区第一兵团、第二兵团、第三兵团,分别改称为中国人民解放军第十八兵团、第十九兵团、第二十兵团,三个兵团总兵力23.8万人,直属军委总部。

第十八兵团司令员兼政治委员徐向前,副司令员兼副政委周士第,副司令员兼参谋长陈漫远,政治部主任胡耀邦。下辖3个军。

第六十军,军长兼政治委员王新亭;第六十一军,军长韦杰,政治委员徐子荣;第六十二军,军长刘忠,政治委员袁子钦。

第十九兵团司令员杨得志,政治委员罗瑞卿,参谋长耿飚,政治部主任潘自力。下辖3个军。

第六十三军,军长郑维山,政治委员王宗槐;第六十四军,军长曾思玉,政治委员王昭;第六十五军,军长邱蔚,政治委员王道邦。

第二十兵团司令员杨成武,政治委员李井泉,副司令员兼参谋长唐延

送烈士回家

解放军路过榆次时,受到市民夹道欢迎。

杰,副政治委员李天焕,政治部主任李志民。下辖3个军。

第六十六军,军长萧新槐,政治委员王紫峰;第六十七军,军长韩伟,政治委员旷伏兆;第六十八军,军长文年生,政治委员向仲华。

北平和平解放,中央军委即命令解放平津的华北第十九兵团、第二十兵团及第四野战军炮兵第一师、华北军区炮兵一个师从平津地区西进,开到太原前线,与第十八兵团一起参加总攻太原的战斗。

当时,第十九兵团、第二十兵团各需编进一个在北平起义的国民党军,中共中央军委指示:两兵团等候编进起义部队,则需时甚久,攻取太原后又要休整,因此,不要等候编进,应派出干部率编进部队跟进。

1949年3月上、中旬,杨得志率第十九兵团及四野炮兵第一师,经石家庄、娘子关;杨成武率第二十兵团经大同附近分头开进,经过1000多里的行军,于4月初先后到达太原以北50多里的地区。

这样,加上在此久围太原的第十八兵团等部队,人民解放军攻打太原的兵力达到3个兵团、10个军、36个步兵师、3个步兵旅、2个炮兵师,共计32万人,拥有各种火炮1150余门。

令人振奋的是,华野三大主力数十万大军,还从来没有集中在一起进行会战。从华野成立到1949年初,三大主力一围战于山西,一出师绥远,一则跃马平北平东。而今,三大兵团会聚并州古城。

为了统一指挥太原前线作战,中共中央军委于1949年3月17日决定,由徐向前、周士第、杨得志、罗瑞卿、李天焕、陈漫远、胡耀邦等八位同志组成太原战役总前委,徐向前为书记,罗瑞卿为第一副书记,周士第为第二副书记,同时,徐向前为司令员兼政治委员,周士第为副司令员,罗瑞卿为副政治委员,统一指挥第十八、十九、二十兵团,以第十八兵团政治部为太原前线政治部。

太原战役前夕,徐向前因为身体原因正在榆次养病,未能参加在西柏坡举行的中共七届二中全会。七届二中全会结束之后,3月28日,人民解放军副总司令员兼第一野战军司令员和政治委员彭德怀,奉中共中央军委之命,从西柏坡直奔太原前线,帮助徐向前指挥总攻太原的作战。

徐向前在其回忆录《历史回顾》中记录了两位老战友见面的情景。

毛主席要彭德怀返回西北途中,来太原前线看一看,解放太原后,即可将十八兵团调往西北作战,归彭指挥。他到峪壁村看望我,讲了二中全会的精神,我也向他介绍了攻打太原的部署和准备情况。我说:我的肋膜两次出水,胸背疼痛,身体虚弱得很,没法到前边去,你就留下来指挥攻城吧,等拿下太原再走。他表示同意,报请军委批准后,彭总便留在太原前线指挥作战。为避免影响军心,那时下命令、写报告,仍用我的名字签署,实际上是彭总在挑担子。他新来乍到,对敌我情况都不熟悉,但慨然允诺,勇挑重担,实在难得。

谁敢横刀立马,唯我彭大将军。彭德怀于4月5日至7日,参加太原前总在大峪口召开的扩大会议,向到会的师以上干部150多人讲了话。他说:我这次来太原前线办两件事,一是总攻太原。太原敌人城防坚固,我参加此役,主要是学习攻坚战的经验。二是来带兵的。打下太原以后,十八兵团和十九兵团将调西北战场参加对胡、马军的决战,争取在一年左右的时间里,全部解放大西北。

随后,彭德怀就留在了太原前线指挥部,和太原前线总前委几位负责人一起,指挥了太原战役的后期战斗,直至太原战役结束。

送烈士回家

此时，经过半年围困，太原城内的阎锡山国民党守军已成瓮中之鳖，国民党方面叹息说，此时的太原，就是"赤海孤岛"。政治瓦解加上军事包围，太原国民党守军阵前投降和逃亡者甚众，有的在半夜里就偷偷带枪跑到了解放军阵地，尽管阎锡山动用了特务手段，还是无法挽回大局，人心涣散，厌战绝望情绪在国民党军队弥漫开来。

阎锡山像一个没头苍蝇一样，计无所出。台湾1968年出版的《阎锡山早年回忆录》中记述了他在这一段时间的窘境。

总统于一月二十一日（1949年）引退，中枢失重心，太原愈困难。于二月十四日由并飞青岛转上海晋京报告太原坚守情形，并与各当地空运机构主管即国防、财政、交通、联勤各部首长合洽继续加强青岛办理空运空投等事，以稳定坚守之必要条件。十七日飞奉化谒总裁蒋公，在妙高台彻夜深谈，又次日返并。三月二十九日，奉代总统急电召晋京议大计，第三次飞京，商讨国事。四月十一日第二次飞奉化谒总裁蒋公。十二日返京参加李代总统主持之"和战会谈"。公原定速返，以遂其与太原共存亡之初衷，惟总裁坚主留京……

"总裁坚主留京"，他也就顺水推舟留了下来。

此前，蒋介石指示阎锡山，太原绝难固守，要他迅速退往西安，担任西北行营主任，把重要干部用飞机接走，部队尽量往西突围；在放弃太原之前，要彻底破坏兵工厂，不得留给共产党。但是阎锡山表示不愿放弃，要坚守到底。

他知道，他苦心经营了三十多年的太原，是他在国民党那里惟一有说服力的东西，是他讨价还价的资本。他明里要部属坚守到底，暗里加紧寻找机会，准备逃离。

经过一番活动，3月28日，李宗仁致电阎锡山要他"即日命驾入京，藉聆教益"，次日下午，阎即召集要员开会，宣读李宗仁电文之后，告诉大家说，此次前往南京，"也许三天五天，也许十天八天，等和平商谈有了结果，我就回来"。他还宣布，在他离开太原期间，由梁化之、王靖国、孙楚、赵世铃、吴绍之组成五人小组，负责太原的所有事务。随后，他就登上飞机,离开太原。从太原飞赴南京,还没忘了带他的厨子。

其实,明眼人谁都知道,他此去难回。此时,解放军三大兵团已经在太原城下会师,对太原的包围圈越来越小。战斗从外围进展到太原市郊区附近。南郊和北郊两个飞机场已由解放军控制,新开辟的西门外红沟临时机场也在解放军炮火射程之内。空中运输线眼看就被解放军全部切断!三天五天,十天八天,鬼才相信。

阎锡山名义上是到南京商谈和平解决太原事宜,事实上,中共中央从来没有放弃过和平努力。4月1日至15日,以张治中为首的国民党代表团赴北平,与周恩来为首的中国共产党代表团进行和平谈判。在此期间,李宗仁表示愿意交涉和平解决太原问题。4月5日,中央军委致电彭德怀、徐向前、周士第、罗瑞卿:"阎锡山已离太原,李宗仁愿出面交涉和平解决太原问题。我们已告李宗仁代表,允许和平解决,重要反动分子许其乘飞机出走,其余照北平方式解决,部队出城两星期至三星期后开发改编等语。你们应即派人进城,试行接洽,求得于十五日前谈妥。"

太原前线总前委决定致函孙楚、王靖国,并派前国民党第七集团军司令赵承绶和炮兵司令高斌、第三十五军参谋长曹近谦进城试谈。然而,王靖国等一帮顽固分子紧闭和谈大门,以"阎锡山临走前有命令,被俘人员不准进城"、"老头不在,无人做主"为由,拒绝和谈。

王靖国自恃城防严密,企图负隅顽抗。此时,太原城防尚有独立第八、九、十总队残部、保安团、民卫团等编入正规军,强抓市民、学生组成"铁血师"、"神勇师"、"坚贞师",太原守军仍保持10万人左右,拥有各种火炮900门,四城严防,以所有炮兵组成10个炮兵群,企图以外围部队节节抵抗消耗解放军,然后在城郊诸要塞与人民解放军展开决战。

和平解决无望,总攻在即。

4月17日,中共中央军委复电徐向前、周士第、罗瑞卿:"卯寒电悉。你们觉得何时发起打太原有利,即可动手打太原,不受任何约束。"据此,太原前总将总攻太原的时间确定为4月20日。

自太原前线总前委扩大会议之后,彭德怀十多天来一直亲自深入到前线的主要阵地,检查各部队的作战准备,并和太原前总一道共同制定总攻太原方案。病中的徐向前,这时不能走动,躺在担架上,仍然日夜关心着最后的总攻部署。

大战前夕,华北三个兵团和一野的第七军以及晋中地方部队会师太原城下,把太原城团团包围,水泄不通。而经过政治瓦解和外围清扫,太原只剩下第十、第十五两个兵团部,下属6个军部、16个步兵师、3个特种兵师约8万多人,内部混乱不堪,城中所存粮弹仅能维持半月,油盐蔬菜断绝了来源,飞机空投越来越困难。士兵生活异常困苦,士气低落到极点。王靖国他们一方面用残酷的特务手段高压,另一方借阎锡山从南京发来的文告给士兵打气。

美国记者在太原被攻克之前曾采访过阎锡山,他问阎锡山:共产党现在占了大半个中国,力量如此强大,如果你没有外援,又能支持到什么时候?

阎答:我现在不能对你说出确定日期,但至少能支持到北平逆转以后。

又问:如果支持到北平逆转之后,不能成功,又怎么办?

阎没有马上回答,而是命令他的侍卫拿来501个瓶子。记者看到许多瓶子,感到非常奇怪,便说:阎将军,这些瓶子是做什么用的?

阎答:这瓶子里的物资,就是答复你"不能成功"时的办法。

那是配好的501瓶烈性毒药,除阎本人之外,所谓500"高干"每人一瓶。此刻,"高干"们都已经将这"物资"藏在了身上。说起来有些悲壮,也有些可悲。许多人事后并没有真的死去,相反多少年之后才恍然大悟:咱被他给耍了。这是后话。

第九章

寻亲2008

吹响集结号

事情还得从2007年说起。

2007年12月19日,王艾甫接到上海东方卫视收视率甚高的互动栏目—《闪电星感动》的邀请。

从2005年找到第一位烈士的下落到这一天,王艾甫就没有离开过新闻媒体朋友的帮助。2005年、2006年,王艾甫是电视台的常客,上海、香港、河北、山东、北京乃至央视,纷至沓来,邀请不断,太原电视台更是如影随形,只要有一点点线索就闻风而至。他对电台、电视台并不稀罕。上电视、登报纸,扩大影响,是这么多年来获得寻亲线索的重要途径。他对现代媒体心存感激。今天看来,媒体和媒体工作者本身,实际直接参与为烈士寻亲活动,是这一新闻事件的一个重要组成部分。

可这一回,事情闹大了。

王艾甫从拿着电视台为他买好的机票登上航班,直到来到电视台的演播大厅,都不知道他跟一部电影联系了起来。

送烈士回家

　　这部电影就是冯小刚的《集结号》。

　　他们一行到达上海,电视台也没有告诉他此行的主题,只说是拍一个节目。上午让他和随行的杜颂东前去参加这部电影的首映式。他还以为这是电视台接待安排的一部分,先看电影,再说正事。他们就去了。前往电影院的途中,看发在手中的电影介绍,他跟随行的杜颂东说,感谢人家电视台安排得周详,知道他爱看战争影片,如此特意安排,上海的朋友真够意思。

　　他看的是《集结号》。也是一个寻找烈士下落和为烈士寻找荣誉的故事。

　　不是接待安排,而是特意安排。

　　他看进去了。他激动了。

　　战争,硝烟,鲜血,牺牲,主人公被人救起,周遭死一般寂静,一个个生龙活虎的生命,他们的震天杀声,他们的笑脸,战争面前的勇敢与懦弱,喜悦和梦想……全都被死亡覆盖。死亡,来得如此真实和直接。坟场和坟场上像兵阵一样排列的墓碑,那些墓碑简单地将树干一劈两半,上面写上牺牲者的姓名和部别,特写中连长谷子地那一张被焦灼、疑问和愤怒扭曲的脸……王艾甫真是看进去了,他觉得,这些年来他的心就是那一张脸,那一张被焦灼、疑问和愤怒扭曲着的脸。他没有参加过1948年和1949年的解放战争,可是,他这个老兵怎么不知道战争?太熟悉了。

　　从电影院出来,电视台的同志并没有点破让他看这场电影的目的,可老人从电影院出来时凝重的表情让他们有些不落忍,就说:王老,看完电影有什么感想?

　　王艾甫勉强笑了笑,说:看来这种事情不仅仅发生在太原,烈士回不了家的事这么多。

　　他不知道,电影《集结号》拍摄完毕之后,制片方华谊兄弟传媒集团特意邀请祁少华导演拍摄了纪录片《牺牲》,为的是让观众对影片有

与冯小刚在一起。

一个背景性了解，在纪录片的最后，就有王艾甫为烈士寻亲的事迹。现实中的王艾甫为烈士寻亲，与影片的故事情节产生了现实性对应。只是，王艾甫记不得这个纪录片拍摄于何时，好像有这么回事。2006年，王艾甫接待过不知道多少电视台的采访，实在是数不过来，只有在人家将刻录好的光盘寄来时，他才想起，噢，是那一回，谁谁来过的。

晚上，《闪电星感动》栏目录制节目正式开始之前。他在接待室见到冯小刚、张涵予、王宝强这些当红的导演和明星，可是王艾甫一个都没听说过，这是第一次见真人，也是第一次知道他们的名字。王艾甫居然不知道这些几乎全体中国人拥趸热捧的人物，有些不可思议。人家说，这就是电影《集结号》的主创人员，他才明白，噢，是这些人啊！了不得。双方互相问候，共话为烈士寻亲。

节目录制开始，他作为特邀嘉宾走上台时，台下掌声雷动。过去的2006年，他入选上海市慈善基金会、上海市精神文明办公室、上海文化广播影视集团、上海文广新闻传媒集团、文汇报社、新闻晚报社、新浪网、东方网"十大真情·和谐2006年度人物"，他是被上海市民投票评选出来，当年是上海市一件很轰动的事件——上海观众对他并不陌生。

事先，电视台只说邀请来一位特殊嘉宾，没有透露王艾甫同影片的任何消息。他一上台转过身，台下的观众还是认出了他，这位久违了一年的山西老汉又一次回到了上海观众的视野，报以掌声，是对这位山西老人的敬意与问候。

他走上台，导演冯小刚对电影主人公谷子地的扮演者张涵予说，这就是谷子地的现实原型人物！张涵予过来与王艾甫拥抱在一起。激动的场面是当时电视栏目组刻意营造的煽情气氛，此时，台上台下的节奏推到了高潮，一老一少拥抱在一起，都很激动。

场上谁说了些什么，王艾甫是一点都回忆不起来了。但有两句话他记得清楚，是他说的。

一句，是看完电影之后，最大的感受就是人的生命太脆弱了。战争不是残酷，而是太残酷了。一场战役下来，不说子弹炮弹耗费，就是炸药都上万公斤，有些烈士遗体就是一堆用衣服包起来的模糊血肉。正因为如此，我们才应该格外珍视生命，尊重生命，不仅要远离战争，而且要牢记历史，不忘先烈。

送烈士回家

做客《艺术人生》。

一句,电影的主人公和他的战友还是幸运的,最后总算有了着落。而还有许许多多的无名烈士,他们把血洒在了解放战争的战场上,灵魂至今不能安息,不能跟他的亲人团圆。在我的有生之年,一定要把手上未送出去的55份烈士阵亡通知书送出去。

壮语豪言,发自肺腑。节目录制完之后,他半信半疑地问同行来的太原收藏协会秘书长杜颂东,"冯小刚刚才说什么?我是电影的原型?我跟电影有什么瓜葛吗?"杜颂东说,他也是听了一耳朵,光顾激动了,没听清楚。

但是,第二天,上海的报纸、北京的报纸出来,将他与电影的主人公结结实实捆绑在一起,一口咬定他就是电影《集结号》的原型人物。这让他喜,又让他忧。何德何能,怎么敢当?从上海回来之后,太原也正在上演这部电影,从来舍不得看一场电影的他,花50块买门票把自己送进电影院,又看了一遍。

就是从这一期电视节目开始,随着《集结号》在全国的热播,在新闻媒体上相对沉寂了一年的王艾甫再一次成为全国各地媒体追踪的对象。口径统一:王艾甫,现实版的谷子地;王艾甫,《集结号》原型。

事实上,电影的情节要比原小说丰富得多,尤其是谷子地寻找"失踪"战友遗骸,并为"失踪"战友讨个说法的情节,许多地方都能够和王艾甫为烈士寻亲、送烈士回家事迹对上号的。称他为原型,或原型之一并不为过。

也是从这一节目开始,在接下来的一年当中,他成了各地电视台紧盯着的新闻人物,这让他始料未及。

他主持的太原收藏协会的工作日志，记录着参加电视节目录制的详细情况。

2008年1月5日，应广东电视台法制频道《第一访谈·天下故事》栏目邀请，赴广州。节目录制期间，王艾甫帮忙寻找到的烈士祁克的儿子祁震随同前往。晚，"东江纵队"老战士后代设宴招待。

2008年1月26日，应CCTV《艺术人生》栏目邀请，赴北京参加当晚节目录制。《集结号》制片方兄弟影业公司董事长王中军，主要演员张涵予、王宝强，小说原著作者杨金远、小说原型人物常孟兰老人的儿子及参加淮海战役的四位老战士同时参加。

2008年2月27日，应湖北卫视《阳光行动》栏目邀请，赴武汉参加节目录制。主持人就电影《集结号》在全国热播进行访谈。

2008年4月6日，应云南电视台《情世间》邀请，赴昆明参加节目录制。同行有烈士霍小山女儿霍玉花、外孙雷计晓。

2008年5月6日，应阳光卫视邀请，赴北京参加访谈节目录制。

2008年5月13日，接待湖北卫视《故事中国》栏目前来采访，录制节目。

2008年8月11日，接待北京关键帧文化发展有限责任公司编导和摄影采访，赴汾阳县王汝钧烈士故乡、双塔寺烈士陵园拍摄。

2008年8月13日，接待中央新闻纪录电影制片厂拍摄组，拍摄《解放太原》部分镜头。

……

频率不可谓不密集，平均一个月就有一次航班远行。他每一次出门远行，登上航班舷梯，自己都有些不自在，跟每一次出门同行并照顾他的杜颂东说，咱口袋里是穷人，身架子可是富翁啊。天

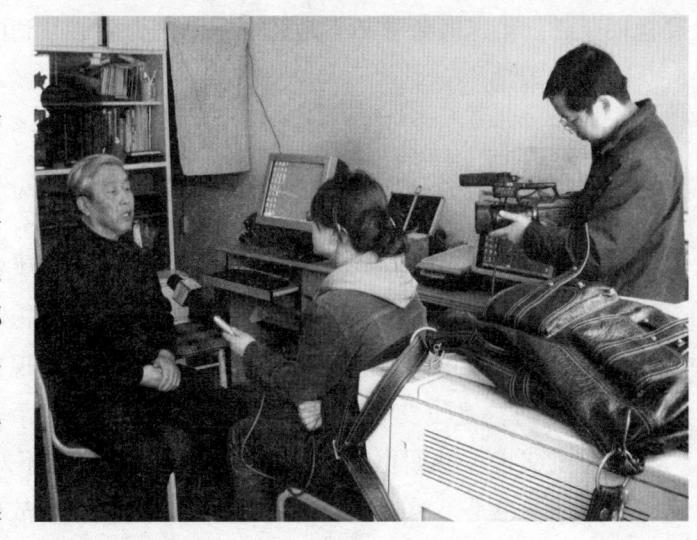

接受媒体采访。

送烈士回家

接受中央新闻纪录电影制片厂采访。

下哪一个穷人每一个月要上天转一圈?

记得2007年春节过后,我打电话问候老人,给他拜一个晚年。当然,我不是记者,对新闻并不敏感,而是挂念他在家乡左权县的那个工艺品厂,那里头有他投入的2万多元。已经为寻亲投入大笔费用,如果厂子效益不好,那可是雪上加霜。谁知道,不提还罢,一提叫苦连天,那个厂子根本无法经营,只好转手出让给村里。"都是那个电影惹的麻烦",他说。

媒体介入寻亲的力度,已经远远超过了他的预想。当年是他主动找媒体,现在媒体一窝蜂地拥上来,老汉真有些招架不住。更为重要的,是打乱了他既定的寻亲计划,从内心来说,他并不关心再多找到多少,而是关心真正把烈士送回家,真正地给落实了多少。用他的话讲,送回了消息,还要送回荣誉。而送回荣誉却不是凭他一己之力能够办到的事情。

这让他着急。

另一个原型带来的震撼

电影《集结号》再一次将王艾甫和王艾甫为烈士寻亲推进公众视野,那一段时间,除电视台之外,全国各地报纸紧随其后,王艾甫和他弟弟在烈士陵园核实烈士墓地的照片在隔了近一年之后,再一次出现在大小报纸的显要版面。所不同的,是王艾甫前头加上了"谷子地原型"几个字。

要说王艾甫不感谢电影《集结号》对他的宣传是不对的,要说《集结号》对他没有触动也是不对的。但对他触动最大的,是电影故事取材的真正原型。

《集结号》根据一个叫做《官司》的短篇小说改编而来。作家杨金远

第九章 寻亲2008

在2000年的一天中午,偶然看到中央电视台《百姓故事》栏目播一个短片,讲的是河北省赞皇县老兵常孟兰用整整50年的时间寻找自己部队的故事。这是一个非常苍凉而悲壮的旅程,小说就是根据这个真实的故事创作而成。而小说和电影的情节推进也基本遵循常孟兰的经历。

常孟兰1944年参加八路军,在晋察冀军区四纵十旅三十团三营八连任排长。

2000年中央电视台制作这个短片采访他,老人已经记不清到底是1947年还是1948年,但他记得阴历的日子,经军史专家考证,应该是1948年11月19日。这一天,常孟兰所在部队晋察冀军区四纵十旅三十团正向关外转移,部队行至北京延庆县桑园镇

与《集结号》小说原作者杨金远。

的古长城脚下,与国民党暂三军主力遭遇。这是傅作义新近改编组建的一支精锐部队,刚从东北返回,进驻平、津、察、绥。

两厢遭遇,正是黄昏,暂三军并不摸解放军这边的底,根本不知道与他们遥相对垒的是仅仅一个团的兵力,借着昏晦天光,设枪架炮,排兵布阵,这支刚从东北战场上败下阵来的国军部队是闻"共"丧胆,准备一场恶战。

敌强我弱,兵力悬殊,走为上计。团首长当机立断,趁国民党部队还未弄清虚实,大部队迅速撤离,避开锋芒,甩开敌人。

连长来到常孟兰身边。

"二排长!"

"有!"

"命令你带一个班就地掩护全团安全转移,听吹长号一声,你才撤离!"

"是!"

连长下了命令,转身而去,从此常孟兰再也没见过连长。他记得清清楚楚,连长是河北唐海县人,名叫何有海,高个子,脸上有道疤,那道疤可长了!

送烈士回家

军令如山。常孟兰带着一个班7名战士担负起掩护大军撤退的任务。大部队借着将昧未昧的天光撤出阵地，暮野四合，全团一千多人鱼贯从常孟兰他们身边悄悄离去。

战斗很快打响了。

常孟兰也不知道对面究竟有多少敌人，他伏在阵地上，隐隐能听到汽车和坦克隆隆开进的轰鸣。硝烟起处，魔伏鬼立，国民党军队的钢盔在黄昏暗昧的天光下如同遍地碧绿的西瓜贼光闪闪。

敌人一波一波冲上来，常孟兰他们居高临下，在阵地上反复穿插反击，机枪扫过，扔出手榴弹，阵地上枪声炮声大作，敌人哪里知道对面只有8个人！一轮攻击接着一轮攻击，一轮攻击败下去，再一轮攻击又败下去，常孟兰率领7名战士打退了国民党暂三军三次攻击。

在安排作战部署时，常孟兰特意把一名宁晋来的小战士放在离主阵地100米的高地上隐蔽起来，摘下棉帽，听大部队吹起的那一声长号。

这时候，20多分钟过去了，战场出现了短暂的宁静。30分钟过去，又是一片死寂。战场上的宁静比炮火硝烟的环境来得更为恐怖，你几乎可以清晰地看见死神朝自己走过来的步态走姿。那声长号迟迟没有吹响。他们阵地背后是连绵的大山，能看见长城在山脊上的身影。

死一般的寂静。

那名小战士沉不住气了，一溜烟跑将下来，带着哭音：排长，这仗没法打，不明摆着送死嘛，部队这会儿也撤光了，咱撤吧！排长！

"继续打，听不到吹一声长号就不撤离，违者执行纪律。"常孟兰几近绝望地下了死命令。

一个小时过后，战场的寂静如初，估计这会部队早就撤到安全地带，他们眼巴巴地盼望身后黑绿的天空会送来那一声凄然嘹亮的号声。

但是，没有。永远也没有。

寂静终于结束，敌人的第四轮攻击开始了。这一回，显示出国民党精锐部队的装备实力，照明弹打过，阵地上的情况一览无余，接着又是重炮猛轰，两名战士像石碑一样栽倒在常孟兰身边。这一回是无论如何也顶不下去了。他命令全体突围。很快，敌人的步兵冲了上来，常孟兰提起一挺机枪夺路突围，从纷乱的敌群中杀出一条血路，最后奇迹般地突围成功，一口气跑出几十里地。他驻足回望,只有他孤身一人,其他7名战士不知去向,更多的可能,是他们全都牺牲了,把自己的血全都泼在了战场上。

突围出来的常孟兰却一直没有能够突围出1948年11月19日那个残阳如血的黄昏。找部队,部队不知去向;寻战友,战友们都失去了联系,只好回到家乡河北省赞皇县北竹里村待下来。接下来的漫长日子里,那一声没有吹响的长号一直是他的一块心病。为啥没吹?他们顶了一个小时,部队已经转移了,为啥不吹?给忘了?

更无颜见江东父老,他不知道如何面对那7位战友的家属。

1949年10月1日,常孟兰他们用血和生命换来的共和国宣告成立了。常孟兰马上到了北京,找到北京军区一个专门负责收容战争失散人员的部门,部门的首长确认了他军人的身份,嘱咐他回家等待消息,还开了介绍信,发了路费。

等,等,再等,他等着部队首长的信息,等着给连长何有海复命,并且问问他,那声长号怎么就没有吹响?如果长号提前一刻钟吹响,提前一分钟吹响,7位战友不会那么全部牺牲啊!

等了两年。

1953年,他等不及了,又来到北京。北京给他的消息是,他所在部队全部入朝作战。北京又给他答复,回家待命,等候消息。

但是迟迟没有消息。一年过去了,两年过去,岁月如同稠密的树叶一样枯了荣,荣了枯,一晃,就是20年,40年。常孟兰攒足一次路费,就往外走。走过哪些地方?子女根本不清楚,常孟兰从一个青年走到壮年,从壮年又走到老年,走过东北,走过山西,大部分时间到近一些的石家庄、保定。

他能把连长何有海的那个命令背下来。

"听吹长号一声,你才撤离!"

"是!"

他找那个给他下命令的连长和那支部队。可每一次都失望而归。在家里的日子里,每天他都站在房顶上手搭凉篷向村口土路那边张望,希望连长突然来找他了。常常是,哪怕是一辆绿色的吉普车从身边掠过,他都一阵激动。吉普车迎面开过来,开到他身边,再从他身边呼啸掠过,接着,无边的空旷重新充溢眼际,他再次被失望淹没。

1984年,石家庄陆军学院在他们村建一个训练场,每年定时有学员前来

送烈士回家

训练。口号，军歌，军旗，军营，绿色，这些无疑给常孟兰的生活带来了超常的安慰与兴奋。他找到负责的军官，就一点点要求，他要求给部队干点活，不拘烧水洗衣都成的。

从1984年起，这一个寻找了半辈子自己部队的老兵，将自己送进了兵营。每年驻训学员一到，他就到营房里烧水干活。渐渐地，比常孟兰新一代更新一代的年轻军人们知道了老人的经历，同是军人，面对着老人，就是面对着一部解放军的历史。年轻的军人对他的态度自然就不一样，像对待长辈，又如对待一位久不见面的老同志，从不把他当外人。冬天到了，又一个冬天到了，若干个冬天里，老人每天都要过来帮忙烧锅炉，不管刮风下雪，这让学院的首长们很感动，决定给他一定的报酬，不能让老汉白干。可是跟他一说，他一个劲摇头，贵贱不收。没办法，学院派学员们送些米面粮油过去。

倒是有一样不拒绝，官兵们换装下来的旧军服，他一一收下，不几天，就见老人穿上，整整齐齐的。学员们出操，立正稍息，唱歌喊口号，常孟兰远远地跟在队伍后面，操练合度。穿着军装的常孟兰真个找到自己的队伍了。

他还爱听军校训练场吹起的号声。每一声长号响起，他驻足回首，双目迷离。

老人并没有其他收入，闲下来干什么？拾荒捡废品卖掉，攒足一点钱，就一件事，外出，找部队。但学员们再一次见到老人，看见的总是一张失望的脸。大家没有一个不同情他的。

学院副院长王庆定少将认识老人，知道他是一个村里有名的怪人，行走坐卧一直保持着军人的姿势，头一回见他，老人啪地给他敬了一个标准军礼。后来，才知道这个怪老汉居然有这么一段故事。他注意到，老人走路站立有些异样，趔趔趄趄很不稳当，后来听他儿女们说，是过去几十年来他外出找部队，大冬天只身出关上东北，把脚给冻烂了。

这是怎样的一位老人，怎样的一段故事！王庆定专门看望了他。

常孟兰见了这么大的官，就一个要求，不，是恳求。他恳求王将军帮他找找他的部队。他的部队是晋察冀军区四纵十旅三十团，有部别有番号，这么大的首长能找不到？王庆定答应一定帮这个忙，一定给他个答复。晋察冀军区四纵十旅三十团，这几个字牢牢地刻在将军的脑子里了，它时时像一枚老旧的臂章一样在眼前飘过。

直到1996年初，王庆定终于确切地打听到晋察冀军区四纵十旅三十团的下落，不过，几经变迁，它早已经远离晋察冀，驻守东北，现在是沈阳军区某集团军驻辽宁本溪的一个炮团。

王将军带来的信息，就是一声长号召唤！他听到部队的确切所在，好像听到一声军令！

"二排长！"

"有！"

"命令你带一个班就地掩护全团安全转移，听吹长号一声，你才撤离！"

"是！"

48年前的这道命令，像闪电一样在脑子里划过。任务完成，他要到部队复命。时近年关，家家户户准备过年，儿女们这回可招架不住了，要知道，1996年的常孟兰已经年过古稀，冰天雪地，关里关外上千公里的路程，他这身体，他这岁数如何过得去？等过了年不行吗？等过了年，我们陪你去不行吗？

不行！他要走。等？等什么？都等了48年了，一刻也不能等。

万里赴戎机，关山度若飞。朔气传金柝，寒光照铁衣。70多岁的常孟兰此刻就是一个标标准准的军人！

谁都说服不了他。他上路了。儿子只得给他带上钱，带上干粮，另外，没忘了给他带一点简单的行李。滴水成冰的1996年农历腊月，常孟兰一早就出发了，出河北，越山海关，火车在辽西走廊一个劲往北，再往北，总算到了本溪。下车，问本地人，本地人都知道这个炮团，可这炮团在前不久换防到了本溪郊外的一个小镇，小镇子离市区还有一段距离。

当天是肯定不能赶到部队了。这一天，已经是腊月二十九，第二天，就是年三十。车站的候车大厅空寂寥落，冷冷清清，常孟兰就那么蹲着在车站待了一晚上。

第二天是年三十，他睁眼往外观瞧，偏偏瑞雪如席，这一场雪不知道什么时候下起来。他走出车站，走几步，一脚踩下，两个雪窝子。雪如飘絮，行人绝少，漫天飞雪，掩不住年节下的喜气，这里那里，已经有鞭炮响起来，楼宇间可以看见红灯笼，红得耀眼。老人着急啊，到汽车站，这个关

送烈士回家

接待烈士董焕臣的孙子和孙女。

外中等城市居然放假不发车了。他站在公路边上,好不容易才搭了一辆路过小镇子的汽车,总算顺利。

到达小镇,天已经黑了下来,大雪停停驻驻,他到达小镇,雪又下了起来,雪将一个世界搅得明不明暗不暗,只感觉周天寒彻。一打听,部队还不在小镇上,在离小镇几公里外的一个地方。

老人一天里水米没粘牙,又将自己交给了风雪交加的夜,深一脚浅一脚向部队营房的方向走去。他不知道哪来的那股劲,他远远看见有一座军营躲开大路矗立在那里,他看见营房里射出的灯光,接着越走越轻松,他几乎就笑出来,喊出来了,脚下一松劲,像一株枯树一样不能自持,腿呀胳膊呀腰呀像哗变叛逃的士兵一样不听指挥,一头栽倒在公路边。他的脑子还是清醒的,清醒地知道营房就在前头,不远,那里面就是自己的部队。他整点一下自己的腿和胳膊,确实是没有力气了。老胳膊老腿老伙计!没有力气走,咱爬,咱爬行吗?振作起来,不要后退。他像命令自己的战友一样命令自己的四肢。他开始爬行,一截一截朝着灯光散射的地方爬过去。48年啦!咱回家啦!

幸好,过来一辆给养车发现了常孟兰。关外寒天雪地,如果再晚发现半个小时,这个老汉很可能被冻僵,冻死。

团长听说团部救回一个当年的老战士,马上就赶了过来。常孟兰讲述完自己的经历,这位年轻的团长惊呆了。48年,这个老战士就这样找回自己的部队！那一场掩护大部队撤退的阻击战他是知道的，团史里写得清清楚楚。他看着老人饱经风霜的脸，慢慢地认出来了，在团部荣誉室里有一张当年三十团的照片，放得老大，里面就有常孟兰。

这张照片的作者，是后来的散文作家杨朔，当时他在《晋察冀日报》当记者。是他为当年率突击二排第一个抢占石家庄外围的制高点云盘山，立大功之后常孟兰拍摄留影。

稍稍缓过来的常孟兰听说眼前的这位军官就是部队的团首长，不禁百感交集，老泪纵横，他想说：我找了部队48年哪，首长！他想说：我为啥没听到一声长号吹响。他还想说：那一个班的战士全都把血泼在掩护部队转移的战场上，首长！可是他没有说。常孟兰缓缓起身，立正，一个标准的军礼。

"报告！团长同志，晋察冀军区四纵十旅三十团三营八连二排排长常孟兰，奉命执行阻击任务，掩护全团撤退，已经圆满完成任务，现在前来复命！战斗中两名战士牺牲，其余人员下落不明，请首长指示！"

全场军人为这一个迟到了48年的庄严的军礼震撼了。年轻的团长回礼，全体军人回礼……

常孟兰后来见到了他的老团长。不过，是在华北烈士陵园。老团长在那次阻击战之后不久的一次战役中牺牲。

给他下命令听吹一声长号的连长何有海，后来牺牲于朝鲜战场，现安葬在异国他乡。

确认身份之后的常孟兰拒绝了赞皇县民政局给他的每月几十元老兵退伍补助，一直在石家庄陆军学院北竹里村训练场帮忙干活，直到2004年农历十月二十九溘然长逝，终年80岁。

王艾甫在央视《艺术人生》关于《集结号》访谈节目中见到了常孟兰的儿子，他听完老人的故事不禁感慨系之：两个原型人物像是上天专门安排的，常孟兰于1996年找到了自己的部队，而王艾甫于1996年从文物市场淘到84份未发出的阵亡通知书；常孟兰于2004年年底去世，而王艾甫则于常孟兰去世后的2005年，收到从湖北传来84份未发出的阵亡通知书中的第一位烈士郝载虎的消息。

哪里有这样巧合的事情！这不是天意是什么？

送烈士回家

寻亲老人身后边的志愿者

　　同样是寻亲，同样的苍凉。战争过后，以这样一种方式书写着一个人的命运。光荣与梦想，牺牲与荣誉，生命与历史，糅合成这样一个又一个故事。

　　到2008年，为烈士寻亲，感染了许多人。他们或者因为这个山西老人知道了自己亲人的下落，或者为老人的义举所感动，或者为老人艰难的寻亲之旅唤起了一腔激情。大学生参与进来，军人参与进来，电视台、报社记者更不用说，他们来自山西、河北、安徽、山东、湖南、湖北、广东、宁夏，这中间，有年轻力壮的，更有年近八旬的耄耋老者。

　　这并不是虚说的。再一次采访王艾甫的时候，走进太原收藏协会那间简陋得再不能简陋的办公室，简直抽不出整块的时间谈话，刚刚开了一个头，就被急促的电话铃声打断，给他提供信息的，报告烈士家属下落的，还有，跟他交流谈心的，还有，还有找到的那些烈士亲属因为落实不了烈士待遇而向他撒气发火的。一连两天都无法深入采访。最后，我们只能再一次将采访地点移到太行山深处的左权县。他真是太忙了。一个70岁的老汉，说话还算精神，可是精神头远不如上一次见他的时候，吃饭拿筷子的手有些微微颤抖。

　　当然，除了日益老迈的身体，还有从来未见好转的生计。说起生计，老汉倒显得豁达，他说，咱一个退休干部，一月工资两千多块呢。比起地里的农民，就是一个经济巨人，知足吧。

　　他的每一分钱都有用处。办网站，发信息，到陵园去寻找名单上烈士的墓地，网站的后台管理。2008年，他竟然启动了一个浩大的工程，将从1931年诞生在山西的红二十四军到同年诞生的晋西游击队，再到红军东征、抗日战争到解放战争，一直到抗美援朝中牺牲的山西籍烈士全部录入电脑。这个工程不仅对于一个年逾古稀的老人是一件不可思议的事，就是一个专业部门专门来做这件事，怕也艰难。可是，这个工程竟然不可思议地接近了尾声。要知道，要将20多年来牺牲的山西籍烈士姓名、部别、牺牲地、埋葬地全部分门别类整理、录入，要花费多大的心血，再加上考证、寻访、搜集，这些琐碎具体的工作，那是一个怎样的工作量？

　　王艾甫好像在作人生的最后一次拼搏，在这次冲击中，调动了他作为一个收藏家一辈子的积累和经验。他让我打开他的电脑看那些资料,开始就知道这是一个大工程,谁知道不看不要紧,一看之下,不禁瞠目结舌,不知道如何真切地向他说明自己的感受,只是摇摇头,真想上去握握他的手。

2008年清明节,烈士亲属前往太原烈士陵园祭拜。

里面录有105753位烈士的资料。

十万三晋英烈,尽在眼底。

从2005年寻找到第一位烈士,老汉每天就这样进行着与他体力和年龄不相称的超常劳动。

在某种程度上,寻亲已经成为他的一个负担。好多人都劝他该放一放了,我也曾经这样劝过他。他说:你叫我怎么放下?我放得下吗?把这个事情做到这个程度了,怎么放?牵动了那么多人进来,你抹头放弃了,别人不骂你啊!

他说起一个唐山寻亲自愿者,叫张红琢。他经常打过电话来,两人还没有见过面,可已经有多半年的交道了。像这样未曾谋面的朋友还有好多。

张红琢是一名1960年出生的中年人,今年48岁,是河北省唐山市路北区张各庄村的一位农民。不过,张各庄村显然已经属于城中村,张红琢担任村治保主任、民兵连长、物业经理,自己还有一个小企业,担任经理。

1960年出生,正经是生在新中国,长在红旗下。受的教育是完整而成熟的红色教育,同时,又经历过"文化大革命"浩劫与改革开放的全过程,这种经历与教育的反差,使得"60后"的思想背景相对复杂,眼前的世界呈现给了他们希望,但同时又没有和传统彻底告别。他们是叛逆的开始,但同时又是传统的尾巴。他们对历史有着独特而深切的理解,尤其是身处基层农村的张红琢,体味会更加深刻。

这一位新型农民怎么会跟王艾甫这样一位古稀老人搭上界呢?两代人因为

送烈士回家

一件事，奇妙地走到了一起。

2008年的春天，刚刚学会上网的张红琢在办公室里浏览网页，也是天意，他竟然闯进了点击率并不高的"中国寻亲网"，也就是清华大学房地产F18班捐助办起来的那个寻亲网站。他好奇地点击开阵亡将士查询栏，866份阵亡将士名录中，居然有唐山市辖区7个区县的28名烈士，至今没有亲属认领墓地。

这个年轻农民坐不住了。还有这回事啊！这个听评戏长大的唐山人看着说说软不腾腾的，偏偏是个急性子，一个电话就打到山西省军区军史研究室，他问王艾甫收下的阵亡将士名录是不是真的。

事实上，这份阵亡将士名录是经过山西省军区军史研究室作过鉴定的。回答当然是肯定的。

2006年5月，由《燕赵晚报》发起组织的"为河北烈士大寻亲"活动，在燕赵大地引起非常强烈的反响，报纸连续两月刊发王艾甫手中收集的河北籍烈士名单，84份未发出阵亡通知书和866份阵亡将士名录365名河北籍烈士中间，最终有34名得到落实，找到了自己的家人。

王艾甫跟河北有缘。

张红琢并不是不知道2006年这个轰动燕赵的新闻事件，报道连篇累牍，烈士和烈士背后的故事，在他看来，好像跟自己没有多少直接联系。这一次不同，他点击寻亲网站上河北籍烈士名录时，烈士的籍贯栏的记录将他的目光给焊死了。"乐亭"、"丰润"、"玉田"。一字一惊，数字数惊。数一数，28位。这些属于唐山市辖区的区县，大部分烈士的墓地已经落实，但他们的家属可能对自己亲人的葬身之处一无所知。

他又坐不住了，山西的这个老人，天南地北为烈士寻亲，真是了不得。他按照网站提供的电话，打了过去。电话那头是王艾甫。呀！这个声音居然是熟悉的，他竟然不知道怎么表达了，他说了一通感动，说了一通敬佩，最后他请示王艾甫，说可不可以帮助他找找唐山籍的烈士？

王艾甫当时苦笑，这还有什么可不可以的，为烈士寻亲不是哪一个人的专利。

张红琢听到电话那头话音的疲惫。他曾在网页上搜索过王艾甫的事迹，一下子唤起好多记忆，这个老汉在电视上见过不止一回两回。他的辛苦，他的执著，他的激情与他的清贫，已经感染了他。他清楚地知道，这一回这件事确实跟自己有关系，那么多的烈士，离自己并不远的。他有些心疼那个上千公里之外的山西老汉。

好在，他有许多便利条件。有车，忙里偷闲还可以抽出一些时间，手下还有些伙伴，外边有许多朋友，不就是一个唐山嘛，北遵化，南唐海，西玉田，东乐亭，转一个圈下来也就不到两千公里的范围，有多大？

在大平原上生活惯了的人，城乡之间只有城镇参照，趟平地走过，跟生活在山区的人在地理观念上显然有区别。他想得也显然太过简单。

他从网站上下载了唐山籍28位烈士的名录，按县区分开，乐亭，丰南，玉田，等等。他还准备了一番，他深知道一个农民外出跟公家单位打交道的难处，到唐山市路东区民政局正儿八经地开了一个证明。民政局的同志挺痛快，没有理由不支持这个激情澎湃的本地人。介绍信马上就拿到手了。

就这样，他驾车跑开了。跑开了他才意识到这不是一件简单的事情，正因为不简单，才是一种挑战。他感觉自己是在做一件有意义的事情。

往往返返，2008年这大半年，他驾车往来于唐山—乐亭、唐山—丰润、唐山—玉田之间，每一次往返都是一百多公里的路程，找民政部门了解烈士情况，查阅地图，访问老者，核实老地名与今地名的异同，往往是，为了一个烈士，他至少要往那个地方跑上三趟，甚至更多。

更何况，时隔50年之后，行政区划变动得很厉害，唐山市及唐山市周边区县的城镇化步伐非常迅速，再加上1976年的大地震，斗转星移，物是人非，找一个在50年前就在世界上消失了的人哪里有那么容易。有一个叫黄恩溢的烈士，籍贯为河北玉田丰壁后村。查地图，实地踏勘，玉田县全县也没有丰壁后这么一个地方。记错了？有可能。没记错？有可能。最可能的是笔误。他捧一张玉田县地图一镇一镇过，一村一村查，突然，眼睛一亮，玉田县窝洛沽镇有一个半壁店村。丰壁后，半壁店，字形相近，是不是半壁店。找书法字典来看，"丰"和"半"、"后"和"店"两个字没有很大区别，显然是笔误。

他驱车来到这个半壁店，一打听，果然就找到了烈士黄恩溢的弟弟。

这半年下来，把唐山市跑了个遍。若不是车轮子帮着他丈量，他还真不知道唐山竟然这样大。

事实上，寻找并不困难。比起王艾甫来，相对并不困难。他一口气就找到16个。这已经很出乎他的意料了。

送烈士回家

其中的14人分别是：

李金生

籍贯：河北乐亭县。1949年牺牲。部别：六十三军一八九师五六五团。
今地名：河北乐亭县庞各庄乡青坨村。
家属有侄子：李晓全。
墓地：太原郑村烈士陵园。

康兴厚

籍贯：河北乐亭县郑柳河村，1949年牺牲。
现地名：河北乐亭县中堡王庄乡勒流河村。
家属有外甥：徐福江、杜全利。
墓地：太原黄陂烈士陵园。

周有富

1930年4月生。籍贯：河北丰润县西关，1949年牺牲。部别：六十八军一九三师五五七团。
现地名：丰润区。
家属有弟弟：周义。
墓地：太原郑村烈士陵园。

孙承恩

籍贯：河北乐亭县三官庙村，1948年牺牲。
现地名：河北乐亭县中堡王庄乡西行村。
家属有侄子：孙国江。
墓地：太原郑村烈士陵园。

曹永平

籍贯：河北乐亭县皮王村。
现地名：河北乐亭县毛庄乡后黑村。

家属有儿子：曹庆林；女儿：曹庆华。
墓地：太原郑村烈士陵园。

吕占魁
籍贯：河北乐亭县一区。
现地名：河北乐亭县城关镇后葛村。
家属有女儿：吕志芹；外甥：谢志友。
墓地：太原郑村烈士陵园。

赵振生
籍贯：河北乐亭县三区。
现地名：河北乐亭县中堡王庄乡三官庙村。
家属有侄子：赵金全、赵金刚。
墓地：太原郑村烈士陵园。

高还学
籍贯：河北乐亭县。
现地名：河北乐亭县城关镇高安庄。
家中无亲人。
墓地：太原黄陂烈士陵园。

佟宝印
籍贯：河北乐亭县。
今地名：河北乐亭县胡家坨乡黄口孙庄。
家属有弟弟：佟保贵。
墓地：太原郑村烈士陵园。

孙希户
籍贯：河北丰润。部别：五八二团。
现地名：丰南大新庄镇河沿村。

送烈士回家

家属有弟弟：孙希琪。
墓地：太原清徐烈士陵园。

黄恩溢
籍贯：河北玉田丰壁后村。
现地名：河北玉田窝洛沽镇半壁店村。
家属有弟弟：黄恩元、黄恩达。
墓地：太原郑村烈士陵园。

王兢（悦）
籍贯：河北玉田县香椿园村。部别：第一野战军。
家属有侄儿：王少华。
墓地：无。

在太原国税局做报告。

这些来自唐山的冀东烈士，都是当年跟随杨得志和杨成武两位将军的华野十九、二十兵团的燕赵子弟。1949年1月，辽沈战役结束，平津战役结束，被徐向前指挥的十八兵团围困了长达三个多月的太原城已是孤城一座，攻陷在即。这些燕赵子弟随二杨越过太行山进入山西，直逼太原城下。

可是，有的人永远也不可能再回去了，再也听不到那软软和和的乐亭大鼓、唐山评戏了。乐亭那个地方，还是中共创始人李大钊的故乡，唐山，更是20世纪20年代中国工人运动最活跃的地区之一。

其实，不必跟着张红琢跑一趟，任何人都会读出其中的辛苦。岂止是张红琢自谦的那样：这个活没有多少技术含量，就是出钱出力出工夫的事儿。除了详细的核实，还得投注巨大的热情。除了承受旅途的辛劳，还得搭上一个普通农民的自尊。

有一次，他去某县民政局要查一下该县的烈士名录，人家就是不让，出示了介绍信也不行。你一个农民想干什么？别找事，出去！

把他给轰出来了。他蹲在路边简直想哭！你那个名录保密吗？保密咱就不说，可是那是烈士名录哇，你保什么密。但人家就不让你看你有什么办法？

事实上，来自中国人民解放军十九、二十兵团的牺牲烈士，在1949年之后都得到了烈士认证。可是解放战争几个战役下来，戎马倥偬，部队调动频繁，许多战士牺牲在哪里，埋葬在哪里，亲人们并不知道的。张红琢确实给烈士的亲人们办了一件大事情。

丰润籍烈士周有富的弟弟周义，年近古稀。哥哥参军时他只有七八岁，他只知道哥哥周有富是一位烈士，可50多年来就是不知道哥哥在哪里牺牲，埋葬在哪里。他一直以为哥哥牺牲在石家庄，可到石家庄找了几次都没找到。1990年，他的孩子考上石家庄的学校，还专门到烈士陵园费工夫仔细找了半天，还是没有结果。

整整50年之后的2008年春天，张红琢把周有富的下落送来了。这份惊喜可想而知。周义拿出民政部门发的"烈士证明书"让张红琢看，拉着这位年轻自己十好几岁的年轻人，一个劲叫"兄弟兄弟，叫我怎么感谢你啊！"

烈士亲属前往太原烈士陵园祭拜。

送烈士回家

乐亭县佟宝印烈士、丰南区孙希户烈士……十多位烈士的情况大同小异。

一位烈士一段故事，一位烈士一段亲人的牵念。张红琢不禁感慨系之。他为烈士寻亲的活动很快受到唐山市新闻媒体的关注，对他的寻亲活动进行了一系列追踪报道。刚开始，他还不大情愿，打电话告诉王艾甫说，天天有记者打电话，简直应付不过来。这个从来没有想到过在报纸电视上露面的农民兄弟，真是太淳厚了。王艾甫现身说法，告诉他说，新闻媒体的介入，是寻亲的非常好的途径。一个人就是浑身是铁，又能打几个钉子。

他马上明白了。说，王老啊，你是说新闻就是孙悟空手里的金箍棒，哪吒脚下的风火轮啊！

唐山话一说，那个味儿就如同演小品，说得山西这厢的老汉哈哈大笑起来。

新闻媒体帮了张红琢的大忙，公布了烈士名单，公布了自家的电话，顿时事半功倍，再不用像刚开始寻找时那么辛苦了。只是，家里的电话多了，报纸电视一旦有读者提供来信息就通知他，一说就是半天，打过来，打过去，费用不菲。妻子刚开始不理解，你不没事儿找事儿嘛！但发现丈夫每落实一位烈士那个高兴劲，四十多年头一回见啊！以前没发现啊！再问这个事儿，不简单，妻子就怪他，"这么大的事儿也不吱一声，我跟你出去不少受些罪不是？"

小半年之后，就夫妻双双驾车出门了。张红琢是个有心人，每去一个地方的民政局，就会把牺牲在太原的烈士名字抄录在自己的本子上，回来之后和王艾甫收集到的"太原战役阵亡将士名录"慢慢比对，这一比对不要紧，在866名阵亡将士登记册中，那些没有籍贯没有部别的烈士，加上此前28个，总共有72位，曹奎和其他6位烈士就是张红琢通过上述方法找到的。本来，"太原战役阵亡将士名录"上只有烈士曹奎等6人的名字，却未显示籍贯和部队番号。张红琢以前在玉田县、乐亭县等民政部门查找时，就注意到了这6位烈士的名字。当他把这一信息反馈给王艾甫，王艾甫根据封面提供的部队番号，初步认定6位烈士系唐山籍烈士。

我在对张红琢进行电话采访的时候，他只是平淡地说，这也没啥，咱长辈有这么一档子事儿还不着急死啊！就是为长辈们做点事儿，尽个孝心吧！

除张红琢之外，受王艾甫为烈士寻亲感染的还有安徽淮北矿业集团职工徐远东，他是一位痴迷的文史爱好者，在淮北地区收藏界颇有影响，对皖省文史多有研究。2006年以来，他认真分析县名和村名的历史变迁，成功为安徽籍烈士李漠元、李振才、张兴有、朱应伯、刘克功找到自己的亲人。

此外，还有内蒙古孙耀烈士的外甥女朱敏。王艾甫四上内蒙古，三进北京，为孙耀烈士的烈士待遇奔走呼号，整整三年时间终于落实。朱敏的母亲孙秀峰每每提及山西太原的这个老人，总是说：可得好好感谢人家啊！朱敏从网上下载了84份未发出的阵亡通知书和866名阵亡将士登记册，发现有许多原绥远省和察哈尔的烈士像她姥爷一样未能回家，她把这些烈士的信息分发给烈士所在地的同学们，求他们千万帮忙寻找。

华中科大的大学生们，在帮助王艾甫寻找完在太原战役牺牲的湖北籍烈士之后，又将范围扩大，寻找淮海战役、解放上海、南下剿匪诸次战役中牺牲的烈士亲人。为烈士寻亲，是华中科大团委和学生处固定的寒暑两期社会活动的重要内容。

山东省东营有一位赵尚志，他的父亲参加解放战争牺牲，当得知王艾甫专门为烈士寻亲的消息后，几次打电话过来让王艾甫帮这个忙。奈何，他的父亲并不是牺牲在山西战场上，王艾甫爱莫能助。几番电话往来，赵尚志并不因此抱怨这位可敬的老人，每逢年节总要给寄来一些山东特产过来。而山东的赵尚志，年纪大出王艾甫整整三岁。

更不必说还有很多好心人，还有众多的新闻媒体记者。正如王艾甫总结自己的2008年，这一年，为烈士寻亲，已经不是他一个人的事情，变成了一个社会行为，至少有许多人在操心这个事，而且行动起来，投身其中。

兄弟般的牵挂

你这样拼了老命为烈士寻亲，到底是为什么？

这本来是我要问他的一个问题，没想到，这竟然是他自己经常问自己而又找不到准确答案的问题。到底为什么？我也实在是说不清。

在今天效益、效率为主题的市场话语环境下，一个人不为什么去执著地干一件与自己切身利益毫不相干的事情，真是不好让人理解。要么是痴得可爱，要么是病得可以。

他说，他现在也说不清到底为了什么。真不知道为了什么。能够说出为

送烈士回家

的那些东西，都不足以说明这样做的理由。为钱？为利？为名？为炒作？为诸如此类。这些常人能够想到的东西真的没有为过。谁能坚持12年干这个贴本没利的事情？

幸好，我没把这个问题提出来，不然，对他来说，这太残酷了。但是并不等于别人就不问。戊子年冬月，在家乡左权县，他正帮着村里利用腾出来的旧学校布置一座民俗馆，中午请前来帮忙干活的村里老乡吃饭。其中有一个人直通通地问他：你上电视登报纸为烈士寻亲哩，人家给你多少钱儿？

"钱儿"被方言一说出来，特别俏薄，听着刺耳。乡间拙夫，这样问也就罢了，王艾甫笑呵呵地王顾左右而言他。在太原，他亲耳听到有女孩子从北京远远地打过电话来，推销什么纪念品，说，王老啊，我们仰慕已久，特地为你留了一件纪念品。交钱若干，款到发货云云。王艾甫说我没钱哪能买你的纪念品。那边的女孩子马上就说：你为那么多烈士找到亲人，天天上电视，是名人，还能没有钱？不信。

不信？不信就不信！王艾甫把电话挂了。这也可以接受，市场经济，大家混碗饭并不容易。

问题是有些就不能接受，在内蒙古某地，他就听民政部门的官员这样呵斥过他：你个死老汉三天两头给我们找麻烦，你吃上人家的钱了吗——他家给了你多少钱？

还说：我就是不给你办，你想到哪告告去。这绝不是用"误解"、"不理解"能够解释通的。就是赤裸裸的恶意和无耻！

说的还是孙耀烈士遗孤烈属待遇的事情。

每一回见到老人，他总要说起这件事。孙耀是84份未发出阵亡通知书中唯一一位有入伍通知书的烈士，那张60年前的入伍通知书，就是一块烧红的铁块，时时灼烫着他。更何况，烈士的遗孤，那一位已经73岁的老太太孙秀峰，找父亲找了20多年，已经是风烛残年，倒数着日子一天天守候着辉腾锡勒草原无边的戈壁。

她已经不能等了。

王艾甫几次打电话找当地民政局，每一次回答如出一辙。他牵挂得紧，他心急如焚，真的告去了，拿着孙耀烈士的阵亡通知书和入伍通知书两样过硬的证据，还有太原市民政局的证明材料，一直告到民政部，告到优抚司，

第九章 寻亲2008

告到部长那里。

但是，就是不解决。民政部优抚部门给当地民政部门发过函，打过电话，可两年多过去了，连一个回复都没有。民政部都没办法？民政部一位女处长也不禁疑惑，非常不可思议，她对王艾甫说：他们为什么不给办啊？为什么？

为什么？谁知道为什么。那些人不知道王艾甫这样执著为什么，他们这样拖着不办却很明显是为什么。为了面子，为了权力。

为了给孙耀烈士落实烈士荣誉，王艾甫三上内蒙古，两次遭拒，还挨了一脚。这些委屈，新闻媒体的朋友是知道的，在若干报道中，隐隐讳讳地提起过，不知道出于什么考虑就是不明明白白写出来。终于，一家报纸将王艾甫为烈士讨还荣誉的事迹全部披露出来。

2007年12月的一天，王艾甫接到一个电话。

哪位？

您是王艾甫先生吗？

是。

我看了您为孙耀烈士寻找荣誉的事迹，非常气愤。这样吧，我给你个电话，你现在就打过去。他们会给你一个准确的答复的。

您贵姓？

您也不必问我是谁，您照我说的打电话就是了，我也给你说不清楚，你跟他说吧。

说完，留了一个内蒙古的电话，那一头马上就挂了。王艾甫一头雾水，不知道对方的身份，听口气，来头应该不小。他试着按照这位神秘的人物提供的电话号码打过去，是内蒙古自治区政协。今天奇了怪了，这位接电话的人也是只听他陈述，不提供姓名地址和身份。他一口气将如何找到烈士亲属，又如何为落实烈士家属的烈属待遇，两年多苦苦奔波的前前后后说完，接电话的同志说：你放心吧，这个事情交给我办，你等消息吧。

也是，说完之后电话就挂断了。

一天之中，两位神秘人物。但是，王艾甫从人家的口气里也听出了一腔义愤，他稍感安慰。有血性的人还是多。

关于孙耀烈士遗孤烈属待遇的问题终于有了消息。消息来自国家民政部优

送烈士回家

抚司,还是那位女处长,告诉他说,孙耀的烈士追认工作和家属的烈属待遇问题会很快解决,请他放心,也不必再为此奔波劳累了。

得到这个确切消息,他放下心来。可是心里并不舒坦。这么一位烈士,阵亡通知书与入伍通知书都在,即便没有他手里的阵亡通知书,按照民政部下发的(80)63号文件规定,新中国成立以前失踪的军人,都按对敌作战牺牲处理。没有追认烈士的,经县、市、市辖区人民政府审查批准,就可以追认为烈士的。可是,竟然这么难。

2008年2月23日,元宵节刚过,王艾甫再一次远行,四赴内蒙古,来到察右中旗乌素图镇孙耀烈士的家中。他买了一袋面,一袋大米,一壶食用油。孙耀烈士的女儿孙秀峰早早就等候在那里,老太太佝偻着身体,站在低矮泥墙边,举目瞩望,她像一棵羸弱的小老树那样站着。

他把给孙耀追认烈士和落实烈属待遇的消息告诉了老太太。老太太好像已经麻木了,嘴里喃喃自语:终于给解决了,这是终于给解决了。

孙秀峰两代人寻找父亲的下落,接起茬来将近60年的光景,60年来的日子那就是用苦水浇灌过来的。她累了,真是累了。

从孙家出来,孙秀峰的女儿朱敏说不出的感激,她告诉"王大爷"说,母亲找父亲几十年,每一次出去被遣送回来,不仅没有找到父亲,渐渐地,村里人对她由同情转为厌恶:一个好端端的人凭什么回回让公安局往回遣送?寻父亲,说得好听,还不知道在外面做下什么啦!

这是现成的推测,而一次次的遣送又将这推测一次次坐实,本来孤苦伶仃的孙秀峰,头上又顶了一顶作风不好的帽子。话比这难听多了。那话不能说。不好听。这样,村里的至亲就不再理他们家,连叔伯兄弟都冷眼相向,这种伤害是伤到骨头里的。朱敏说,为姥爷争回了荣誉,也是为母亲洗去几十年泼在身上的脏水。

2008年3月,内蒙古民政厅下发文件,追认孙耀为烈士。同时责成地方政府尽快落实孙耀家属的烈属待遇。同月,察右中旗民政局根据上级文件精神,送来烈士证书,并下发文件,给孙秀峰每月300元的抚恤金。

尘埃落定。

王艾甫说,有时候他的心里头挺矛盾。一年一年下来,为这么多烈士找到故乡,找到了亲人,可是落实起来真是太难太难了,在某种程度上,只是给烈士的亲人送去一个死讯，也仅仅是一个死讯。本来人家几十年下来，有棱角的石头都给磨得平了，你这突然之间无风起浪，等于搅乱了人家的正常生活。有时候，真相意味着残忍。

常常是，某一个寻亲者打电话过来，他都要承受一番压力。钱财散尽倒还在其次，每一次生死相聚带来的刺激让人真受不了。

2008年8月，山西汾阳一个叫王立业的人打来电话说，看名单里有没有他的父亲。他的父亲叫王汝钧。

84份未发出的阵亡通知书里有。籍贯不详，部别清楚，二十四团一营机枪连战士。这位烈士是不是就是要找的人？

8月12日，王艾甫刚从北京回来，马不停蹄一路直奔汾阳市，找到那个打电话的王立业。村里的人证明说，王汝钧在1947年被阎锡山抓兵抓走，在晋中战役中被俘参加了解放军。有一个同时被俘的复员老军人王德贵证明说，他看见王汝钧他们举着手被俘，并在围困太原的时候见过他，说他在二十四团机枪连。后来王德贵入朝作战，就再也没见过这个人。

王汝钧确实是王立业的父亲。王立业说，他出生之后不久父亲被抓兵走了，从来没见过父亲一面。说着，这一个愣头愣脑的汉子哭了。少年失怙的所有磨难都写在一张沧桑的脸上。

王艾甫让村里两个见证人写了证明材料，准备回去再进一步核实，呈报太原市民政局认证。

就在这个时候，节外生枝，还是在汾阳市，离王立业村子不远的另外一个村子，又出了一位王汝钧。同名同姓，要命的是，两个人都是同一个部队，二十四

赴汾阳了解烈士情况。

送烈士回家

团机枪连。提供线索的人言之凿凿,不容辩驳。

9月20日,王艾甫让收藏协会的杜颂东前往汾阳市再行核实。结果,果然。此王汝钧不仅与彼王汝钧同名同姓,而且烈士的遗体早在1949年移灵回乡安葬,烈士母亲一直享受烈属待遇直到去世。烈士证书上明明白白,他也是属于二十四团机枪连。

难道两个王汝钧是一个人?

可是两点不符,一、阵亡登记册中注明为二十四团机枪连战士,而烈士证明书则注明为机枪连排长;二、阵亡通知书注明彼王汝钧掩埋地为太原市小窑头村29号牌,而家属则说,烈士的遗骨系从牛驼寨迁回。迁回的时候,遗骸完好,他们还从烈士的口袋里找到一个白布条,上面写着烈士的姓名、职务、籍贯。这是战前每一位战士必备的"光荣牌",为万一牺牲后认领而备。

每遇这种情况,王艾甫就采取搁置的办法,等待时日,等待新的证据出现再行核实。

可是先一位王汝钧的儿子不干了,认定这个太原老汉在哄他,几次电话打过来非让王艾甫给他解决这个问题不可,几乎就要破口大骂了。真是百口莫辩。王艾甫只能好言相慰,可怎么解释就是解释不清楚。王艾甫才知道,人家是把他当作专门负责这个事情的人了。

经过这么一折腾,王汝钧三个字这半年来在脑子里挥之不去。

他惦记的是烈士。在这些牺牲者面前,他连一点点理由都找不出来。

还有一位,河北省张家口市梁国文烈士。

早在2006年,他就在牛驼寨烈士陵园找了这位烈士的墓地。在84份未发出阵亡通知书和866名阵亡将士登记册中均有名讳。

阵亡通知书上只有一个名字,而866名阵亡将士登记册中则记载较详。

梁国文,籍贯:察(哈尔)万全(县)高家村。部别:一九七师五九〇团二营机炮连。职务:战士。

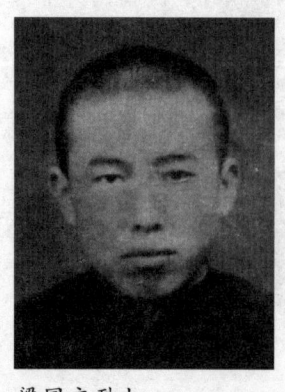

梁国文烈士。

第九章 寻亲2008

2007年初，梁国文的侄女打过电话来，说网上公布的那个梁国文就是他的亲叔叔。可是她提供的烈士籍贯为河北省万全县洗马林镇洗马林村，与登记册上的籍贯并不相符。王艾甫没有贸然肯定。

恰恰在这一年4月，张家口市一位老人托人求他，这位老人叫陈芝先，已经77岁了。说他们村里埋着三位烈士的遗骸，其中有一位是山西人，另一位籍贯不详，看王艾甫能否帮忙查找一下。

王艾甫听完电话，不胜唏嘘。这位陈芝先老人看守这三位烈士的墓地已经整整60年。电话里的人告诉王艾甫说，老人自知来日无多，身力不支，希望在有生之年烈士的亲人前来认领，将他们迁回故乡。

这三位烈士牺牲于1948年12月24日。这天解放张家口攻打水母宫的战斗打响，解放军将国民党守军团团围住，包围了三天三夜，当时陈芝先17岁，抬担架支前。当日傍晚黄昏，解放军清杂队（清理战场的人）从战场上抬下19位被地雷炸死的战士，将其放于山下的三间小屋内。这些牺牲的战士年龄大多在20岁上下，他们为这19位烈士清洗后更换了衣服，陈芝先随同清杂队的人亲手把这些烈士放入棺材就地掩埋，并为他们刻了墓碑。

1949年之后，19位烈士的墓地恰好在陈芝先的地里。在以后的日子里，陈芝先老人和老伴石秀莲每年清明节都要为烈士扫墓培土除草，哀悼烈士英灵。平时，陈芝先总爱到墓旁转转，只要发现有人在墓旁放牛放羊或有小孩过去玩耍，他就立即上前说明情况，耐心劝阻。后来，陆续有16位烈士的家属将亲人的坟墓移走，但至今还有三位烈士的坟无亲人来认领。

王艾甫想去看看这位老人。

2007年6月16日，王艾甫到中央电视台录制节目返并，他特意前往张家口，见到了这位朴实而可敬的老人。果真如人所说，老人体力渐衰，已经长卧病榻。两双手握在一起，互相温暖着。可是，烈士是牺牲在张家口，王艾甫手头并没有相关的资料，也爱莫能助。

万全县就在张家口市，王艾甫辞别陈芝先老人，直奔万全县洗马林镇。他见到了烈士梁国文的嫂子。

这位风烛残年的嫂子一番叙述，才解开王艾甫心头的疑惑。原来，这梁国文一家就是一个革命家庭。当年，年少的梁国文到高家村去办事，顺脚参军走了。因为他的姐夫是一位老八路，其时正在解放军的兵站负责征兵，就

送烈士回家

探望烈士梁国文的嫂子。

这样,他的籍贯变成了万全县高家村。

原来如此。

可是,梁国文一走就再没有回来。60多年之后,梁国文的母亲和父亲在思念中已经过世,这种思念一直延续到下一代。梁国文弟兄四人,其中有一个侄女在东北当兵,是一位师职干部。有一年,这位侄女给家里打电话说,她成天做噩梦,梦见了老奶奶,老奶奶告诉她说:你看哪,你的爸爸和两个叔叔都进来了,只有你的小叔叔在外头飘着,想办法让他进来啊!

能想什么办法?在家乡的侄儿请僧人做了一个牌位供在那里,东北那边就不再做噩梦了。

虚幻的安慰。

王艾甫仍然不敢贸然下结论,还需要找到更多的证据。既然梁国文的家是一个革命家庭,又在本地参军,也不是没有可能牺牲在本地。如果牺牲在本地,那么本地的烈士名录与烈士陵园肯定有记载。

他又回到张家口,到当地民政部门。民政部门听说是闻名遐迩的王艾甫,非常热情。王艾甫说明来意,他们马上查阅。厚厚的一叠子烈士名单,上面没有梁国文的任何信息。

民政局的同志又将他介绍到烈士陵园,陵园里管理人员也相当好,员工们早就下班了,还是陪着王艾甫查看烈士登记册。陵园的登记册更加繁杂,手工抄录，再加上原始记录，一大柜子从头到脚翻了一遍。

还是没有。

既然张家口没有，王艾甫根据军史记载，牺牲在太原的梁国文就应该是万全县这位飘在外头60年的魂灵。

2008年，根据自己的取证和相关人的证明材料，他写了详细的请求认证报告呈送给太原民政局。他正在等待着消息。

一位一位，从泛黄的纸里面走出来，走到他面前，又隐去了。年逾古稀的王艾甫经常做这样的梦，尤其是那些烈士亲人将烈士生前的照片递到他手里时，他感觉那年轻的脸庞是那么熟悉，那就是战友，那就是兄弟。

每每这时，他的脑子里响起的是一首歌。兄弟，你在哪里，天空中飘起了小雨，我要你像黎明一样出现在我的眼里；兄弟，你在哪里，听不见你的呼吸，只感觉我在哭泣，泪像血一样地滴……没有比倒下去更有力，我们牺牲，是因为我们没有放弃。

2008年，这样不放弃地走了过来。

太原战役纪实　解放华北的最后一战

尽管围困千重，困守太原的阎锡山国民党守军甚至连一炮都不敢还击，每一次还击都会召来解放军更大规模的还击。阵地之外，焦土一片。但是，太原仍然是一块硬骨头，必须以较小的代价最后一击，夺取这座千年古城。

太原前线总前委经过反复研究，制定出总攻方案。

第十九兵团由南，第二十兵团由北，第十八兵团由东，首先以穿插、分割的战术，将太原城外围的阎军主力围歼，然后集中兵力从四面攻城，全歼困守之敌。

卧虎山阵地是阎锡山外围防御之最坚固阵地，明堡林立，暗堡无数，为了减少伤亡，变敌之强势为弱势，在战役的第二阶段，即攻克太原后再攻卧虎山，或在攻城的同时伺机攻击。先将它晾在那里。

4月19日，东线第十八兵团左集团一部，首先向东南方向的阎家坟、郝家沟阵地穿插，与从南线同时插入的第十九兵团一部会合，切断了马庄阎军的退路,调动和迷惑敌人。4月20日凌晨2时起,太原战役围歼战开始了。三大兵团,分20路长驱直入,向太原城发起总攻。

在城北面,第二十兵团及第七军两个师于20日2时分三路向南攻击。第六十八军及第七军第十九师由城西之兰村沿汾河两岸直插新城、新店、芮城及芮城以东之汾河大桥;第六十六军同蒲儿路南下,先后占领皇后园、七府坟等地;第六十七军及第七军第二十师由城东北之西岭向西攻击,占领了飞机场、丈子头、牛驼寨等地,包围卧虎山。当日夜即肃清了城北十里铺以北之守军。21日,三路部队又攻占了城北工厂区及享堂村左右地区。

在城南面,第十九兵团及晋中军区三个独立旅,分三路于20日5时发起攻击。第六十四军及晋中军区部队沿汾河西岸向北突击,把敌军分割成几块,攻占大小王村,并迅速进至万柏林地区,与第七军第十九师会合。接着,包围歼灭了汾河以西守军,阎第六十一军军长赵恭一边命令各师"坚决固守",一面乘汽车逃跑。车至汾河铁桥,即被解放军击毙。阎军阵脚大乱,惶恐之中四散逃命,解放军从四面八方合围而来,阎军溃兵四下逃逸,毫无斗志,被俘无数,解放军甚至一个排就抓获200多名俘虏。至此,阎军的四个整师被全部歼灭。解放军第六十五军则沿汾河东岸向北攻击,突破了杨家堡防线,攻占老军营、西冠村、大营盘、东岗,直逼大小南关;第六十三军及第六十二军第一八六师在城东南肃清双塔寺附近之守军。21日,攻占面粉公司、民众市场等地。

在城东面,第十八兵团和第七军主力于20日下午发起攻击,首先以炮火轰击太原绥靖公署指挥部,并压制大东门等地守军炮火。是日18时,部队分两个突击集团展开攻击,先后攻占剪子湾、大把沟、郝家沟、黑土巷、大东关等地,直逼太原东门一带城垣。

至21日18时,太原周围除双塔寺、黄家坟两个点外,其余外围阎军守敌全部肃清。22日,第六十三军重炮轰击双塔寺,打掉主炮群,攻克双塔寺阵地。第六十七军与第七军第二十师攻克黄家坟、卧虎山两个坚固要塞。城郊四周的阎军守敌,在解放军一路攻击、穿插之下,乱成一团,不堪一击。解放军各路部队一鼓作气,直插城根。到22日上午9时,太原外围作战全部结束,城郊的国民党军13个师基本歼灭,约占太原阎锡山国民党守军总兵力的80%,只有少数残兵遁入太原城内。

为减轻太原城内人民生命财产的损失,太原前线司令部徐向前、周士第、罗瑞卿等将军于22日发布《告围守太原敌官兵书》,敦促守军放弃幻想,停止抵抗,和平合理解决太原问题。

接着,太原前线司令部又发布了《最后警告阎锡山书》,但太原守敌仍拒不投降。

恰恰在最后通牒发布的第二天,1949年4月23日,人民解放军百万雄师强渡长江,一举攻克国民党政府首府南京,八一军旗插上了国民党"总统府"。消息传来,太原城内的阎军更是六神无主,一片混乱。

总前委决心对太原守敌发起最后攻击。太原前线司令部、政治部发出紧急政治命令,捉拿战争罪犯梁化之、孙楚、王靖国、戴炳南、岩田等。

4月24日清晨5时30分,天色尚昧,解放军总攻开始。三颗绿色信号弹划破天空,霎时间,1300门大炮一齐怒吼,从北到南,太原城头红火闪闪,城垣一截截坍塌,碉堡和堡内阎军一个个飞上天空,尸体、残枪、断炮在火光中飞舞。

随后,第十八兵团及第七军主力从城东之大东门,第十九兵团从城南之首义门,第二十兵团从城北偏西方向同时发起总攻。

6时10分,六十六军五八九团一连和三连的两个突击组率先登上小北门城头,打退阎城防守军数次反扑后,五八九团主力全部登城。6时15分,六十三军五六二团六连、五六三团钢铁第一营尖刀连突破首义门西部城垣。6时40分,六十四军在炮火掩

太原绥靖公署被攻破,王靖国、孙楚等被俘。

护支援下,攀登云梯,在水西门以北地段,突破城垣。7时,六十五军在炮火掩护下用爆破突破南部城垣,攻克大南门。7时10分,七军、六十军在大东门以北,六十一军、六十二军自大东门以南,利用炮兵所开缺口,突破东部城垣。7时40分,六十八军在炮火支援下,乘云梯攻克大北门。

六十三军一八八师攻占首义门后,迅速占领市邮政局国民党八十三师师部,俘获敌十五兵团司令孙福麟、八十三师师长马海龙。继而在柳巷与敌展开激战。由水西门北段攻入城内的六十四军五七〇团尖刀八连由县前街向东进攻,在伪阳曲县政府门口与敌展开激烈拼杀。沿东华门向西进攻的六十军先头团攻入阎锡山特种警宪指挥处,六十二军五五三团四连在火力掩护下,把红旗插上鼓楼。与此同时,五五三团一营占领柳巷敌三十四军军部。国民党三十四军军长高倬之化装成商人企图混出城去,被认出活捉。敌城区防御体系被切为数块,我各路大军按照预先制订的任务,各自围歼守敌,并开始对敌绥靖公署的合围。

敌绥靖公署一片混乱,特务头子梁化之和阎锡山堂妹阎慧卿在绥靖公署东花园地下室自杀。孙楚、王靖国还在作最后的垂死挣扎。解放军六十二军某部一营三连和二营六连搭乘坦克由南面攻击绥署,六十二军某团二营跨过坍塌的围墙,冲入绥署大院,直扑办公大楼。政治工作员徐义保和战士陈勇夫首先冲进大厅。徐义保发现地下室暗道入口,跳入暗道,将孙楚、王靖国等活捉。北部、西部我六十四军、六十八军发起对绥署梅山的攻击,全部歼灭守敌。10时整,在绥靖公署大楼上,一面鲜艳的红旗迎风飘扬,它庄严宣布太原战役的胜利结束。

太原战役结束之后,出卖黄樵松的戴炳南企图逃跑,但不久即在城内被抓获。

一个有意思的细节是,当陈勇夫、徐义保他们攻进绥靖公署,找到地下室暗道入口向底下的人喊话,里面的人听到外边炮声轰鸣,怎么也不肯出来。听得下面有人讲:"我们不打了,希望和平解决太原问题。"

徐义保喊他们上来,下面的又说:"外面有枪声,等一会儿再出去。"

等底下的人全部上来投降后,国民党绥署参谋长赵世铃从俘房中走出来,恭恭敬敬地向徐、陈二战士敬礼,又伸手想和徐义保握手,徐未理他。赵又递过一支烟来,徐仍未理他。赵世铃才说:"孙楚、王靖国都在这里。"孙楚走过来,拿出写给徐向前和周士第、罗瑞卿的一封亲笔信,说愿意中共迅速派代表来谈判和平解决太原问题,以利太原人民。

马后炮的一封信,城已破,人已俘,尚在议论和平!

更富有讽刺意味的是,太原城被攻破的数月之后,8月13日,阎锡山在广州通过电台向他的部下喊话。他说:"我这一回没有赶上回到太原,同我的文武干部及全体军民共同奋斗,共同牺牲,我很惭愧,我心上也很不安。现在,我天天想到这里,心上还非常难受。但我在一天,一定一刻不会忘了你们,一刻不会不为你们想法子,解除你们扣在铁幕中的痛苦。你们只有咬住牙关,吃苦耐劳,等待我们中国和世界上反共的力量拯救你们……"

身处俘虏营中的"高干"们,此时望着天外一弯新月,听到这一番遥不可及的安慰与许诺,真不知该作何感想。

太原战役,人民解放军伤亡4.5万人,民工伤亡955人,歼灭国民党军1个"绥靖"公署、2个兵团部、6个军部、20个师,共毙伤俘13.5万余人。太原解放后,大同国民党守军万余人见大势已去,也于4月29日接受改编,大同和平解放。至此,山西全省解放,结束了阎锡山对山西省长达38年的统治。

解放军入城仪式。

尾声

无法停驻的脚步

惭愧。2007年我采访老人两个多星期，直到接近尾声，我才注意到王艾甫的腿脚有些不便。说瘸不瘸，说拐不拐，走起来总是乏乏的没有力气。而且，也直到最后，我才注意到，一旦劳累，他的两颊就泛起一种潮红。

我知道，这就是衰老。走在我面前的，是一位行进在人生孟冬的老人。

他是一位老人。以前只是觉得他是一位老人，但没有此刻从心理上感到他是一位老人。真正的老境是柔弱的，但是，就是这样一副柔弱的身板，多少年来干着这样一件感动着许多人的事情。就这样干了过来。

陪着他回家取资料的时候，在那条古旧的巷子里，我才发现他的腿确实有些不对劲。

2007年春天的寒流正从身边经过，风里有些寒意，吹乱了王艾甫满头白发，让人感到有些特别不忍。身边更年轻的人匆匆走过，几乎所有的人都回过头来看他，这张平常的面孔在哪里见到过的，在哪里见过？行人看一看，又回过头来看一看。

王艾甫入选上海卫视"真情2006年度人物",在颁奖晚会上,与老红军一起行军礼。

而到了2008年,书稿修订再版需要重新采访。再一次见到他,很让我吃了一惊,仅仅一年多没有见面,他苍老了许多。不,是衰老了许多。我才意识到,人毕竟吃五谷杂粮,谁都不是钢浇铁铸的,岁月对谁都不饶恕。王艾甫这一年年届古稀,已经是70岁的老人了,按照农村的记龄方式,他应该是72岁。

农村里72岁的老人们在干什么?我并不陌生。就在他的左权县故乡,他那些同年仿纪的老伙计们正在村委会开设的老年俱乐部下棋、打麻将,含饴弄孙,或者,蹲在阳坡地里看眼前人来人去,有心情或没心情,都要打一声招呼,他们都是闲散的、舒展的、慈祥的,日子在皱纹里缓缓地一点一点流走。

但王艾甫过的日子,与这些根本不相干,他仍然在干着一个壮年人干的事情,真正是壮心不已。可是,我也发现,他的景况并不容乐观。我再一次与他晤面,他已经从从前那所过去的四合大院里迁了出来,栖身于太原市文庙文物市场两间非常逼仄的小屋之内,老两口,还有帮忙的女儿,就住在那里,毛估一下,两间屋子加起来不足16平方米。没有暖气,屋子里生着火。而前年所见的太原收藏协会的热闹场面也不见了,整个协会显得冷冷清清。我问他其他人哪里去了?他苦笑说,从今年开始就出现亏空,市场房租所入,不抵日常开支和出差所出,连人家的工资都开不出来,现在的协会,工作人员雇不起,只是在过年过节或有什么活动的时候才过来帮帮忙。

送烈士回家

又是网站,又是接待来访的寻亲者,又是外出为那些烈士家属办理烈士认证手续,不亏空才怪了!

说到经费,老汉很不好意思,甚至脸忽然红了起来,讪笑着,不知如何表达这种尴尬。但是他很天真的样子,说:咱有工资啊!咱目前的工资还行,应付日常生活没有问题的。

2008年的"谷子地"原型王艾甫,还干了一些让他得意的事情。一个,是家乡左权县第一家农村图书室告竣,然后将那用了二十年时间搜集购买的2万多册图书全部登记整理上架,无偿捐赠给村里,包括精心编排陈列的若干抗战文物,还有从战国一直到中华人民共和国各个时期的钱币样品。一个,是村里为报答他,将腾出来的一座小学校无偿提供给他使用,这所小学校,曾是村里一位富商的私宅,主人在土改时被镇压。2008年,他又投资2万多元修葺一新,想给村里弄一个民俗博物馆。

这是让这个山西老汉最操心费神的事情。整整一年,往来于太原左权之间,就这样忙忙乱乱过了一年。当然,还有为烈士寻亲的事,这个事无论如何都不能让他释手。

2008年,他专程去了一趟湖北。两件事,一件,是为落实襄阳烈士李光耀的烈士认证,二是看望新近打电话前来征询父亲下落的烈士女儿。

同许多为烈士认证手续一样,李光耀烈士的烈士认证充满艰难。艰难倒是可以想见的,而是不能想象办事时候的憋屈与烦难。前面已经说过,李光耀烈士阵亡通知没有送达的近60年间,他一直被认为是参加了国民党,一家人抬不起头来,他的弟弟为了避嫌祛灾,干脆自己顶了自己哥哥的名字,直到去世。但是一家人还是无法摆脱这个阴影,他的后代上学、参军总是被人审来审去,不了了之。

2006年,华中科大学生找到他们家,李光耀牺牲的阵亡通知书送达之后,满以为这一回全家人可以扬眉吐气了。但是不行。李光耀烈士的侄孙参军时又被卡住了。他的侄儿李有生不服气,找

寻访墓地。

接待来访者。

到民政部门要求落实李光耀的烈士身份,谁知道民政部门的工作人员竟然说:你说落实就落实?那不过是学校组织的一个活动,谁还真把那种社会实践活动当回事?

没办法,李有生又找回华中科大,又找到追踪为烈士寻亲报道的记者汤华明,学校出面,记者出面,一直找到征兵的部队。部队一看这阵亡通知书,马上一路绿灯,小伙子终于如愿以偿。

此前,王艾甫应邀参加湖北电视台的一个节目录制,烈士的侄儿李有生一句充满幽怨的质问深深刺痛了他:你说你为我们送回烈士消息了,可是我们收到的是什么?就是一个死讯,就知道我二叔死在太原了,除这还有什么?送回来起什么作用?

王艾甫无言以对。是啊,他为烈士送回了什么?年关将近,他坐不住,一定要到湖北一趟,亲自到民政部门说一说。他同李有生到了民政部门,谁知道,民政部门的工作人员一副派头让这个从山西不远千里赶来的老人非常生气,他们总是搬着文件说话,说没有这个文件。而且竟然说:那就是一个活动嘛!就是一个杀人犯,在逃30年都不追究了,这60年前的烈士谁还去认证?

好家伙,王艾甫憋不住心里的怒火,杀人犯,烈士,你一个民政部门的工作人员怎么就能联系在一起?这样荒唐和恶毒的想象力是从哪里来的?吸取内蒙古挨打的教训,他强压下怒气,摇摇头出来了,自认弱势,自认弱小。何况人家在一个劲儿往外赶他,赶他的理由非常充分,也非常富有讽刺意味,说是,年关下,照常例,民政部门无闲人,要走村串乡慰问军烈属去。

说到文件,王艾甫也搜集得不少。其中中华人民共和国民政部早在1980年就烈士认证问题专门下发过文件,民发(80)63号文件第十三条明确规定:"建国以前失踪的军人和因参加对敌作战、对敌斗争失踪的地方工作人员,凡未发现其投敌、叛变、被俘、自杀、判刑的,都按对敌作战牺牲处理。没有追

送烈士回家

认为革命烈士的,经县、市、市辖区人民政府审查批准,可以追认为革命烈士。"何况这些烈士现在已经明确知道他们没有投敌、叛变、被俘、自杀、判刑,他们的的确确是牺牲在解放战争的战场上,可是落实起来还是那么难!

襄阳之行无功而返。襄阳走罢走枣阳。另外一位烈士龚发堂的女儿就在枣阳。

这是第四位寻找到的烈士女儿,她的名字叫龚秀英!又是一位烈士的女儿,又是一位秀英。前一位秀英是烈士熊起友的女儿陈秀英。

两位女儿名秀英,两个都是苦命人。

2008年6月,龚秀英的儿子随意在网上浏览,突然发现了外祖父的信息。就是在王艾甫办的寻亲网上,一行黑字赫然,他像被子弹击中一样。这个名字被母亲说过不知道多少次了。

共享荣誉。

龚发堂,六十八军二〇三师六〇九团九连副班长。年龄:35岁。参军时间:1948年8月,牺牲前立小功两次。籍贯:河南省唐县龚村。

河南省唐县龚村,不正是母亲的故乡吗?龚发堂,则正是母亲念叨过不知多少回的外祖父。他当即打电话给王艾甫查询,他要知道外祖父到底埋在哪里,他生前又是怎么回事。

他对王艾甫说:他的母亲4个月大,外祖父就被抓兵走了,外祖父是家里的独子。外祖父走了之后一直没有消息,外祖母在20世纪50年代改嫁他乡,母亲则由她年迈的爷爷奶奶抚养大。母亲在12岁就担起了家庭的担子,做饭、下田、担水,爷爷奶奶去世,是乡亲们帮忙用席子卷着草草掩埋的。

尾声　无法停驻的脚步

失去亲人的母亲从此也失去了家，讨吃要饭来到湖北枣阳，后来那里的人收留了她，结婚成家。父亲在1960年参军，在部队上，填写表格的时候，岳父一栏里他如实填上"被抓丁参加国民党部队"，结果被清退了回来。

这又是一个让人难以接受的故事，又是一段难以想象的艰难人生。王艾甫在腊月到了枣阳，带着山西的土特产，去看望60年前的烈士遗孤，那一位一辈子因为失去父亲吃尽苦头的女儿。

不说了不说了。王艾甫每说到此，长叹一声。这样的故事对他而言并不陌生，每一段故事浮现出来，对他就是一次折磨，心理上就增加一个负担，就多了一重牵挂。

其实，支撑王艾甫这样走下去的，是眼前出现的一次次小小的希望，比方，他会在访谈间隙忽然插一句："我那个贷款再有二年就还清了！"然后笑一笑。比方，河北唐山的张红琢打过电话来，说河北唐山乐亭那边又发现了几个，他听着唐山话，两个人在电话两头笑成一团。他会说："什么时候去唐山见一见这个张红琢，真是个好人啊！"而且，事实上，为烈士寻亲这个事真是无法收手，没有人帮忙，他的女儿硬是学会了网页制作，在那里做后台管理。他女儿是他的得力助手。

访谈结束的时候，他正搞一个"太原解放60周年"展览，牛驼寨烈士陵园为他提供展览场地。几个朋友过来帮忙，忙得一塌糊涂。那一边，有人高声喊：王老师，电话！

刚才还神情黯然的老汉突然就精神起来，起身跑出去接电话。当然是询问烈士下落的。刚进门，有两个人一直等在那里，是从河北赶过来找自己祖父下落的一对姐弟。

两个年轻人一看到王艾甫，上来就握手："您就是王老师啊！"王艾甫握着手，脸上现出非常明朗的笑容。我知道，每每在此时，在此刻，他的精神头又上来了。

2007年3月11日凌晨　初稿
2007年3月16日　二稿
2008年8月　三稿

送烈士回家

附　录

太原战役未发出去的阵亡人员通知单（84份）

贵州省（1人）

龙华章　部别：六十八军二〇二师六〇四团八连；年龄：32；职别：战士；籍贯：贵州省日仁县明组乡；何时入伍：1949.02；原安葬地点：山西省太原市新城东门外北角

广西壮族自治区（2人）

苏廷信　部别：工兵警卫部；年龄：47；职别：战士；籍贯：广西横县芦三村；何时入伍：1949.02；原安葬地点：山西省太原市北光化兵营东边村

刘全剑　部别：六十八军二〇二师六〇五团机炮连；职别：副班长；籍贯：广西胜县新地屯村；何时入伍：1949.02

甘肃省（2人）

李宝顺　部别：六十八军二〇四师六一二团五连；年龄：23；职别：班长；籍贯：甘肃省武川县高龙乡镇李家平村；何时入伍：1948.07；原安葬地点：山西省阳曲县陈家窑村西村（8号）

刘福山　部别：三军八师二十二团九连；职别：战士；籍贯：甘肃省岷县；原安葬地点：山西省阳曲县南梁上村

广东省（3 人）

梁文成　部别：一九七师五九〇团二连；年龄：22；职别：战士；籍贯：广东省香港县良全村

张林吉　部别：一九八师五九四团炮兵连；年龄：21；职别：战士；籍贯：广东省飞州县塔沙村；何时入伍：1947.02；原安葬地点：山西省太原市城北牧畜场

余光权　部别：一九七师步炮连；年龄：27；职别：战士；籍贯：广东省台山县小连塘村；何时入伍：1948.12

河北省（3 人）

张彦亭　部别：六十八军二〇二师六〇五团三连；年龄：29；职别：文书；籍贯：怀安县城内北街；何时入伍：1948.12；原安葬地点：山西省太原市新城东边

贾老巴　部别：六十八军二〇二师六〇五团；籍贯：河北省安新县关城村

赵　献　部别：六十八军二〇二师六〇五团四连；年龄：23；职别：副政指；籍贯：河北省正定县朱河村；何时入伍：1946

山西省（6 人）

刘成仁　部别：三军八师二十二团三连；年龄：41；职别：炊事员；籍贯：山西省平介县五区北堡村；原安葬地点：山西省阳曲县下阳寨村

蔚连福　部别：三军八师二十二团一营三连；年龄：23；职别：班长；籍贯：山西省道东村；原安葬地点：山西省太原市五区小窑头村(21 号)

杜家科　部别：四团六连；职别：战士；籍贯：山西省蕾春县；原安葬地点：山西省阳曲县下阳寨村

赵金小　部别：四十二团四连；职别：炊事员；籍贯：山西省河府县四区；

送烈士回家

原安葬地点：山西省阳曲县不鸭寨村

周根根　部别：五八六团五连；年龄：24；职别：班长；籍贯：山西省

任方成　部别：一九七师五八九团一连；年龄：32；职别：战士；籍贯：晋由县下营堡村；何时入伍：1948.12；原安葬地点：山西省阳曲县十里铺牲畜场

安徽省（8人）

黄汗中　部别：三军八师二十三团九连；年龄：18；职别：战士；籍贯：安徽省傅县张寨村；原安葬地点：山西省太原市大村

傅志珍　部别：一九七师五九〇团一连；年龄：26；职别：战士；籍贯：安徽省合肥县四十里铺；何时入伍：1948.12；原安葬地点：山西省阳曲县十里铺牧畜场

李漠元　部别：六十八军二〇三师六〇七团四连；年龄：25；职别：战士；籍贯：安徽省合肥县内央乡李长村；何时入伍：1948.12；原安葬地点：山西省太原市新城镇东门外3号

潘传士　部别：六十八军二〇三师六〇七团五连；年龄：21；职别：战士；籍贯：安徽省怀宁县蔡家桥村；原安葬地点：山西省太原市新城镇东门外58号

兰有元　部别：五八六团九连；年龄：37；职别：战士；籍贯：安徽省戈县黄家窑村；何时入伍：1948

陈学州　部别：六十八军二〇二师六〇五团二连；年龄：28；职别：战士；籍贯：安徽省贤城岗里炭村；何时入伍：1949.01

刘克功　部别：六十八军二〇二师六〇四团一连；年龄：27；职别：副排长；籍贯：安徽省太和县刘小桥村；何时入伍：1946.10

李振才　部别：一九八师五九二团八连；年龄：42；职别：战士；籍贯：安徽省阜阳县武家庙村；何时入伍：1949.03

湖南省（10人）

鱼庆人　部别：一九八师五九四团特务连；年龄：25；职别：电话员；

籍贯：湖南省通县鸡票山村；何时入伍：1949；原安葬地点：山西省太原城北牧畜场

陈士有　部别：六十八军二〇二师六〇六团二营四连；年龄：30；职别：战士；籍贯：湖南省揭阳县；何时入伍：1949；原安葬地点：山西省太原市新城机场0011号

何云昌　部别：六十八军二〇三师六〇九团三连；年龄：29；职别：战士；籍贯：湖南省鄂县大邓村；何时入伍：1948.12；原安葬地点：山西省太原市因城镇营盘村

吴有才　部别：三军八师二十三团八连；年龄：32；职别：连长；籍贯：湖南巨补县卡领乡镇；原安葬地点：山西省阳曲县下阳寨村

王士友　部别：一九八师五九三团炮兵连；年龄：32；职别：战士；籍贯：湖南省易县三元乡镇朱富子村；何时入伍：1949；原安葬地点：山西省太原市东涧河村

肃启华　部别：一九七师五八九团三连；年龄：22；职别：班长；籍贯：湖南省衡阳县双笔塘镇；何时入伍：1948.06

周士昌　部别：一九七师五九〇团一连；年龄：28；职别：战士；籍贯：湖南省襄旧县下打肩子村；何时入伍：1949.02

王玉河　部别：六十八军军直炮兵团八连；年龄：25；职别：战士；籍贯：湖南省；何时入伍：1948.12

孟庆于　部别：五八七团六连；年龄：20；职别：战士；籍贯：湖南省瓷泥县南山坪村；何时入伍：1949.03

张勋利　部别：六十八军二〇三师六〇九团；年龄：27；职别：战士；籍贯：湖南省嘉禾县强家村；何时入伍：1949.01；原安葬地点：山西省阳曲县西村

湖北省（11人）

戴　虎　部别：一九七师五八九团九连；年龄：46；职别：战士；籍贯：湖北省云县双郝村；何时入伍：1948.12；原安葬地点：山西省阳曲县十里铺区牧畜场

送烈士回家

冯天和　部别：一九八师五九三团炮兵连；年龄：27；职别：战士；籍贯：湖北省枣阳县南关区；何时入伍：1949.04；原安葬地点：山西省太原市东涧河村

李光耀　部别：一九八师五九四团八连；年龄：35；职别：战士；籍贯：湖北省襄阳县商阳家村；何时入伍：1949.03；原安葬地点：山西省阳曲县青龙镇小河沟村

王德喜　部别：六十八军二〇四师六一〇团；年龄：35；职别：战士；籍贯：湖北省枣阳县陈家沟营村；何时入伍：1948.07；原安葬地点：山西省太原市北涧北面（49号）

毛通银　部别：一九八师五九四团特务连；职别：战士；籍贯：湖北省汾登县白马奇村；何时入伍：1948.12；原安葬地点：山西省太原市城北牧畜场

萧汗弼　部别：三军八师二十三团五连；年龄：20；职别：见习文教；籍贯：湖北省各城县太平店村；原安葬地点：山西省太原市大村

张荣贵　部别：五八六团九连；年龄：32；职别：战士；籍贯：湖北省荆门县黄土坡村；何时入伍：1949.01

王宣武　部别：五八六团七连；年龄：44；职别：战士；籍贯：湖北省宜昌县；何时入伍：1949.03

郭耀山　部别：一九七师五九一团八连；年龄：35；职别：战士；籍贯：湖北省襄阳县郭家湾村；何时入伍：1949.01

熊起友　部别：一九七师五九〇团三连；年龄：33；职别：战士；籍贯：湖北省竹山县；何时入伍：1944.02

李德同　部别：一九七师五九〇团三连；年龄：38；职别：战士；籍贯：湖北省襄阳县公家镇；何时入伍：1944.01

四川省（12人）

李宗林　部别：六十八军二〇三师六〇九团四连；年龄：31；职别：班长；籍贯：四川省重庆县；何时入伍：1949.02

徐志远　部别：三军八师二十三团炮兵连；年龄：26；职别：战士；籍

	贯：四川省蓬溪县天官店村；原安葬地点：山西省太原市大村
陈悦甦	部别：六十八军二〇三师六〇七团五连；年龄：21；职别：战士；籍贯：四川省内江县全安乡村；何时入伍：1947.07
周得光	部别：一九八师五九二团炮兵连；年龄：28；职别：战士；籍贯：四川省南都刘义村；何时入伍：1949.02；原安葬地点：山西省太原市城区北炼钢厂东之牧畜场
陈开业	部别：三军八师二十三团一营机枪连；年龄：23；职别：战士；籍贯：四川省开县谢村；原安葬地点：山西省太原市大村
徐庶林	部别：三军八师二十四团五连；年龄：24；职别：战士；籍贯：四川省新宁县；原安葬地点：山西省阳曲县下阳寨村
黎仁广	部别：一九七师五九〇团三营机炮连；年龄：28；职别：战士；籍贯：四川省曲县李家和村；何时入伍：1948；原安葬地点：山西省阳曲县七区新店镇
李世华	部别：六十八军二〇四师六一一团；年龄：28；职别：宣传员；籍贯：四川省邻水县普新乡村；何时入伍：1949；原安葬地点：山西省阳曲县柏板村北
李新亮	部别：六十八军二〇四师六一〇团；年龄：29；职别：战士；籍贯：四川省朋齐县三区李家村；何时入伍：1948；原安葬地点：山西省阳曲县柏板村北（13号）
萧泽云	部别：四团一营机炮连；职别：副班长；籍贯：四川省大足县龙水镇；原安葬地点：山西省阳曲县下阳寨村
古海如	部别：三军八师二十四团八连；籍贯：四川省中江县也务长镇；原安葬地点：山西省阳曲县洛阳村
向华堂	部别：一三二团一连；年龄：25；职别：战士；籍贯：四川省渠县；原安葬地点：山西省太原城东黑沙坪机器窑

籍贯不详（26人）

周山堂	部别：六团六连；职别：战士；籍贯：许涧县；原安葬地点：山西省阳曲县下阳寨村

送烈士回家

李如江　部别：四团；职别：战士；籍贯：封昌；原安葬地点：山西省阳曲县下阳寨村
王瑞清　部别：三军八师二十三团六连；原安葬地点：山西省太原市大村
董二娃　部别：五八七团三连；年龄：24；职别：战士
王玉山　部别：五八七团机炮连；年龄：23；职别：战士；何时入伍：1948.12
刘天海　部别：一九七师五八九团；职别：排长；原安葬地点：山西省阳曲县十里铺牧畜场
李　才　部别：六十八军军直炮兵团一连；年龄：22；职别：战士；籍贯：姚元县王佑村；何时入伍：1948.12
张　银　部别：一九七师五八九团二连；年龄：21；职别：战士；何时入伍：1949.01；原安葬地点：山西省阳曲县
郭正修　部别：三军八师二十四团九连；职别：战士；原安葬地点：山西省太原大村
高根志　部别：六十八军二〇二师六〇六团七连；职别：战士；原安葬地点：山西省太原市新城机场
张福荣　部别：一九七师五八九团二连；职别：战士；何时入伍：1949；原安葬地点：山西省阳曲县
宋学成　部别：一九七师五八九团二连；职别：战士；何时入伍：1949.01；原安葬地点：山西省阳曲县
郭有珍　部别：三军八师二十三团一连；原安葬地点：山西省太原市大村
王汝钧　部别：三军八师二十四团一营机枪连；职别：战士；原安葬地点：山西省太原市小窑头村
李增喜　部别：三军八师二十四团五连；原安葬地点：山西省太原市大村
邓国宝　部别：一九七师五九〇团三营八连；职别：战士；原安葬地点：山西省阳曲县新店
吴保全　部别：一九七师五八九团二连；职别：战士；何时入伍：1948.12；原安葬地点：山西省阳曲县十里铺牧畜场
张三娃　部别：三军八师二十四团九连；职别：副班长；原安葬地点：山西省阳曲县洛阳村

俞俊明　部别：三军八师二十四团二营；原安葬地点：山西省太原市大村

刘党仁　部别：四十二团五连；职别：战士；原安葬地点：山西省太原市外八区小窑头村

张继山　部别：六十八军二〇二师六〇五团六连；职别：连长

王五金　部别：三军八师二十四团七连；原安葬地点：山西省太原市大村

王炳义　部别：一九七师五九〇团八连；职别：战士；原安葬地点：山西省阳曲县十里坡村

楼富海　部别：四营九连；原安葬地点：山西省阳曲县下阳寨村

白张元　部别：三军八师二十三团；原安葬地点：山西省太原市阳曲县下阳寨村

任伐远　部别：三军八师二十四团五连；职别：战士；原安葬地点：山西省太原市大村

（根据王艾甫收藏原件整理，具体信息以原件为准）

送烈士回家

已经找到亲属的烈士名单

(截至2008年2月)

龙华章　籍贯：贵州省日仁县明组乡；所属部队和职务：六十八军二〇二师六〇四团八连战士；出处：84份阵亡通知书；亲属姓名：龙爱莲；与烈士的亲属关系：侄孙女

李宝顺　籍贯：甘肃省武川县高龙乡镇李家平村；所属部队和职务：六十八军二〇四师六一二团五连班长；出处：84份阵亡通知书；亲属姓名：家已无亲人

贾老巴　籍贯：河北省安新县关城村；所属部队和职务：六十八军二〇二师六〇五团；出处：84份阵亡通知书；亲属姓名：贾英；与烈士的亲属关系：兄长

赵　献　籍贯：河北省正定县朱河村；所属部队和职务：六十八军二〇二师六〇五团副政指；出处：84份阵亡通知书；亲属姓名：梁贵兰；与烈士的亲属关系：生前妻子

刘成仁　籍贯：山西省平介县五区北堡村；所属部队和职务：三军八师二十二团三连炊事员；出处：84份阵亡通知书；亲属姓名：武锡玉；与烈士的亲属关系：侄儿

蔚连福　籍贯：山西省道东村；所属部队和职务：三军八师二十二团一营三连班长；出处：84份阵亡通知书；亲属姓名：蔚瑞全；与烈士的亲属关系：侄儿

李漠元　籍贯：安徽省合肥县内央乡李长村；所属部队和职务：六十八军二〇三师六〇七团四连战士；出处：84份阵亡通知书；亲属姓名：李时宏；与烈士的亲属关系：堂侄

王玉河　籍贯：湖南省；所属部队和职务：六十八军军直炮兵团八连战士；出处：84份阵亡通知书；亲属姓名：王小花；与烈士的亲属关系：侄女

张勋利　籍贯：湖南省嘉禾县强家村；所属部队和职务：六十八军二〇三师六〇九团战士；出处：84份阵亡通知书；亲属姓名：张勋伦；与烈士的亲属关系：弟弟

郝载虎　籍贯：湖北省云县双郝村（钟垸村）；所属部队和职务：一九七师五八九团九连战士；出处：84份阵亡通知书；亲属姓名：郝金华、郝荣华；与烈士的亲属关系：堂侄

冯天和　籍贯：湖北省枣阳县南关区；所属部队和职务：一九八师五九三团炮兵连战士；出处：84份阵亡通知书；亲属姓名：家已无亲人

李光耀　籍贯：湖北省襄阳县商阳家村；所属部队和职务：一九八师五九四团八连战士；出处：84份阵亡通知书；亲属姓名：李有生；与烈士的亲属关系：侄儿

王德喜　籍贯：湖北省枣阳县陈家沟营村；所属部队和职务：六十八军二〇四师六一〇团战士；出处：84份阵亡通知书；亲属姓名：王定毫；与烈士的亲属关系：侄孙

萧汗弼　籍贯：湖北省各城县太平店村；所属部队和职务：三军八师二十三团五连见习文教；出处：84份阵亡通知书；亲属姓名：郭学华；与烈士的亲属关系：堂姐女儿

郭耀山　籍贯：湖北省襄阳县郭家湾村；所属部队和职务：一九七师五九一团八连战士；出处：84份阵亡通知书；亲属姓名：郭开雄；与烈士的亲属关系：侄儿

熊起友　籍贯：湖北省竹山县；所属部队和职务：一九七师五九〇团三连战士；出处：84份阵亡通知书；亲属姓名：陈秀英；与烈士的亲属关系：女儿

李德同　籍贯：湖北省襄阳县公家镇；所属部队和职务：一九七师五九〇团三连战士；出处：84份阵亡通知书；亲属姓名：李德朴；与烈士的亲属关系：堂弟

徐志远　籍贯：四川省蓬溪县天官店村；所属部队和职务：三军八师二十三团炮兵连战士；出处：84份阵亡通知书；亲属姓名：（未记录）；与烈士的亲属关系：弟弟

王五金　籍贯：山西省清徐；所属部队：三军八师二十四团七连；出处：

送烈士回家

　　　　84份阵亡通知书；亲属姓名：暂不确定
任伐远　籍贯：山西省孝义；所属部队和职务：三军八师二十四团五连战士；出处：84份阵亡通知书；亲属姓名：暂不确定
李振才　籍贯：安徽省阜阳县武家庙村；所属部队和职务：一九八师五九二团八连战士；出处：84份阵亡通知书；亲属姓名：李金山；与烈士的亲属关系：侄儿
苏廷信　籍贯：广西横县芦三村；所属部队和职务：工兵警卫部战士；出处：84份阵亡通知书；亲属姓名：苏国强；与烈士的亲属关系：侄儿
刘克功　籍贯：安徽省太和县刘小桥村；所属部队和职务：六十八军二〇二师六〇四团一连副排长；出处：84份阵亡通知书；亲属姓名：家中无人，远房侄儿在外
萧启华　籍贯：湖南省衡阳县双荸塘镇；所属部队和职务：一九七师五八九团三连班长；出处：84份阵亡通知书；亲属姓名：萧启富；与烈士的亲属关系：哥哥
李世华　籍贯：四川省邻水县普新乡村；所属部队和职务：六十八军二〇四师六一一团宣传员；出处：84份阵亡通知书；亲属姓名：李月胜；与烈士的亲属关系：儿子
李增喜　籍贯：河北省乡县东里村；所属部队：三军八师二十四团五连；出处：84份阵亡通知书；亲属姓名：李二贵；与烈士的亲属关系：儿子
王汝钧　所属部队和职务：三军八师二十四团一营机枪连战士；出处：84份阵亡通知书；亲属姓名：暂不确定
张九惠　籍贯：河北省昌平县山西营；所属部队和职务：六十八军二〇三师六〇八团三营九连战士；出处：866名阵亡将士登记册；亲属姓名：张学军；与烈士的亲属关系：孙子
孙　耀　籍贯：绥远丰镇梅桂井村；所属部队和职务：一九八师五九二团四连战士；出处：866名阵亡将士登记册；亲属姓名：孙秀峰；与烈士的亲属关系：女儿
崔殿基　籍贯：山西省介休三角村；所属部队和职务：三军八师二十三团四

	连战士；出处：866名阵亡将士登记册；亲属姓名：崔殿青；与烈士的亲属关系：堂弟
霍小山	籍贯：山西省山阴县一区王二沟村；所属部队和职务：六十八军二〇四师六一一团排长；出处：866名阵亡将士登记册；亲属姓名：霍玉花；与烈士的亲属关系：女儿
梁国文	籍贯：察省万全县高家村；所属部队和职务：一九七师二营机枪连战士；出处：866名阵亡将士登记册；亲属姓名：梁林；与烈士的亲属关系：侄儿
郭培铸	籍贯：山西省丁乡；所属部队和职务：十九兵团五六二团二营六连战士；出处：烈士陵园；亲属姓名：郭茂根；与烈士的亲属关系：侄儿
祁　克	籍贯：广东省东莞；所属部队和职务：华北大学学员；出处：烈士陵园；亲属姓名：祁震；与烈士的亲属关系：儿子
路焕文	籍贯：河北省东鹿；出处：烈士陵园；亲属姓名：路平锁；与烈士的亲属关系：儿子
刘元起（基）	籍贯：察省涿鹿县4区倒拉咀村；出处：866名阵亡将士登记册；亲属姓名：暂不确定
刘福山	籍贯：甘肃省岷县；所属部队和职务：三军八师二十二团九连战士；出处：烈士陵园；亲属姓名：（未记录）；与烈士的亲属关系：孙子
武万奎	籍贯：山西省介休南桥头；所属部队和职务：三军八师二十三团十二连战士；出处：866名阵亡将士登记册；亲属姓名：暂不确定
李如江	籍贯：封昌；所属部队和职务：四团战士；出处：84份阵亡通知书；亲属姓名：（未记录）；与烈士的亲属关系：儿子
张兴有	籍贯：安徽省宿县贾沟区石河崖；出处：3000份名单
马砚田	籍贯：河北省灵邱东关魁；所属部队和职务：一九七师五八九团三连副连长；出处：866名阵亡将士登记册；亲属姓名：（未记录）；与烈士的亲属关系：孙子
张三娃	籍贯：梁城县马交村；所属部队和职务：三军八师二十四团九连副班长；出处：84份阵亡通知书；亲属姓名：（未记录）；与烈

送烈士回家

	士的亲属关系：外甥
王炳义	出处：84份阵亡通知书
朱应伯	籍贯：安徽省寿县堰品集；出处：866名阵亡将士登记册；亲属姓名：（未记录）；与烈士的亲属关系：侄子
贾存锁	籍贯：山西省永济市虞乡镇屯里村；出处：烈士陵园；亲属姓名：（未记录）；与烈士的亲属关系：弟弟
王玉山	出处：84份阵亡通知书
李如江	籍贯：陕西省神邑县琅珂洼村；所属部队和职务：二十一团战士；出处：84份阵亡通知书；亲属姓名：（未记录）；与烈士的亲属关系：儿子

（此名单统计不全，河北找到的34名烈士亲属尚未完全统计）